DOCE
PRINCIPIOS
DE UNA VIDA
QUE INSPIRA
Y AVANZA

UNA VIDA CIMENTADA EN PRINCIPIOS
SIEMPRE DEJA HUELLAS QUE OTROS
QUERRÁN SEGUIR

YESENIA THEN

DOCE PRINCIPIOS DE UNA VIDA QUE INSPIRA Y AVANZA

Una vida cimentada en principios siempre deja huellas que otros querrán seguir

© Yesenia Then, 2025

Tel: 829-731-4205 - 809-508-7788
Email: Contacto@yeseniathen.com
Website: www.yeseniathen.com

ISBN: 979-8-9896552-9-8
Diseño y diagramacion: Mauricio Dias
Correcciones: Pablo Montenegro

Impreso en República Dominicana, Graphic Colonial.

DOCE PRINCIPIOS DE UNA VIDA QUE INSPIRA Y AVANZA

UNA VIDA CIMENTADA EN PRINCIPIOS
SIEMPRE DEJA HUELLAS QUE OTROS
QUERRÁN SEGUIR

YESENIA THEN

CONTENIDO

PRINCIPIO 1

PONER A DIOS SIEMPRE PRIMERO

El principio que establece dirección, asegura fundamento y sostiene todo propósito.

PRINCIPIO 2

LA HONRA

El principio que activa el favor, preserva el propósito y establece la autoridad

PRINCIPIO 3

LAS BUENAS RELACIONES

El principio que distingue las conexiones de propósito de los vínculos pasajeros

PRINCIPIO 4

LA DISCIPLINA

La convicción que mantiene el rumbo cuando la motivación se desvanece

PRINCIPIO 5

LA TRANSFORMACIÓN MENTAL

El cambio invisible que determina el avance de lo visible

DEDICATORIA

A quienes viven con el anhelo de dar gloria y honra al Creador, con todo lo que son y con todo lo que hacen.

A los que, con cada paso y cada decisión, buscan reflejar la intención divina con la que fueron creados.

A quienes comprenden que no existen por casualidad, sino porque un Dios soberano los pensó, los diseñó y los formó con propósito eterno.

A todos aquellos que anhelan que su vida sea un reflejo visible del corazón de Dios; para que, al vivir teniendo como base los principios que aquí se revelan, su ejemplo inspire a otros a vivir también para honrar y glorificar al Creador.

AGRADECIMIENTOS

A mi Dios Todopoderoso, fuente inagotable de sabiduría, inspiración y guía constante, por concederme la gracia de escribir este libro bajo Su consejo, dirección y propósito eterno.

A mi familia, por su amor incondicional, su comprensión en los procesos y su apoyo fiel en cada una de las temporadas de este llamado, que es la razón por la que Dios me dio vida. Gracias por ser refugio, impulso y ejemplo vivo del amor de Dios para mi.

A mis colaboradores, el equipo invaluable que Dios me ha confiado: gracias por servir con pasión, excelencia y lealtad, siendo canales a través de los cuales el Señor hace posible cada proyecto que pone en nuestro corazón. Su alto nivel de compromiso y entrega son evidencia viva de lo que Dios puede hacer cuando decidimos unirnos en un mismo sentir para dar cumplimiento a Su propósito.

Al Centro Cristiano Soplo de Vida, cuya fe, crecimiento y pasión por Dios, son una inspiración constante. Gracias por ser una comunidad que refleja compromiso, perseverancia y amor profundo por el Señor.

COMENTARIOS ACERCA DE ESTE LIBRO

¿Se puede realmente salir de aquello que te ha frenado por tanto tiempo? En este libro, la pastora Yesenia nos conduce, a través de doce principios transformadores, a descubrir que no solo es posible salir de ese estado de parálisis espiritual o emocional, sino también caminar con firmeza y vivir en la victoria que Dios ya nos ha confiado.

Más que un libro, es un regalo de renovación interior, un bálsamo para el alma y una guía para todo aquel que anhela crecer, sanar y desarrollar una mejor forma de vivir conforme al propósito divino.

Andrés Arango
Pastor principal de la Iglesia La Central

Existen principios que rigen el éxito, la vida y el liderazgo, pero solo se vuelven verdaderamente poderosos cuando son recibidos por el Espíritu Santo, fundamentados en la Palabra y modelados por alguien que los vive primero. Hoy es evidente la diferencia entre quienes solo hablan de principios y quienes los encarnan; lo que transforma no son palabras al aire, sino semillas sembradas y cultivadas.

Hablar de mi madre espiritual, mi Pastora y mentora, Yesenia Then, es hablar de alguien que no solo enseña estos principios, sino que los vive. Su autoridad proviene de sus experiencias, y esa autenticidad convierte sus enseñanzas en herramientas reales de avance. Cualquiera que comparta unos días con ella notaría que estos 12 principios gobiernan su vida. Como Pablo llevó en su cuerpo las marcas de Cristo, mi Pastora lleva las cicatrices de aplicar estos principios y ver sus frutos. Este libro es un dictado del cielo, enviado para impulsar tu crecimiento y liderazgo.

He visto en la autora de este libro la vivencia genuina de principios como la honra, la disciplina, la transformación mental, entre otros. Por esta razón, quiero que sepas que estos mismos principios también pueden convertirse en herramientas poderosas para ti. Cada principio en estas páginas es un pilar vivo que, al practicarse, será un ancla firme y una fuente de crecimiento continuo.

Génesis Vásquez
Pastora del Centro Cristiano Soplo de Vida NY

La Pastora Yesenia Then nos ha inspirado por medio de cada uno de los libros que el Señor le ha regalado a través de los años. En esta ocasión, nos entrega una joya que brota de los principios que ha implementado en su ministerio y a lo largo de su vida, haciendo tangible el impacto que el Señor ha producido por medio de ella.

"Doce principios de una vida que inspira y avanza " no será un libro más de lectura, sino una fuente continua de consulta para el desarrollo de las habilidades y el carácter que Dios formará en ti, en camino al cumplimiento de Su propósito para tu vida.

Ignacio De La Cruz
Pastor principal de la Iglesia Acción Misionera

Hay una gran diferencia entre cargar un principio y estar cimentado en él. Cargarlo significa tenerlo a mano para usarlo en momentos específicos; pero cuando un principio se convierte en parte de tu estructura, deja de ser una herramienta ocasional para transformarse en el fundamento que sostiene tu manera de vivir.

Esa ha sido una de las mayores enseñanzas que he recibido de mi pastora Yesenia Then: ella no solo nos ha hablado de principios, sino que nos ha mostrado con su vida cómo se ve alguien que los practica cada día. Sus palabras siempre han venido acompañadas de ejemplo, y eso le da una autoridad que marca y transforma. Cada principio de este libro tiene peso porque no fue simplemente enseñado, sino vivido.

Y desde mi lugar como parte de una generación que busca propósito y dirección, creo que este libro llega justo a tiempo. Necesitamos aprender que la verdadera construcción no se trata de impresionar con lo que se ve, sino de edificar con lo que permanece. Tal como la autora establece en este escrito, una vida que se edifica sobre principios sólidos tiene la capacidad de inspirar, avanzar y dejar huellas firmes que otros puedan seguir.

Así que cada una de estas páginas te recordará que edificar sobre los principios correctos es lo que garantiza permanencia y estabilidad.

Ana Morillo
Pastora de la comunidad de Jóvenes del CCSV

PRÓLOGO

Cuando Dios quiere formar algo sólido, comienza por el fundamento. Así ha hecho siempre. Antes de levantar una vida, una visión o un propósito, Él establece principios.

Cada generación enfrenta el reto de construir sobre algo firme. Pero muchas veces, lo urgente ocupa el lugar de lo importante, y en medio del esfuerzo por alcanzar metas, descuidamos los cimientos del carácter, del orden y de la fe.

Sin principios, incluso los dones más grandes pierden dirección, y los sueños más nobles se desgastan en el intento.

Este libro nace de esa conciencia: de la necesidad de volver al punto de partida correcto, donde el corazón se alinea con la verdad de Dios y la vida recupera su diseño.

Aquí encontrarás principios que ordenan, verdades que despiertan y procesos que fortalecen. No para añadir información, sino para traer formación e impulsar transformación. Porque el propósito de Dios no se sostiene con emociones, sino con convicciones.

Mientras recorres estas páginas, deseo que cada palabra te lleve a mirar hacia dentro antes de avanzar hacia afuera. Que te detengas donde el Espíritu te hable y permitas que Él te guíe en el proceso de crecer, corregir, restaurar y avanzar.

Este no es un libro para inspirarte por un momento, sino para acompañarte en un cambio permanente. Mi anhelo es que, al leerlo, descubras que los principios del Reino no limitan, liberan. Que lejos de ser reglas, son rutas que conducen a una vida más estable, más plena y más fructífera.

Y aunque no sé en qué etapa de tu camino te encuentres, ya sea que estés comenzando, retomando o consolidando, sé que Dios usará estas verdades para afirmarte y fortalecerte. Porque los principios del Reino son como raíces: no se ven, pero sostienen todo lo que sí puede verse.

Si permites que el Espíritu Santo te acompañe en esta lectura, Él te mostrará que el crecimiento verdadero no es cuestión de rapidez sino de profundidad; y que avanzar no siempre significa correr sino dar pasos firmes en la dirección correcta.

Mi oración es que este libro no solo te enseñe a avanzar, sino a hacerlo con equilibrio, integridad y propósito. Que cada principio se convierta en una semilla de transformación, y que el fruto de esa transformación se vea en tu carácter, en tus decisiones y en la manera en que reflejas a Cristo.

Porque los principios no te atan, te sostienen; no te detienen, te dirigen; y toda vida edificada sobre ellos inspira, avanza y deja un legado que sirve como referente a quienes vienen detrás.

INTRODUCCIÓN

Durante todos los años que llevo sirviendo al Señor, he visto cómo muchos hombres y mujeres, dotados de dones, talentos y una unción evidente, no logran avanzar hacia la plenitud de su propósito. No por falta de llamado, sino de principios firmes que sostengan lo que Dios depositó en ellos.

La ausencia de fundamentos sólidos ha llevado a muchos a repetir ciclos, e incluso a ver cómo muchos de los resultados que alcanzaron con esfuerzo se desvanecen con el tiempo.

Frente a esa realidad, el Espíritu Santo me inquietó a no solo observar el problema, sino a convertirme en parte de la respuesta a ese problema.

Así nació este libro: no como una idea humana, sino como una asignación divina puesta por el Señor en nuestro corazón.

12 Principios de una Vida que Inspira y Avanza fue concebido en oración, inspirado en los fundamentos plasmados en la Palabra de Dios y guiado por el Espíritu Santo. Cada principio aquí revelado tiene el propósito de alinear, fortalecer y activar, guiando a cada lector a un nivel de firmeza más sólido, para dar cumplimiento al propósito que Dios tiene para su vida.

Este libro fue escrito no solo para ser leído, sino para ser vivido. Cada página contiene dirección práctica, principios de vida y verdades que edifican, corrigen y transforman.

Porque la verdadera renovación ocurre cuando la verdad de Dios deja de ser información y se convierte en formación; cuando pasa del entendimiento a la conducta, del conocimiento a la experiencia y de la teoría a la práctica diaria.

Mi oración es que, mientras lees, el Espíritu Santo ministre tu interior, renueve tus fuerzas y te impulse hacia un nuevo nivel de avance. Que cada principio se convierta en una llave que abra puertas, aclare caminos y te ayude a vivir una vida guiada no por emociones, sino por convicciones firmes.

Que estas páginas te inspiren a avanzar, a crecer y a reflejar la gloria de Dios, porque una vida guiada por principios siempre deja huellas que otros querrán seguir.

PONER A DIOS SIEMPRE PRIMERO

El principio que establece dirección, asegura fundamento y sostiene todo propósito.

Nada en la vida se sostiene sin fundamento. Todo lo que permanece, permanece porque fue edificado sobre algo firme, aunque no siempre se note a simple vista. Una casa no se levanta sin base, una familia no se mantiene solo con buenas intenciones y una vida no resiste los golpes, las presiones y las crisis que llegan con el tiempo únicamente con fuerza de voluntad. Cuando los fundamentos están bien puestos, lo que se construye puede crecer y mantenerse. Cuando no lo están, tarde o temprano comienza a desajustarse.

Ese mismo principio que entendemos en lo simple también gobierna lo profundo. Nada fue diseñado para sostenerse por sí mismo. Así como lo visible necesita una base, lo invisible necesita orden. La vida no avanza por casualidad ni se mantiene por improvisación. Todo responde a principios que establecen dirección, equilibrio y permanencia.

Los principios no son ideas complicadas ni conceptos lejanos. Son verdades prácticas que ordenan la vida desde adentro. Son el punto desde donde se decide, se responde y se permanece firme cuando llegan momentos de presión, de prueba o de incertidumbre. No siempre se nombran, pero siempre se reflejan. No siempre se enseñan, pero siempre se manifiestan en los resultados.

La diferencia entre una vida que avanza con estabilidad y una que se desordena no está en el talento, ni en la suerte, ni en la intensidad del esfuerzo. Está en el valor que se le da a los principios. Cuando una persona vive alineada a principios claros, su camino tiene dirección. Cuando los ignora, puede avanzar, pero su avance se vuelve frágil.

Los principios no existen para limitar a nadie, existen para cuidar lo que se está construyendo. No frenan el crecimiento, lo sostienen. Por eso hay personas que atraviesan procesos difíciles sin perderse y otras que, aun teniendo oportunidades y recursos, se quiebran bajo la presión. La diferencia no suele estar en la prueba, sino en el fundamento.

Aquí aparece una verdad que conviene entender desde el inicio. No todo lo que se edifica está bien fundado. Hay logros que impresionan, pero no sostienen. Hay avances que se celebran, pero no permanecen. El problema no siempre está en lo que se construye, sino en desde dónde se construye.

Los principios no nos evitan pasar por procesos, pero determinan la forma cómo los atravesamos. No cancelan las pruebas, pero definen si una persona resiste o colapsa cuando la presión llega. Los principios no hacen la vida más fácil, la hacen más firme.

EL ORDEN INVISIBLE QUE SOSTIENE LO VISIBLE

La Biblia no es un libro religioso. Es el manual provisto por Dios para guiar nuestra vida a través de sus principios. Y desde el principio, este libro de principios establece cuál debe ser nuestro primer principio, porque no comienza hablando del hombre, ni de la tierra, ni de la composición de los cielos. Comienza estableciendo el fundamento que da origen y sentido a todo lo creado, y dejando claro que, antes de cualquier forma visible, existe un orden invisible que lo gobierna y lo sostiene todo. *"En el principio creó Dios los cielos y la tierra"* (Génesis 1:1).

Antes de que hubiera forma, había orden. Antes de que hubiera creación, había un Creador. Antes de que algo existiera, Dios ya ocupaba el primer lugar. **Desde la primera**

línea, la Escritura revela que todo lo creado depende de su origen y que nada puede sostenerse correctamente si se separa de aquello que le dio vida.

Desde el inicio, Dios se presenta como el origen, el fundamento y la fuente de todo lo que existe. No es una idea secundaria dentro de la historia, sino el centro de toda la historia misma. Por eso, todo lo creado encuentra estabilidad solo cuando permanece alineado a su principio.

Cuando Dios deja de ser primero, aunque la vida avance, pierde estabilidad. Aunque crezca, pierde peso. Aunque funcione, queda expuesta, porque se ha desconectado de aquello que la sostiene y esta verdad no se limita al comienzo de la Escritura, sino que se reafirma a lo largo de ella. El libro de Apocalipsis lo confirma cuando el Señor declara: *"Yo soy el Alfa y la Omega, principio y fin"* (Apocalipsis 1:8). Revelándonos con esto, que Él no solo inicia las cosas, sino que las acompaña, las sostiene y las completa. Él es el punto de partida y el eje que mantiene el equilibrio durante todo el proceso.

Por eso, poner a Dios primero no es una opción espiritual reservada para momentos de crisis, es una ley de diseño. Es reconocer que la vida fue creada para funcionar desde un orden específico y que salir de ese orden tiene consecuencias, aunque no siempre sean inmediatas. Una vida puede levantarse sin este principio; incluso puede avanzar y producir resultados visibles pero no será capaz de resistir todas las estaciones sin derrumbarse, porque lo que no tiene fundamento, tarde o temprano colapsa.

A esto precisamente se refirió Jesús al hablar de dos casas expuestas a la misma tormenta. No presentando la historia como una parábola aislada, sino como la confirmación de una verdad que tiene relevancia en cada aspecto de la vida.

"Cualquiera, pues, que me oye estas palabras y las hace, le compararé a un hombre prudente, que edificó su casa sobre la roca. Descendió lluvia, y vinieron ríos, y soplaron vientos, y golpearon contra aquella casa, y no cayó, porque estaba fundada sobre la roca. Pero cualquiera que me oye estas palabras y no las hace, le compararé a un hombre insensato, que edificó su casa sobre la arena. Y descendió lluvia, y vinieron ríos, y soplaron vientos, y dieron con ímpetu contra aquella casa, y cayó, y fue grande su ruina." (Mateo 7:24–27)

En este pasaje, Jesús no presenta dos tormentas distintas, presenta una sola. La lluvia descendió, los ríos vinieron, los vientos soplaron y el golpe fue real para ambas casas. Esto deja claro que la prueba, no es señal de que algo esté mal, porque la casa fundada sobre la roca también fue golpeada.

La tormenta no es una excepción, es parte de la vida. Asi que lo que determina el resultado, no es si llega la tormenta, sino lo qué sostiene nuestra vida cuando llega.

> PONER A DIOS PRIMERO NO ES UNA OPCIÓN ESPIRITUAL RESERVADA PARA MOMENTOS DE CRISIS, ES UNA LEY DE DISEÑO.

Ambas casas pudieron haberse visto iguales por fuera. Ambas estaban levantadas, ambas parecían habitables, ambas podían impresionar. Pero hay construcciones que lucen firmes en la superficie pero están comprometidas en lo profundo y carecen de fundamento sólido.

La diferencia entre aquellas dos casas no estuvo en el deseo de construir, porque ambas fueron edificadas. Tampoco estuvo en la intención de permanecer, porque nadie levanta una casa esperando que se derrumbe. La diferencia estuvo en que uno tenía como fundamento la roca y el otro tenía como fundamento la arena, y esta diferencia no es estética, es estructural.

La arena se mueve, cede y cambia con el peso y con el tiempo. La roca es inamovible y se mantiene estable sin importar los tiempos. La arena representa una vida edificada sobre lo que varía: emociones, opiniones, urgencias, impulsos y conveniencias. La roca representa una vida edificada sobre lo que permanece: principios, obediencia, verdad y alineación con Dios.

El fundamento no se exhibe, pero gobierna el resultado. No se celebra, pero establece la dirección y el alcance de lo que se construye. Por eso hay vidas que avanzan, producen y logran, y aun así colapsan cuando llega la presión, la pérdida, la traición, la tentación o un cambio inesperado. En otras palabras, hay quienes no caen por falta de capacidad, sino por falta de fundamento. Pero poner como fundamento la roca, no es solo escuchar, es escuchar y hacer porque el fundamento se forma cuando la verdad se practica y cuando la convicción se convierte en obediencia.

Por eso el hombre prudente no fue el que más oyó, fue el que más aplicó. Y el insensato no fue el que nunca oyó, sino el que oyó y no hizo según lo que oyó. Esto revela que alguien puede estar cerca de la verdad, manejar lenguaje espiritual y tener información correcta, y aun así edificar su vida—que representa su casa—sobre arena por no honrar los principios que conoce. Por lo tanto, la ruina no solo llega por falta de palabra, sino por falta de disposición a ponerla en práctica.

Los principios no nos evitan pasar por procesos, pero determinan si sobrevivimos a ellos. No cancelan la lluvia, pero evitan el colapso. No detienen el viento, pero sostienen la estructura. No impiden el golpe, pero preservan la vida. No existen para adornar la fe, existen para sostenerla.

Es por esto que poner a Dios primero no es una frase bonita ni un hábito religioso; es una decisión estructural. Es elegir sobre qué vas a edificar tu vida, tu carácter, tus decisiones y tu futuro. Es determinar cuál será tu fundamento antes de que llegue la tormenta, porque cuando la tormenta llega, no se construye: solo se revela sobre qué base se construyó.

LO QUÉ SIGNIFICA PONER A DIOS SIEMPRE PRIMERO

Honrar el principio de poner a Dios siempre primero no es solo declararlo como una convicción correcta ni afirmarlo como una verdad espiritual; es ordenar la vida desde Él. Porque muchas personas reconocen a Dios, lo mencionan y hasta proclaman su fe, pero aun así siguen organizando sus prioridades, decisiones y ritmos de vida desde otros centros.

Poner a Dios primero, en lo práctico, significa permitir que sea el punto de partida desde el cual se define qué se hace, cómo se hace y por qué se hace. No se trata de añadirlo a la vida, sino de reorganizar la vida alrededor de Él.

Cuando este principio no se honra, la vida suele organizarse por acumulación. Se suman responsabilidades, metas, relaciones y compromisos, y luego se intenta encajar a Dios en los espacios que sobran. En cambio, cuando Dios ocupa el primer lugar, todo lo demás se acomoda correctamente en relación con Él. La diferencia no siempre es visible de inmediato, pero se manifiesta con claridad en la forma de decidir, en los límites que se establecen, en lo que se acepta, en lo que se rechaza, y en la manera de interpretar tanto el éxito como el fracaso. El fundamento no se ve, pero todo depende de él, y cuando el fundamento es incorrecto, la estructura puede crecer y aun así quedar vulnerable.

> PONER A DIOS PRIMERO, EN LO PRÁCTICO, SIGNIFICA PERMITIR QUE SEA EL PUNTO DE PARTIDA DESDE EL CUAL SE DEFINE QUÉ SE HACE, CÓMO SE HACE Y POR QUÉ SE HACE.

Honrar este principio también significa permitir que Dios gobierne el proceso y no solo el resultado. Muchas personas buscan a Dios para que bendiga decisiones ya tomadas, pero vivir desde este principio requiere consultar antes de decidir y no después. Esto transforma la manera de avanzar porque deja de priorizarse lo rentable por encima de lo correcto y lo conveniente por encima de lo coherente. Cuando Dios está primero, el proceso adquiere tanto valor como la meta, porque se entiende que no todo lo que produce resultados inmediatos edifica y que no todo lo que edifica se manifiesta de inmediato. En ese orden, la vida deja de ser una carrera por llegar y se convierte en un proceso de formación constante.

Poner a Dios primero implica también someter la voluntad personal a una autoridad mayor sin renunciar a la responsabilidad. No se trata de pasividad, sino de abandonar la intención de querer controlarlo todo. En la práctica, esto se refleja en estar abierto a la corrección, en escuchar sin endurecerse, en buscar consejo en lugar de aislarse y en aceptar ajustes cuando Dios los indica, aun cuando eso confronte planes, expectativas o formas de pensar. Esta rendición no reduce la autoridad personal, por el contrario, la estabiliza, porque quien se deja guiar por Dios no vive gobernado por el impulso ni por el ego.

La honra a este principio se expresa de manera clara en la forma de decidir cuando las emociones están alteradas. Porque las emociones son reales, pero no fueron diseñadas para gobernarnos.

Cuando Dios ocupa el primer lugar, la persona aprende a responder desde convicción y no a reaccionar desde impulso. Esto se nota en la forma de hablar bajo presión, en la capacidad de esperar cuando sería más fácil forzar y en la firmeza para sostener los valores aun cuando hacerlo implique pérdida. La madurez espiritual no se mide por la intensidad de lo que se siente, sino por la estabilidad de las decisiones cuando la presión intenta desequilibrarte.

Una vida que honra este principio comprende que el orden interior sostiene cualquier logro exterior y que el carácter termina definiendo cuánto puede durar lo que el talento construye. Por eso, cuando Dios está primero, la integridad pesa más que la imagen y la paz más que el reconocimiento. Por tanto, no se negocia la conciencia por progreso, porque todo avance que nace de la desalineación, produce resultados que colapsan cuando son probados.

Poner a Dios primero implica vivir una fe integrada y no fragmentada porque Dios no gobierna áreas aisladas ni se limita solo a lo que se considera espiritual. Por eso cuando este principio se honra, la fe se refleja en la manera de liderar, de administrar recursos, de tratar a las personas, de usar el tiempo y de responder bajo presión. No se trata de perfección, sino de coherencia. Se vive una sola vida con un solo centro, porque una fe que solo se manifiesta en algunos momentos no logra sostener la vida en su totalidad.

EL VALOR DEL FUNDAMENTO EN LOS TIEMPOS DE PROCESO

Honrar este principio exige también confiar cuando no hay claridad total porque hay momentos en los que el camino no se entiende, las respuestas no llegan rápido y la espera incomoda. En esas etapas, poner a Dios primero significa resistir la tentación de forzar puertas, de apresurar tiempos y de tomar atajos por desesperación. Se aprende que el silencio no siempre es ausencia y que la demora no siempre es negación. Muchas veces es preparación, protección o alineación y solo quien honra este principio puede descansar mientras espera, porque su confianza no depende de la información disponible, sino de la Fuente que le guía.

Cuando Dios ocupa el primer lugar, la vida se vive con conciencia del peso eterno de cada decisión. Nada se vuelve liviano ni accidental. Las elecciones forman, los hábitos construyen y las acciones dejan huella. Esa conciencia produce una vida intencional, no rígida pero firme, no perfecta pero alineada. La persona deja de avanzar por inercia y comienza a caminar con sentido, entendiendo que no todo avance es crecimiento y que no toda velocidad es progreso.

Honrar el principio de poner a Dios siempre primero no es un acto emocional ni una costumbre religiosa. Es una decisión estructural que define cómo se piensa, cómo se decide, cómo se avanza y cómo se resiste. Cuando este principio gobierna, la vida se ordena desde el fundamento. Cuando se ignora, todo se desmorona.

> CUANDO DIOS OCUPA EL PRIMER LUGAR, LA VIDA SE VIVE CON CONCIENCIA DEL PESO ETERNO DE CADA DECISIÓN.

A traves de toda la Biblia, quienes dejaron una huella duradera no fueron aquellos que actuaron desde el impulso o la autosuficiencia, sino los que, aun teniendo razones humanas para avanzar, eligieron consultar primero a Dios. Honrar el principio de poner a Dios siempre primero se hace visible en los momentos de presión, cuando la lógica empuja a reaccionar y las circunstancias parecen exigir rapidez, pero el corazón decide alinearse antes de moverse. Ahí se manifiesta si Dios es el origen de la decisión o si solo se le menciona para intentar dar validez religiosa a lo que nace de la voluntad propia.

TRES EJEMPLOS BÍBLICOS DE ALINEACIÓN ANTES DEL AVANCE

David nos ofrece un ejemplo profundo de poner a Dios primero en uno de los momentos más críticos de su vida, cuando todavía no era rey. Este acontecimiento se registra en 1 Samuel 30, cuando David regresa a Siclag y encuentra la ciudad quemada y a sus mujeres e hijos llevados cautivos por los amalecitas. A causa de esto, El dolor fue tan intenso que el texto declara que David se angustió en gran manera y añade un detalle revelador, los hombres que estaban con él hablaron de apedrearlo porque la frustracion y la amargura había llenado el corazón de todos. Pero estos no eran enemigos externos, eran sus propios hombres, aquellos que habían caminado con él. Por lo que humanamente, todo apuntaba a una reacción inmediata, impulsiva y cargada de desesperación. Sin embargo, el relato introduce una afirmación que marcó la diferencia, *"David se fortaleció en el Señor su Dios"*. Luego, en medio de aquella profunda crisis, David no se movió sin dirección, sino que preguntó a Dios:

"¿Perseguiré a estos merodeadores? ¿Los alcanzaré?" (1 Samuel 30:8).

Esa pregunta demuestra que, aun estando en crisis, David dio prioridad absoluta a la voluntad de Dios, porque entendía que el dolor no le otorgaba permiso para decidir sin Él y que, aunque la causa pareciera justa, la dirección seguía siendo indispensable.

Como respuesta, Dios le dijo: *"Persigue, porque ciertamente los alcanzarás y todo lo recuperarás"*. (I Samuel 30:8) David venció, rescató a los suyos, no perdió nada y recuperó todo lo que había sido tomado.

Este relato establece un principio que gobierna a todo el que pone a Dios primero: la consulta precede al avance.

"Y libró David todo lo que los amalecitas habían toma-do, y asimismo libertó David a sus dos mujeres. Y no les faltó cosa alguna, chica ni grande, así de hijos como de hijas, del robo, y de todas las cosas que les habían tomado; todo lo recuperó David". (1 Samuel 30:18–19)

Nehemías tambien nos muestra este mismo principio desde un escenario completamente distinto, no desde la crisis inmediata, sino desde la influencia y el acceso al poder. Él servía en el palacio del rey Artajerjes y tenía una posición privilegiada que muchos habrían usado sin detenerse. Sin embargo, cuando escuchó la condición de Jerusalén, el relato no dice que activó de inmediato sus conexiones, sino que su reacción fue interior antes que estratégica. El texto declara que se sentó, lloró, ayunó y oró delante del Dios de los cielos, entendiendo que ninguna puerta humana podía sustituir la dirección divina. Más adelante, cuando finalmente se presenta ante el rey y este le pregunta qué desea, Nehemías volvió a buscar a Dios en ese momento decisivo, y el relato lo registra con una frase breve pero reveladora, *"entonces oré al Dios del cielo"* (Nehemías 2:4). Nehemías tenía favor, tenía acceso y tenía oportunidad, pero no se apoyó en su posición más de lo que se apoyó en Dios. Honrar el principio de poner a Dios primero fue la razón por la que su proyecto no solo comenzó con claridad, sino que se sostuvo frente a la oposición, la burla y la amenaza.

"Y el rey me lo concedió, según la buena mano de Dios sobre mí". (Nehemías 2:8)

El apóstol Pablo nos revela una tercera dimensión de este

principio en el Nuevo Testamento, no desde la carencia ni desde la influencia política, sino desde la autoridad espiritual y la experiencia ministerial. Ya que en Hechos 16, Pablo y sus compañeros intentaron predicar en Asia, pero el Espíritu Santo no se los permitió. Luego intentaron ir a Bitinia, y nuevamente el camino les fue cerrado. Desde una perspectiva humana, detener a un apóstol en plena expansión parecía ilógico. Sin embargo, Pablo no forzó el movimiento ni espiritualizó su deseo de avanzar. Esperó dirección. Fue entonces cuando el relato introduce un momento decisivo: *"se le mostró a Pablo una visión de noche:* un varón macedonio estaba en pie, rogandole y diciendo: *Pasa a Macedonia y ayúdanos"* (Hechos 16:9). Pablo entendió que no todo lo bueno es necesariamente lo que Dios quiere en ese momento y que honrar a Dios primero implica estar dispuesto a ajustar el rumbo sin frustración ni orgullo. Esa obediencia abrió una puerta histórica para la expansión del evangelio y confirmó que la dirección divina siempre vale más que la prisa ministerial.

> *"Y una mujer llamada Lidia, vendedora de púrpura, de la ciudad de Tiatira, que adoraba a Dios, estaba oyendo; y el Señor abrió el corazón de ella para que estuviese atenta a lo que Pablo decía."*

Estos hombres vivieron contextos distintos, enfrentaron presiones diferentes y tuvieron niveles variados de autoridad, pero compartían una misma convicción. No se movían solo porque podían, se movían porque Dios lo indicaba. No reaccionaban desde la urgencia, avanzaban desde la consulta. Y por eso sus decisiones no solo produjeron resultados visibles, sino que dejaron un modelo que sigue hablando mucho después de que ellos partieron.

Si David, en medio del dolor y la presión, consultó a Dios antes de perseguir; si Nehemías, aun con acceso directo al poder, buscó primero el rostro de Dios; y si Pablo, con autoridad y revelación, permitió que Dios redirigiera sus planes, entonces queda claro que el verdadero avance nunca comienza con capacidad, posición o impulso, sino con alineación.

Poner a Dios primero no retrasa el avance, lo preserva. No limita el crecimiento, lo ordena.

No debilita la fe, la establece.

Honrar este principio es decidir que, sin importar la experiencia acumulada, la urgencia del momento o las oportunidades disponibles, no se avanza sin dirección. Porque solo cuando Dios ocupa el primer lugar, el camino no solo se abre, conduce al destino correcto, permanece firme en el proceso y produce resultados que no colapsan con el tiempo.

ORACIÓN DE CIERRE

Señor amado, hoy me rindo consciente y voluntariamente delante de Ti, reconociendo que fuera de tu dirección no hay plenitud ni verdadero avance. Ayúdame a ponerte siempre primero, no solo en palabras, sino en decisiones diarias, haciendo de Ti el fundamento firme desde donde se define todo lo que soy y hago. Renuncio a la autosuficiencia que me desconecta de tu gracia y a la ansiedad que nace de querer controlar lo que solo Tú puedes sostener. Elijo descansar en tu sabiduría, confiando en que tus caminos, aunque no siempre los comprenda, son perfectos y seguros. Te entrego mi tiempo, mis metas, mis relaciones y mis sueños, porque entiendo que solo en tus manos encuentran propósito, orden y futuro. Endereza mis pasos, corrige con amor mis desvíos y guíame a caminar con fidelidad en el diseño que estableciste para mí. Dame la gracia de preferir tu voluntad por encima de la mía, aun cuando el proceso demande fe, paciencia y madurez. Hazme sensible a tu voz en lo secreto, obediente a tu llamado en lo público y firme en tu propósito en cada etapa de mi vida. Que mis decisiones reflejen tu sabiduría, que mis temporadas revelen tu fidelidad y que todo lo que soy glorifique tu nombre hoy y por la eternidad. En el nombre poderoso de Jesús. Amén.

PALABRA DE COMPROMISO

Hoy me comprometo, con plena conciencia y responsabilidad espiritual, a poner a Dios primero en cada área de mi vida, reconociendo que fuera de Él no hay dirección segura ni fruto permanente. Decido no caminar más en mis propias fuerzas ni apoyarme en mi entendimiento limitado, sino depender completamente de Su guía, Su verdad y Su sabiduría eterna. Renuncio a vivir movido por la aprobación pasajera de los hombres y escojo vivir bajo la mirada santa de Aquel que todo lo ve, todo lo pesa y todo lo recompensa. Me comprometo a rendir mi tiempo, mis planes, mis relaciones y mis sueños en el altar de Su voluntad, confiando en que Sus caminos son más altos que los míos y que Su dirección siempre me conduce a vida, orden y plenitud. Declaro que Su amor,

Su sabiduría y Su favor gobiernan cada decisión que tomo y cada paso que doy.

Hoy reconozco que cuando Dios es el principio, mi vida entra en alineación divina: lo que estaba fuera de lugar se ordena, lo que parecía detenido recibe nuevo impulso y lo que parecía cerrado se abre conforme a Su tiempo perfecto. Entiendo que en Sus manos nada se pierde, porque incluso aquello que parecía derrota se transforma en semilla de victoria y crecimiento. Por tanto, hago un pacto consciente y firme: vivir con Dios en el centro, permitirle gobernar cada área de mi vida y caminar bajo Su dirección en toda temporada. Este es mi compromiso, hoy y siempre.

LA HONRA

El principio que activa el favor, preserva el propósito y establece la autoridad

Hay principios que no solo tienen el poder de abrir puertas, sino de determinar cuánto tiempo esas puertas permanecen abiertas; y la honra es uno de esos principios. No es un gesto social, no es cortesía humana ni es tradición cultural. Es una ley del cielo, que regula acceso, permanencia y promoción en la tierra. El que entiende la honra no solo entra, permanece; no solo recibe, multiplica; no solo alcanza una oportunidad, hereda destino.

El verdadero sentido de la honra se sostiene en tres fundamentos esenciales: honrar a Dios, honrar los principios y honrar a las personas. Todo fracaso en la vida tiene su raíz en la deshonra de alguna de estas áreas. Por eso, para poder avanzar genuinamente y vivir conforme al propósito divino, es indispensable cultivar una actitud de respeto, reconocimiento y responsabilidad: hacia Dios, como Dueño y Señor de nuestras vidas; hacia los valores que orientan nuestras decisiones; y hacia las personas con las que compartimos el camino que nos lleva rumbo a nuestro destino.

Puedes acumular talentos, formarte con la mejor preparación y rodearte de contactos influyentes, pero si no aprendes a honrar, tu avance será efímero, tu plataforma será frágil y tu influencia se desmoronará como castillo de arena. Y al final, ¿de qué sirve que se te abra una puerta si la deshonra te hace perder la llave que la mantiene abierta?

El mundo puede concederte un lugar por un tiempo, tu talento puede posicionarte en escenarios por una temporada, y tu esfuerzo puede hacer que, en ocasiones, te sientes en mesas importantes; pero solo la honra garantiza que lo que conquistes tenga raíces y no sea arrebatado por el viento de la inestabilidad. Porque **lo que no se honra, inevitablemente se desgasta y se pierde** pero lo que se honra Dios mismo lo afirma, lo multiplica y lo establece con una solidez que ninguna tormenta puede derribar.

DEFINICIÓN Y ESENCIA DE LA HONRA

La honra es discernir, celebrar y responder a la singularidad, la utilidad y la excelencia que hay en una persona. No se limita a un sentimiento interno, sino que reconoce con profundidad, expresa con gratitud y actúa con respeto. En otras palabras, honrar es ver el valor, celebrarlo con intención y respaldarlo con hechos.

Honrar no es idolatrar porque la idolatría consiste en atribuir a un ser humano lo que solo pertenece a Dios: la gloria, la adoración y la soberanía absoluta. Cuando se confunde honra con idolatría, se pervierte el propósito divino, porque el hombre nunca fue diseñado para ocupar el trono del Creador. Con relación a esto, la Biblia es clara al decir: *"Al Señor tu Dios adorarás, y a él solo servirás"* (Mateo 4:10).

Honrar tampoco es adular, porque la adulación es una falsificación de la honra, un disfraz lleno de palabras vacías y elogios exagerados que buscan manipular para obtener un beneficio egoísta. Es humo que halaga por delante, mientras esconde intenciones torcidas por detrás.

La honra verdadera no es manipulación, no es estrategia ni es conveniencia; es discernimiento espiritual. Implica mirar más allá de la apariencia y reconocer la huella del cielo en la vida de los demás.

No se mide por títulos, posiciones ni aplausos, sino por la capacidad de reconocer el valor que cada persona porta y actuar en coherencia con el propósito divino que Dios ha depositado en cada una de ellas.

Cuando honras, no te inclinas ante un hombre, pero sí reconoces la obra de Dios en él. Y cuando eliges vivir así, abres un canal por el cual el cielo mismo se derrama sobre tu vida.

Acerca de esto, la Palabra de Dios nos dice: *"Pagad a todos lo que debéis: al que tributo, tributo; al que impuesto, impuesto; al que respeto, respeto; al que honra, honra"* (Romanos 13:7).

La honra no se negocia, se otorga. No depende de simpatías ni de conveniencias, porque es un principio que trasciende emociones y circunstancias. La verdadera honra es un deber espiritual, una respuesta de obediencia al orden de Dios y, al mismo tiempo, una práctica visible que revela la solidez del carácter y el nivel de madurez del corazón.

> LA ADULACIÓN ES HUMO QUE HALAGA POR DELANTE, MIENTRAS ESCONDE INTENCIONES TORCIDAS POR DETRÁS.

Honrar no es espiritualizar todas las relaciones. Es discernir el propósito de Dios en cada conexión, entendiendo que no todo el que llega es enviado por Él, pero todo puede ser usado por Él para cumplir un propósito mayor. Cuando eliges honrar, demuestras que sabes ver más allá del momento y discernir la huella de Dios en cada encuentro y en cada persona.

HONRAR ES UNA DECISIÓN, NO UNA REACCIÓN EMOCIONAL

La honra no es un sentimiento que aparece cuando alguien te agrada, ni es una chispa emocional que depende de tu estado de ánimo. La honra es una decisión consciente, un acto de voluntad que revela carácter. Pero nadie nace con la capacidad de honrar; se aprende en el camino, se cultiva con gratitud, se fortalece con humildad y se prueba en la sujeción. No es una emoción pasajera que cambia con el clima de las circunstancias; es un principio estable que debe practicarse aun cuando hacerlo implique ir en contra de tus propias emociones. Y como todo principio, su cumplimiento es inevitable: si lo aplicas, abre puertas; si lo ignoras, trae consecuencias. La honra es sabia porque sabe distinguir lo que muchos pasan por alto.

Con relación a esto, el sabio maestro y escritor de más de doscientos libros, Mike Murdock, enseña que la verdadera sabiduría consiste en reconocer las diferencias, porque la vida se construye y se dirige a partir de la capacidad de distinguir la diferencia entre lo correcto y lo incorrecto, entre lo eterno y lo temporal, entre una oportunidad y una trampa, y entre quién debe estar cerca y quién debe mantenerse a distancia.

Quien no reconoce diferencias trata todo como igual, y esa ceguera produce estancamiento y fracaso; pero quien desarrolla la capacidad de ver lo que otros pasan por alto, abre la puerta a decisiones precisas, relaciones saludables y resultados duraderos.

> NADIE NACE CON LA CAPACIDAD DE HONRAR;
> SE APRENDE EN EL CAMINO, SE CULTIVA CON
> GRATITUD, SE FORTALECE CON HUMILDAD Y SE
> PRUEBA EN LA SUJECIÓN.

La honra misma está ligada a este principio, ya que honrar es discernir la huella de Dios en alguien. Es reconocer la diferencia que el cielo depositó en esa vida y responder a ella con gratitud, aprecio y reconocimiento. La verdadera honra no nace de la admiración superficial, sino del entendimiento espiritual de que Dios usa personas para abrir caminos, transferir sabiduría y provocar crecimiento. Donde hay honra, hay conexión; donde hay conexión, el favor fluye; y donde el favor fluye, el carácter se ensancha para recibir más.

Cuando tratas como común lo que Dios apartó como extraordinario, pierdes acceso a lo que ese depósito estaba llamado a producir. Pero cuando distingues y valoras lo que es único, santo y proviene de Dios, se te abren puertas de favor y avance que ninguna fuerza humana podrá cerrarte.

Una persona puede estar rodeada de gigantes espirituales, de mentores valiosos o de familiares llenos de amor, y aun así vivir vacía porque nunca aprendió a honrar.

Honrar no es un gesto simbólico; es una postura del corazón que determina acceso. Quien honra se posiciona para recibir, pero quien deshonra no pierde por decisión ajena, sino porque rompe la vía por la cual aquello que necesitaba podía fluir.

Este principio es claro y consistente: la honra abre caminos y mantiene puertas activas; la deshonra las debilita hasta cerrarlas. No es que todo se vaya; es que la deshonra te saca de la posición donde podías sostenerlo.

LOS DIFERENTES NIVELES DE LA HONRA

Todos somos iguales en dignidad delante de Dios, creados a Su imagen y semejanza, pero no todos ejercemos la misma función en la tierra, y por esa razón, no a todos les corresponde el mismo tipo de honra. La honra no es uniforme ni plana; es un principio que se expresa de acuerdo con la función, el rol y la responsabilidad que cada persona carga. No es lo mismo la honra que le debes a un amigo que la que debes a tus padres. No es igual la honra hacia un compañero de trabajo que hacia un líder espiritual que vela por tu alma.

La Palabra de Dios establece: *"Honra a tu padre y a tu madre, que es el primer mandamiento con promesa"* (Efesios 6:2). A los padres se les honra con obediencia, cuidado y gratitud, porque son la fuente terrenal que Dios usó para darte vida. A las autoridades se les honra con respeto y sujeción, no por su perfección, sino porque representan el orden establecido. A los líderes espirituales se les honra reconociendo el depósito de Dios en ellos, entendiendo que honrarles es valorar la gracia que Dios quiere impartir a través de sus vidas. Y **a los iguales se les honra con lealtad, honestidad y aprecio, entendiendo que todo ser humano merece respeto.**

Cada relación demanda un tipo de honra distinto. No puedes tratar a todos por igual, porque aunque todos son valiosos, no todos ocupan el mismo lugar en el diseño de Dios para tu vida. Cuando los niveles de honra se confunden o se mezclan, inevitablemente se desata caos en las relaciones y pérdida en el ámbito espiritual. Porque la honra distorsionada trata con ligereza a quien se le debe dar reverencia y exalta lo que debe tratarse como igual.

Es por esto que la honra mal direccionada genera confusión, rompe la armonía, distorsiona los lugares de autoridad; y en vez de puertas de bendición, abre grietas de frustración y atraso. Pero cuando se honra en el nivel correcto, a Dios como la máxima prioridad, a los principios como fundamentos firmes y a las personas en su justa medida, el cielo respalda ese orden de forma abundante y permanente.

EJEMPLOS BÍBLICOS DE HONRA Y DE DESHONRA

La Biblia está llena de historias donde la honra cambió destinos y la deshonra destruyó futuros. Rut, por ejemplo, tomó una de las decisiones más trascendentes registradas en la Escritura. Su suegra Noemí había quedado viuda, sin hijos, sin recursos y hasta había cambiado su nombre a "Mara", que significa amargura. Humanamente, Rut no tenía motivos para seguir a una mujer que parecía cargada de desgracia. Sin embargo, con una determinación inquebrantable dijo:

"No me ruegues que te deje y me aparte de ti; porque a dondequiera que tú fueres, iré yo, y dondequiera que vivieres, viviré. Tu pueblo será mi pueblo, y tu Dios mi Dios. Donde tú murieres, moriré yo, y allí seré sepultada; así me haga Jehová, y aun me añada, que solo la muerte hará separación entre nosotras dos." (Rut 1:16-17).

Esa decisión de honra fue probada en el dolor, no en la abundancia. Y Dios le recompensó otorgándole una nueva historia, conectándola con Booz y dándole el privilegio de ser parte de la genealogía de Cristo. Por tanto, la honra de Rut en el momento más oscuro de Noemí no fue solo un acto de lealtad; fue una decisión que la posicionó para un destino que nunca habría alcanzado por sí sola.

> LA HONRA DE RUT EN EL MOMENTO MÁS OSCURO DE NOEMÍ NO FUE SOLO UN ACTO DE LEALTAD; FUE UNA DECISIÓN QUE LA POSICIONÓ PARA UN DESTINO QUE NUNCA HABRÍA ALCANZADO POR SÍ SOLA.

Lo mismo sucedió con Ester. Quien había llegado a ser reina en una tierra extranjera, disfrutaba de privilegios y comodidades, pero nunca olvidó a su primo Mardoqueo quien la había criado y le había dado dirección espiritual. Por eso, cuando llegó el decreto que amenazaba con exterminar a los judíos, Ester podía haberse quedado callada para tratar de protegerse. Sin embargo, eligió honrar la voz de su mentor, arriesgando su posición y hasta su propia vida, diciendo con valentía: *"Ve y reúne a todos los judíos que se encuentran en Susa, y ayunen por mí; no coman ni beban durante tres días, ni de día ni de noche. Yo también ayunaré junto con mis criadas, y después me presentaré ante el rey, aunque esto vaya contra la ley; y si tengo que morir, moriré"* (Ester 4:16 RVC).

Fue así como dejándose guiar por Mardoqueo, se convirtió en el instrumento de Dios para salvar a toda una nación. Enseñándonos con esto, que la honra se mide cuando tienes poder para ignorar a alguien, pero eliges escucharle con humildad.

Otro ejemplo es Finees, sacerdote e hijo de Eleazar, nieto del sacerdote Aarón. Quien en un momento crítico para Israel, cuando un hombre del pueblo introdujo abiertamente el pecado en medio del campamento al unirse con una mujer madianita, deshonrando el pacto y provocando la ira de Dios, no permaneció pasivo ni indiferente, sino que mientras el pueblo lloraba a la entrada del tabernáculo y la plaga ya había comenzado, Finees actuó para detener la transgresión: confrontó el pecado y lo cortó de raíz, poniendo fin a lo que estaba contaminando al pueblo.

Su acción no fue producto de violencia impulsiva, sino de celo por la santidad de Dios y por la preservación del orden espiritual. Finees entendió que honrar a Dios, en ese contexto, no era callar ni tolerar, sino intervenir para defender el principio que estaba siendo quebrantado. Porque para él, proteger la santidad del pacto era más importante que evitar el conflicto o buscar la aprobación de los hombres. Y Dios mismo confirmó esa honra, ya que la Escritura declara que el celo de Finees apartó el furor del Señor, detuvo la plaga que había venido sobre Israel y provocó una respuesta divina extraordinaria: Dios estableció con él un pacto de paz y le concedió el pacto del sacerdocio perpetuo. Así quedó establecido un principio innegociable: cuando alguien honra lo que Dios honra y defiende lo que Dios defiende, Dios responde respaldando, afirmando y estableciendo pactos que trascienden a la persona y alcanzan a las generaciones.

"Finees hijo de Eleazar, hijo del sacerdote Aarón, ha hecho apartar mi furor de sobre los hijos de Israel, llevado

de celo por mí entre ellos; por eso yo no he consumido en mi celo a los hijos de Israel. Por tanto, diles: He aquí yo establezco mi pacto de paz con él; y tendrá él, y su descendencia después de él, el pacto del sacerdocio perpetuo, por cuanto tuvo celo por su Dios, e hizo expiación por los hijos de Israel." (Números 25:11–13)

Rut honró, y Dios la conectó con su destino; Ester honró, y su obediencia preservó a toda una nación; Finees honró, y su fidelidad a los principios aseguró paz y legado generacional.

Cada acto de honra es como una semilla que trasciende tu propia vida. Tus hijos y los hijos de tus hijos disfrutarán de puertas abiertas gracias a las decisiones de honra que tomes hoy. Porque así como la deshonra trae consecuencias generacionales, la honra también deja herencias generacionales. Una familia formada en la honra será una familia estable, respetada y respaldada por Dios en cada una de sus etapas.

Por otro lado, la Biblia también nos advierte sobre el poder destructivo de la deshonra. Vasti, la reina de Persia, perdió su trono no porque cometiera un pecado inmoral, sino porque deshonró el llamado del rey Asuero. Ella decidió organizar su propio banquete y no responder al protocolo de honra hacia su esposo, pero lo que a Vasti pudo haberle parecido una decisión pequeña fue suficiente para que la corona le fuera quitada y entregada a otra mujer y esa mujer fue Ester.

De esta historia aprendemos que la deshonra nunca es un asunto pequeño. No rompe solo protocolos humanos, sino órdenes que sostienen posiciones. Lo que no se honra se pierde, y lo que se menosprecia termina siendo transferido a quien sí sabe responder con honra.

Los hijos de Elí, Ofni y Finees, también son ejemplo de deshonra. Ya que eran sacerdotes y ministros en el templo, pero trataron la ofrenda del Señor como cosa común. Tomaban de la carne antes de que se sacrificara y fornicaban con las mujeres en el tabernáculo (Ver 1 Samuel 2:12-22). Pero su falta de reverencia no solo los destruyó a ellos, sino que trajo juicio sobre toda la casa de su padre. Dejándonos con esto una lección contundente: Cuando se deshonra lo sagrado, no solo se afecta la persona, sino también su legado. Porque la deshonra no afecta solo un momento, sino que detiene una línea de bendición que estaba destinada a continuar.

LA IMPORTANCIA DE LA HONRA EN LA VIDA DIARIA

Honra también es saber cuál es tu lugar. Es tener la prudencia de comportarte con respeto en cada ambiente, de no ocupar asientos que no te corresponden ni buscar protagonismo donde fuiste llamado a servir. Es entender que hay conversaciones donde el silencio es más sabio que la opinión, y espacios donde la observación enseña más que la intervención.

Honrar también es reconocer los límites: no opinar de lo que no entiendes, ni criticar lo que nunca has tenido que enfrentar. Porque hay batallas que solo se comprenden cuando se viven y responsabilidades que solo se valoran cuando se experimentan. Por eso, la Escritura enseña: *"Aun el necio, cuando calla, es contado por sabio"* (Proverbios 17:28). Así que, recuérdalo: saber callar, saber esperar y comportarse con humildad no te resta valor, te añade honra.

El verdadero sentido de la honra se manifiesta en lo oculto y hasta en lo incómodo. En cómo hablas de tu líder cuando no está. En cómo cuidas a tus padres aunque nadie te lo pida. En cómo tratas a tu pareja cuando hay presión en la relación. En cómo respondes a la autoridad aunque no estés de acuerdo con ella. Porque **honrar no significa estar de acuerdo en todo, sino manejar el desacuerdo con respeto.**

La honra se nota también en cosas tan simples como devolver una llamada, agradecer un favor o cuidar los detalles de cortesía. La persona que honra no da por sentado nada, sino que reconoce el esfuerzo de los demás. Cuando alguien cocina para ti, te recibe en su casa, te brinda tiempo o atención, la honra se expresa en gratitud sincera. En el trabajo la honra se muestra en cómo hablas de tu jefe cuando no está presente, en cómo manejas los recursos de la empresa, en como tratas a tus compañeros, en cómo sirves aunque nadie te reconozca. En la familia, la honra se refleja en no tratar con indiferencia a quienes conviven contigo todos los días, porque la rutina muchas veces apaga el valor, pero la honra hace que ese valor se mantenga vivo.

HAY CONVERSACIONES DONDE EL SILENCIO ES MÁS SABIO QUE LA OPINIÓN, Y ESPACIOS DONDE LA OBSERVACIÓN ENSEÑA MÁS QUE LA INTERVENCIÓN.

La honra no es un acto aislado, es una cultura. Una semilla que siembras día tras día y se manifiesta en los detalles, como por ejemplo: en la condición en que devuelves lo que se te prestó. En el modo cómo cuidas de lo que no es tuyo, en cómo te comportas cuando nadie te ve. Cuando en vez de hacer lo mínimo en tu trabajo, haces las cosas de la mejor manera que puedes hacerlas.

El que siembra honra, cosecha honra. El que siembra ligereza, crítica o indiferencia, cosecha rechazo, soledad y puertas cerradas.

La honra le da solidez espiritual a tu vida, porque quien vive con honra vive con peso: sus palabras tienen influencia, sus actos dejan huellas, su presencia abre puertas y su coherencia atrae autoridad y respaldo. No hay gloria duradera sin honra sembrada, ni honra sembrada sin cosecha asegurada.

Vivir en honra es como edificar una casa sobre un cimiento sólido: pueden soplar los vientos, azotar las tormentas y golpear los ríos, pero la estructura permanecerá firme. Quien honra edifica futuro, construye confianza y deja legado, porque la honra no es solo un principio para hoy, sino un cimiento para toda la vida. En cambio, quien vive en deshonra es como el que construye sobre arena: su aparente éxito se derrumba al primer golpe de adversidad, porque lo que se levanta sin principios puede impresionar por un tiempo, pero no permanecerá.

LA IMPORTANCIA DE LA HONRA A UNO MISMO

La honra comienza en casa y la primera casa que Dios te entregó eres tú mismo. Honrarte no es arrogancia ni vanidad, es entender que fuiste diseñado con propósito y que llevas dentro un depósito celestial. Lo que Dios puso en ti no es casual ni común: es un tesoro que debe ser cuidado, cultivado y valorado, porque cuando aprendes a honrar lo que Él hizo en ti, también aprendes a reflejar Su gloria a través de tu vida.

- Honrarte es cuidar tu cuerpo como templo del Espíritu Santo, tratándolo con respeto y responsabilidad.
- Honrarte es guardar tus pensamientos, no permitiendo que el miedo, la culpa o la amargura destruyan tu paz.
- Honrarte es elegir relaciones que edifiquen, que te impulsen a crecer, y rechazar las que te alejan de lo que fuiste llamado a ser.
- Honrarte es trabajar con excelencia, vivir con dignidad y avanzar con humildad, sabiendo que representas al Rey de reyes dondequiera que vas.

El que no se honra a sí mismo se limita, porque desprecia lo que Dios puso en él. Pero quien aprende a honrarse se convierte en un instrumento confiable en las manos de Dios, alguien a quien Él puede confiarle más, porque cuida lo que ya le ha encomendado.

4 CLAVES PARA PRACTICAR EL PRINCIPIO DE LA HONRA

1. HONRA CON TUS PALABRAS

Usa tu boca para edificar, no para destruir, porque tus palabras son semillas que pueden sembrar honra o levantar división, traer vida o provocar heridas y cada vez que eliges hablar con respeto, aun cuando pudieras criticar, estás honrando a Dios, mostrando madurez y dando pasos firmes en tu avance integral.

Recuerda que lo que sale de tu boca revela el estado en que está tu corazón; y que quien honra con sus palabras se abre puertas, pero quien murmura levanta muros que lo dejan fuera.

"Hay hombres cuyas palabras son como golpes de espada; Mas la lengua de los sabios es medicina" (Proverbios 12:18).

2. HONRA CON TUS ACTOS

Sé puntual, diligente y servicial, porque el fruto de lo que eres se evidencia más en lo que haces que en lo que dices. No se trata de gestos públicos, sino de coherencia privada. La verdadera honra se manifiesta en los detalles: en cumplir lo prometido, en servir con excelencia y en dar más de lo que se espera.

Lo que haces cuando nadie te observa, es lo que revela tu verdadera esencia, y Dios, que ve la fidelidad en lo oculto, recompensa con favor a quienes sirven con integridad.

"Todo lo que hagan, háganlo de buena gana, como para el Señor y no como para los hombres" (Colosenses 3:23 NTV).

3. HONRA EN LO PEQUEÑO

La verdadera honra se revela en los detalles, porque Dios no promueve por intención, sino por fidelidad comprobada.

La fidelidad en lo pequeño no es antesala del ascenso; es el requisito.

Ser responsable con lo poco es el entrenamiento que forma el carácter necesario para administrar lo mucho.

Por eso debes mostrar valoración, cuidado, responsabilidad y honra en lo pequeño que el Señor ha puesto en tus manos, porque aquello que el hombre considera insignificante es precisamente el espacio donde Dios examina la fidelidad para confiarte lo que luego te será entregado.

"Tu Padre, que ve en lo secreto, te recompensará en público" (Mateo 6:4).

4. HONRA A QUIENES TE RODEAN

Padres, líderes, cónyuges, amigos, jefes y colaboradores: todos merecen un trato digno y respetuoso. La honra que das no depende de lo que alguien es, sino de tu decisión de vivir conforme a este principio. Habla bien, responde con respeto y trata a los demás como quieres ser tratado, porque la honra crea atmósferas donde el respeto florece y el favor se multiplica. Quien siembra honra en sus relaciones cosecha confianza, armonía y puertas abiertas, porque la manera en que tratas a las personas revela la madurez de tu fe y el tipo de corazón con el que sirves. *"Traten a los demás como ustedes quieren ser tratados"* (Lucas 6:31 NTV).

ORACIÓN DE CIERRE

Señor, hoy decido vivir con una conciencia de honra en todo lo que soy y en todo lo que hago, reconociendo que nada en mi vida es casualidad ni fruto del azar, sino resultado de Tu gracia y Tu propósito. Líbrame de todo espíritu de ligereza, orgullo o indiferencia que intente endurecer mi corazón y me impida reconocer Tu mano obrando en lo que me rodea. Enséñame a discernir el valor de las personas, los lugares y las oportunidades que has puesto en mi camino, para no tratar como común aquello que Tú has declarado precioso. Que mis palabras reflejen respeto, que mis acciones manifiesten gratitud y que mi actitud revele una reverencia genuina por Tu presencia y Tu gobierno. Forma en mí un corazón sensible, enseñable y agradecido, que sepa responder con fidelidad a cada asignación que Tú confías en mis manos. Que mi vida sea una expresión constante de reconocimiento, humildad y obediencia a Tu propósito, y que todo lo que haga glorifique Tu nombre. En el nombre de Jesús. Amén

PALABRA DE COMPROMISO

Hoy decido vivir con honra, no como un acto ocasional ni condicionado a las circunstancias, sino como un estilo permanente de vida que gobierna mis pensamientos, mis palabras y mis decisiones. Asumo con responsabilidad el compromiso de honrar a Dios, a los principios y a las personas, independientemente de cómo me traten o respondan, porque la honra que practico nace de lo que soy, no de lo que recibo. Honraré en público y en privado, en mi casa y fuera de ella, en mi trabajo y en cada ambiente donde Dios me permita influir. Honraré no solo a quienes me aman o me favorecen, sino también a quienes piensan distinto, actúan diferente o no reconocen mi valor.

Hoy entiendo que la honra no es una reacción emocional, sino una convicción interna profundamente arraigada. Es la evidencia de que vivo gobernado por valores firmes, aun cuando las circunstancias presionen para que actúe en sentido contrario. Por eso me comprometo a que mi palabra sea confiable, mi trato respetuoso y mi corazón incorruptible, aun cuando honrar implique costo, silencio o sacrificio. Defenderé lo correcto aunque no sea popular, y elegiré los principios por encima de las emociones pasajeras. Hoy decido ser una persona honorable, porque sé que lo que honro se preserva y se multiplica, y que todo aquello que se deshonra termina perdiéndose. Este es mi pacto, hoy y siempre.

LAS BUENAS RELACIONES

El principio que distingue las conexiones de propósito de los vínculos pasajeros

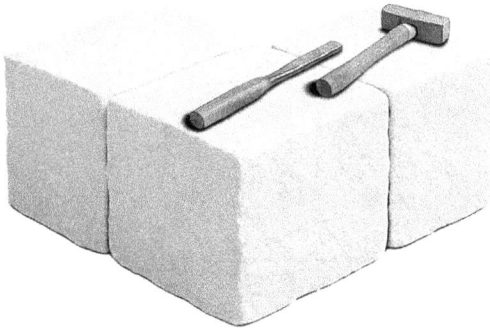

La Biblia no es un libro de sugerencias, de ideas humanas ni de opiniones personales; es un libro de leyes espirituales, absolutas y eternas, que gobiernan la vida. Y toda ley espiritual, opera con la misma firmeza que la ley de la gravedad: no pide permiso, produce resultados. Cuando abrazas las leyes, disfrutas las recompensas; cuando las ignoras, cosechas las consecuencias. Entre esas leyes se encuentra una que define el ritmo de tu avance, la estabilidad de tus pasos y el alcance de tu fruto: y es la ley de las relaciones.

Las buenas relaciones son llaves divinas que aceleran tu crecimiento, protegen tu llamado y te llevan a lugares a los que jamás llegarías caminando solo.

Desde el principio, Dios dijo: *"No es bueno que el hombre esté solo"* (Génesis 2:18). Porque el diseño del cielo, nunca contempló seres humanos aislados, desconectados ni autosuficientes, sino que el primer mandato que recibió la humanidad fue *"Sean fructíferos y multiplíquense; llenen la tierra"* (Génesis 1:28 RVC). Dejando claro que la productividad, la multiplicación y el progreso dependen de nuestra conexión con otros, porque nadie llega lejos estando solo, nadie permanece mucho tiempo en la cima sin un equipo y nadie cumple un llamado eterno aferrado a su autosuficiencia.

Decimos que "Dios es quien abre puertas", y es verdad. Pero casi siempre las abre a través de personas. Ya sea un mentor que te equipa, un amigo que intercede, un líder que te recomienda o un aliado que te impulsa cuando te faltan fuerzas. Porque el cielo se alía con la tierra y usa vínculos para manifestar su voluntad. Por eso, aprender a relacionarte no es una cortesía social, es obedecer para ser respaldado por una ley del Reino celestial.

En el libro de Isaías 9:6 la Biblia dice: *"Porque un niño nos es nacido, hijo nos es dado, y el principado sobre su hombro; y se llamará su nombre Admirable, Consejero, Dios Fuerte, Padre Eterno, Príncipe de Paz".*

El principio de las relaciones puede hallarse en toda la Biblia y de forma especial, en este pasaje, donde podemos observar que aun la encarnación misma de Dios, para revelarse en la tierra, requirio una alianza con el vientre de María. Porque "el Hijo" nos fue dado, pero "el niño" tuvo que ser gestado.

> LAS BUENAS RELACIONES SON LLAVES DIVINAS QUE ACELERAN TU CRECIMIENTO, PROTEGEN TU LLAMADO Y TE LLEVAN A LUGARES A LOS QUE JAMÁS LLEGARÍAS CAMINANDO SOLO.

En otras palabras, el Reino funciona así: lo eterno toca lo humano por medio de una relación, para que la voluntad de Dios tenga su debida manifestación.

Sin embargo, en la óptica de Dios, relacionarse no es acumular contactos ni coleccionar admiradores. Es discernir, honrar y cultivar vínculos que portan propósito eterno.

Una relación correcta te acerca a Cristo, fortalece tu carácter, contribuye con el orden de tu vida y te hace estar más enfocado en tu misión. Mientras que una relación errada te distrae, te agota y te descarrila. Tus relaciones son un mapa adelantado de tu futuro. Por eso, la Escritura advierte: *"El que anda con sabios, sabio será; el que se junta con necios, será quebrantado"* (Proverbios 13:20).

La esencia de este principio puede resumirse en tres verbos que definen toda relación con propósito: discernir, corresponder y cuidar.

- **Discernir:** Implica reconocer a las personas que Dios ha puesto en tu camino y comprender el propósito específico de cada conexión que Él te concede.
- **Corresponder:** Significa responder con gratitud, lealtad y servicio, en lugar de relacionarte desde la expectativa constante de recibir.
- **Cuidar:** Implica valorar el privilegio de cada vínculo, protegiéndolo con honra y responsabilidad, entendiendo que Dios te confía relaciones que deben ser administradas, no descuidadas.

Las relaciones que Dios respalda no son transacciones, son alianzas. No son escenarios para el ego, son plataformas para el propósito.

El mandato de "fructificar y multiplicarse" no se cumple en aislamiento, sino en relación**.**

La productividad necesita cooperación; el crecimiento necesita intercambio; la madurez necesita corrección. Nadie cumple su propósito en aislamiento: el atleta necesita entrenamiento, el líder necesita equipo y la familia necesita acuerdos. La soledad prolongada apaga el fruto, pero la conexión correcta activa el crecimiento.

Mira bien a tu alrededor y verás que ninguna empresa florece sin relaciones de confianza; ninguna comunidad se mantiene viva sin pactos de respeto, y ningún matrimonio permanece firme sin comunicación, perdón y comprensión. Porque donde se rompe el vínculo, la estructura se desploma.

Por tanto, con toda convicción afirmamos que la calidad de tus relaciones define la calidad de tu vida; y que donde el amor, el respeto y la honra gobiernan, Dios establece crecimiento, paz, armonía, permanencia y legado.

TRES NIVELES DE RELACIONES QUE HALLARÁS EN EL TRAYECTO DE TU VIDA

No todas las relaciones pesan igual ni todas tienen el mismo propósito en nuestra vida. Algunas llegan de paso, otras por una temporada, y unas pocas están marcadas para permanecer hasta el final. Estar conscientes de esto es vital para no invertir mal las fuerzas, para cuidar lo que Dios nos ha confiado, y para soltar, salir o dejar ir lo que ya cumplió su función en nosotros. Por eso es importante aprender a discernir que no todas las conexiones se ubican en el mismo nivel. La vida se teje en distintos círculos de relaciones, y cada uno cumple una función específica en nuestra historia.

1. **Relaciones generales:** Son los vínculos cotidianos: vecinos, colegas, conocidos y personas que te ofrecen un servicio determinado. Aparentemente simples, funcionales y sin mayor profundidad. Sin embargo, es necesario comprender que Dios muchas veces utiliza relaciones comunes como el punto inicial de conexiones que aún no se han revelado. Lo que hoy parece casual puede volverse estratégico con el tiempo, porque toda relación de impacto comenzó siendo general. La honra en lo ordinario suele ser el terreno donde Dios prepara lo extraordinario.

2. **Relaciones estacionales:** Son relaciones que nacen para una etapa y un propósito específico: compañeros de estudio, colaboradores temporales, socios de un proyecto o equipos de una asignación. Estas relaciones están directamente ligadas al tiempo y al objetivo, no necesariamente al destino. Cuando la temporada se cumple, algunas concluyen de manera natural y otras, por dirección divina, avanzan hacia un nivel mayor. La verdadera madurez se evidencia al saber reconocer cuándo una relación ya dio lo que tenía que dar, cuándo debe soltarse sin resistencia emocional y cuándo debe cuidarse con intención porque Dios desea preservarla y llevarla más lejos.

3. **Relaciones de destino:** Son los vínculos asignados por Dios para impulsar, proteger y afirmar tu propósito. Incluyen mentores, padres espirituales, amigos de pacto, hijos espirituales y compañeros de misión. Estas relaciones no se sostienen por afinidades momentáneas ni por emociones cambiantes, sino por llamado, compromiso y responsabilidad espiritual. Permanecen aun cuando confrontan, corrigen y exigen, porque su función no es producir comodidad, sino alineación, crecimiento y fidelidad a la asignación que Dios te confió.

Las relaciones que Dios respalda no son transacciones, son alianzas. No son escenarios para el ego, son plataformas para el propósito.

> LAS RELACIONES QUE DIOS RESPALDA NO SON TRANSACCIONES, SON ALIANZAS. NO SON ESCENARIOS PARA EL EGO, SON PLATAFORMAS PARA EL PROPÓSITO.

No todas las relaciones están para quedarse, pero todas tienen un propósito en el plan de Dios. Por lo que al final, tu vida será el reflejo de cómo supiste ubicar, valorar y cultivar cada relación en su nivel correcto. Así que pido a Dios que a partir de hoy puedas discernir, honrar y cuidar las conexiones que el cielo ha puesto en tu camino, porque de ellas depende en gran medida el cumplimiento de tu destino.

EJEMPLOS BÍBLICOS QUE REVELAN EL PODER DE LAS RELACIONES CORRECTAS

JETRO Y MOISÉS

Moisés, el gran líder del pueblo de Dios, estaba agotado llevando una enorme carga solo, que no había considerado compartir. Entonces su suegro Jetro, un hombre sabio, lo observó, lo corrigió y le dio un plan: delegar por grupos. Esa instrucción no solo salvó al líder, sino que estabilizó a todo un pueblo. Moisés escuchó el consejo, escogió hombres capaces y los puso sobre el pueblo como jefes de mil, de cien, de cincuenta y de diez. Desde entonces, la carga se hizo más ligera, el pueblo recibió mejor instrucción y Moisés pudo enfocarse en lo esencial: guiar al pueblo y buscar la dirección de Dios. De esto aprendemos que, a veces, una voz correcta en el momento preciso puede cambiar el rumbo de tu vida, porque la relación adecuada te confronta para preservarte y te aconseja para impulsarte. *(Ver Éxodo 18:13-27)*.

ELÍAS Y ELISEO

Elías, el profeta experimentado, y el joven aprendiz Eliseo formaron una relación marcada por la obediencia, la lealtad y la perseverancia. En varias ocasiones, Elías le pidió a Eliseo que no le acompañara a los lugares determinados donde él había de moverse, pero él con toda firmeza una y otra vez respondió: *"Vive Jehová, y vive tu alma, que no te dejaré."* Fue así como su decisión de permanecer, a pesar de las pruebas y las presiones, lo llevó a recibir una doble porción del espíritu de su maestro.

De esto aprendemos que la perseverancia en una relación correcta fortalece tu carácter y te alinea con el propósito de Dios, porque quien permanece con humildad y honra, crece bajo el mismo espíritu que sostiene la visión. *(Ver 2 Reyes 2:1-15).*

LOS CUATRO AMIGOS Y EL PARALÍTICO

Un hombre paralítico no podía llegar solo a Jesús, pero tenía cuatro amigos decididos a verlo sanar. Así que lo llevaron hasta la casa donde Él estaba, pero al llegar, la multitud era tan grande que no podían entrar ni acercarse a la puerta. Entonces, con determinación, subieron al techo, lo abrieron y bajaron al enfermo justo frente al Maestro. Cuando Jesús vio la fe de ellos, no solo respondió al esfuerzo, sino también al amor y a la convicción detrás de su acción y le otorgó perdón y sanidad al amigo que había sido llevado por cuatro hombres de fe, que se negaron a rendirse ante los obstáculos que tuvieron que enfrentar para acercarlo a Su presencia.

De esto aprendemos que hay momentos en los que la fe de tus amigos te sostiene cuando la tuya apenas respira; y que Dios usa relaciones de pacto para impulsarte hacia tu milagro, recordándote que los propósitos grandes nunca se alcanzan en soledad.

GAMALIEL Y LOS APÓSTOLES

En medio de un concilio dominado por la emoción y el juicio humano, Dios levantó la voz de Gamaliel, un fariseo respetado y maestro de la ley, quien con sabiduría y equilibrio usó su posición de influencia para traer sensatez, y dijo: *"Les aconsejo que se aparten de estos hombres y los dejen en paz, porque si este plan o esta obra es de origen humano, fracasará; pero si es de Dios, no podrán destruirlos, y ustedes se estarían enfrentando a Dios"* (Hechos 5:38-39 RVC).

Sus palabras fueron más que un consejo: fueron un recordatorio eterno de que lo que proviene de Dios puede ser atacado, pero no destruido, porque Él mismo lo sostiene hasta que Su propósito se cumple. Gamaliel discernió lo que muchos no vieron: que toda obra nacida del cielo trasciende por encima de la oposición humana. Su voz se convirtió en instrumento de preservación divina y en evidencia de que la sabiduría guiada por Dios protege aquello que Él ha decidido mantener en pie.

Después de ver cómo Dios usa relaciones correctas para abrir puertas, preservar destinos y activar propósitos, también debemos recordar que no todas las conexiones impulsan; algunas distraen. Por eso discernir con quién caminas es una parte esencial de la sabiduría relacional. No es orgullo decir "no" a vínculos que te apartan del propósito; es humildad delante de Dios. Y precisamente a esto hizo referencia el profeta Amós, al preguntar: *"¿Andarán dos juntos si no estuvieren de acuerdo?"* (Amós 3:3).

El acuerdo no es complicidad con el pecado; es pacto con el propósito. Así que, ama a todos, sirve a muchos y camina de cerca con pocos. Porque las relaciones de destino no te alejan de Dios, te acercan más a Él. No te infantilizan; te maduran. No te manipulan; te impulsan. No te halagan sin medida; te corrigen a tiempo. No te justifican; te confrontan. No te usan; te honran.

TRES PILARES SIMPLES PERO PODEROSOS PARA CULTIVAR RELACIONES SANAS

1. **Muestra respeto:** Respetar es mucho más que ser cortés o educado; es reconocer que cada persona, aun cuando piense distinto, hable distinto o actúe desde otra perspectiva, porta en sí la huella del Creador. El respeto nace de una convicción espiritual, no de una afinidad emocional. Tal como aprendimos en el capítulo anterior, la honra no depende de simpatías, conveniencias ni acuerdos personales, sino de la verdad innegociable de que todos llevamos la imagen de Dios.

   Cuando eliges honrar a otros, honras también los ambientes, las estructuras y los sistemas en los que Dios te permite participar. El respeto bien administrado se convierte en una llave de acceso, porque donde hay honra, hay espacio para la influencia. Al respetar, no solo siembras relaciones sanas, sino que construyes puentes que vencen diferencias, desarman resistencias y preparan el terreno para que Dios te confíe mayor autoridad.

   El respeto no cambia a los demás, pero sí cambia la posición desde la cual Dios puede usarte. Quien aprende a honrar sin condiciones, camina con madurez, abre puertas que no se fuerzan y establece relaciones que no se quiebran con facilidad.

2. **Practica la colaboración:** Colaborar es una decisión espiritual antes que una habilidad relacional. Es escoger sumar en lugar de competir, edificar en lugar de compararse y avanzar juntos en lugar de buscar protagonismo. La colaboración nace cuando entendemos que el propósito de Dios no se defiende aislándose, sino multiplicándose a través de otros. En un mundo donde muchos aprenden a ver rivales, el Reino nos enseña a reconocer compañeros de misión.

   La colaboración desactiva la envidia, confronta el egoísmo y expone el orgullo, porque nos obliga a soltar el "yo" para abrazar el "nosotros". Cuando cada uno aporta desde su gracia y entiende su lugar, los logros dejan de ser individuales y se convierten en avances colectivos. Lo que una sola persona no puede sostener, un cuerpo unido sí puede establecer.

   Cuando colaboramos, el avance se acelera y el impacto se amplía. El propósito del cielo no se cumple a través de talentos aislados, sino por medio de corazones alineados que entienden que juntos llegan más lejos y dejan huellas más profundas.

3. **Vive con transparencia:** La transparencia no es una opción ni una cualidad secundaria; es el fundamento sobre el cual se edifica la verdadera confianza. No se trata de decirlo todo, sino de no vivir fingiendo nada. Implica hablar con verdad, actuar con integridad y sostener una coherencia constante entre lo que se cree, lo que se dice y lo que se hace. Esa coherencia es la que da peso a tus palabras y credibilidad a tu vida.

   La transparencia no debilita ni expone de manera irresponsable; por el contrario, fortalece y respalda. Donde hay transparencia, el ambiente se limpia, las relaciones descansan y las máscaras pierden autoridad. Vivir con transparencia refleja el carácter de Cristo en lo cotidiano, porque muestra un corazón sin doblez, una vida sin contradicciones ocultas y una fe que no necesita adornos para sostenerse.

La confianza no se exige, se construye, y la transparencia es el terreno donde esa construcción se vuelve firme. Quien camina en la luz no teme ser visto, porque sabe que la verdad no solo lo guarda, sino que lo establece.

LEYES INVISIBLES QUE SOSTIENEN LAS RELACIONES:

Las relaciones, igual que la vida, responden a leyes espirituales y emocionales que no se pueden ignorar. Donde falta un ambiente sano, tarde o temprano llega la separación. Si en tu presencia lo único que se respira es crítica, chisme, burla o indiferencia, esa atmósfera asfixia y expulsa la salud relacional. Pero cuando cultivas gratitud, escucha atenta y reconocimiento genuino, creas un espacio donde las personas florecen. Porque los seres humanos crecen donde son tratados con dignidad.

Otra ley que nunca falla es esta: todo lo que no se cultiva se debilita, se seca y deja de dar fruto. Con Dios sucede así; y también con las personas. El amor que no se expresa, termina marchitándose. El respeto que no se demuestra, se interpreta como desprecio. La lealtad que no se practica, se convierte en un discurso vacío.

Cultivar exige intencionalidad. Significa llamar y no solo esperar que te llamen; orar por los tuyos aun cuando ellos no lo saben; agradecer por lo pequeño, corregir con firmeza y celebrar con sinceridad. Así se sostienen las relaciones: con acciones constantes que reflejan el valor que damos a quienes Dios puso en nuestro camino.

CONVIÉRTETE EN EL TIPO DE PERSONA QUE QUIERES TENER CERCA

Todos anhelan amigos leales, mentores sabios y equipos comprometidos, pero la pregunta que confronta a cada uno, es esta: ¿vale la pena tenerte cerca? No se puede exigir lo que nunca se ha dado, ni esperar frutos donde no se ha cultivado relación. Tal como la Biblia lo expresa: *"El hombre que tiene amigos ha de mostrarse amigo"* (Proverbios 18:24). **Si quieres lealtad, comienza sembrando lealtad**; si buscas consejo, honra a quienes Dios ha puesto como consejeros; y si esperas que se te abran las puertas, aprende a abrirlas primero para otros, colaborando con ellos y recomendándolos con generosidad.

> TODO LO QUE NO SE CULTIVA SE DEBILITA, SE SECA Y DEJA DE DAR FRUTO.

También recuerda que la integridad es la moneda más alta en cualquier tipo de relación. Es lo que da peso a tu presencia y credibilidad a tus palabras. Una persona íntegra es de "una sola pieza": lo que muestra en público es exactamente lo que vive en privado. No se esconde detrás de una máscara, no cambia de tono según la audiencia, no negocia principios para ganar aprobación. Cumple lo que promete, corrige sin herir y, si falla, lo admite sin excusas. Estar cerca de personas así es un privilegio, porque su amistad se convierte en refugio en tiempos de tormenta y en taller de crecimiento en tiempos de formación.

Por eso, antes de exigir lo que quieres recibir, pregúntate: ¿Me estoy convirtiendo en la clase de persona que yo mismo necesito a mi lado? Las relaciones se transforman cuando decides dar primero, lo que esperas recibir de parte de otros. La amistad, la lealtad y el respeto no son fruto de la casualidad, sino de una siembra constante de carácter, generosidad e integridad.

Al final, serás recordado no solo por las metas que alcanzaste, sino por la calidad de persona que fuiste en el trayecto de tu vida. Así que, a partir de hoy, decide convertirte en esa persona íntegra, leal, confiable, generosa y firme en principios que tú mismo quisieras tener a tu lado.

EVITA LAS TRAMPAS QUE ROMPEN LAS RELACIONES

Así como existen principios que construyen vínculos sólidos, también hay trampas que silenciosamente los deterioran. Muchas veces no se trata de grandes traiciones, sino de pequeñas actitudes repetidas que terminan desgastando la confianza, apagando el respeto y matando la cercanía. Reconocer estas trampas es el primer paso para evitarlas, y decidir cambiarlas, es el camino más seguro para sanar y fortalecer nuestras relaciones. Por esta razón, te invito a considerar las principales trampas que debilitan y dañan cualquier tipo de relación.

1. EGOÍSMO Y FALTA DE CONSIDERACIÓN

El egoísmo es una trampa silenciosa que destruye las relaciones poco a poco. Hablar solo de ti, interrumpir a los demás, no mostrar interés genuino, exigir sin dar, son algunas de las actitudes que parecen pequeñas, pero en realidad son grietas que terminan derrumbando muros de confianza. Nada desgasta más que convivir con alguien que solo recibe y nunca aporta, porque convierte las relaciones en escenarios de consumo y no de entrega mutua.

Renunciar al egocentrismo es un acto de madurez espiritual. Cuando decides servir, eliges poner el bien del otro por encima de tus preferencias. Servir no te disminuye, te engrandece. La grandeza en el Reino no se mide por cuánto te sirven, sino por cuánto sirves. El verdadero amor se manifiesta en la capacidad de considerar a los demás como superiores a ti mismo (ver Filipenses 2:3). Esa actitud no solo sana las relaciones, también activa el respaldo del cielo, porque Dios honra al que sirve con humildad y permanece con corazón sincero en todo lo que hace.

2. ENVIDIA Y COMPETENCIA

La envidia es más destructiva de lo que parece: roba la paz interior, envenena la mirada y termina contaminando las relaciones. Tal como lo declara la Escritura: *"La envidia es carcoma de los huesos"* (Proverbios 14:30). Porque no solo afecta lo que sientes por los demás, sino que consume tu propio corazón desde adentro.

La libertad frente a este sentimiento nace de un acto de valentía espiritual: celebrar de manera intencional los logros ajenos, incluso cuando te incomodan. La celebración no es hipocresía, es disciplina del alma. Cada vez que oras por quienes prosperan más rápido que tú, Dios purifica tu mirada y sana tu corazón. La envidia convierte amigos en rivales, pero la celebración transforma rivales en compañeros de misión.

Cuando oras con sinceridad para que a los demás les vaya bien, sus triunfos dejan de dolerte y comienzan a alegrarte, porque nadie se entristece al ver que Dios responde sus propias peticiones.

La victoria de tu hermano no es tu derrota; es la evidencia de que el Dios que obró a su favor sigue en movimiento y también puede manifestarse a favor tuyo.

Su bendición no marca tu exclusión, sino el recordatorio de que la misma mano que lo levantó también puede levantarte a ti. Por eso, cuando celebras lo que Dios hace en otros, demuestras que tu corazón está listo para recibir todo lo que Él tiene para ti.

3. MURMURACIÓN Y OFENSA CRÓNICA

La murmuración es un cáncer silencioso que destruye más relaciones que el odio declarado. Hablar de alguien en lugar de hablar con alguien, contamina el ambiente, divide corazones y corta el fluir de la confianza. **Lo que se murmura a espaldas de una persona es como veneno que se esparce gota a gota hasta matar la confianza.**

Jesús fue claro cuando dijo: *"Si tu hermano peca contra ti, ve y repréndele estando tú y él solos"* (Mateo 18:15).

El amor verdadero no huye de la confrontación; la enfrenta con verdad, con firmeza y con un corazón dispuesto a restaurar. Pero la ofensa crónica se convierte en un filtro distorsionado, porque todo lo que se dice o se hace se malinterpreta a través del dolor de una herida que nunca ha sido tratada, y cuando no sanas la herida, la herida comienza a hablar por ti. En cambio, la valentía del amor tiene el poder de sanar lo que el rumor ha envenenado.

Porque el amor valiente no evade la verdad, la enfrenta con humildad y con sabiduría. Sabe cuándo hablar, cómo hablar y con qué intención hacerlo.

Esa actitud no solo detiene la división, sino que reconstruye la confianza, restaura los vínculos y limpia el ambiente donde antes reinaba la sospecha. Porque el amor genuino no calla por miedo ni critica desde lejos; sino que habla con gracia, edifica con verdad, confronta con sabiduría y sana con compasión. Solo quien ama desde la verdad puede ser instrumento de restauración.

4. LA TRAICIÓN Y LA DESLEALTAD

La deslealtad es una de las trampas más destructivas en las relaciones. No surge de un día para otro, sino que se gesta en lo oculto, en pequeñas decisiones donde el interés personal se antepone al compromiso asumido. Puede mostrarse en un comentario fuera de lugar, en secretos revelados o en el respaldo que se retira justo cuando más se necesita. A veces se disfraza de oportunidad, cuando alguien justifica una traición o una falta de fidelidad bajo el argumento de estar aprovechando una buena ocasión para avanzar, destacar o ganar algo personal. A simple vista parece un movimiento legítimo, pero en realidad es una decisión guiada por el ego, la ambición o la impaciencia, no por principios ni por dirección de Dios. Y es que hay caminos que al hombre le parecen rectos, pero terminan siendo caminos de muerte (ver Proverbios 14:12).

La verdadera lealtad, en cambio, se prueba en lo oculto y en lo difícil: cuando guardas silencio en lugar de murmurar, cuando acompañas en vez de abandonar, cuando prefieres renunciar a un beneficio inmediato antes que traicionar un compromiso eterno, ya que como la Palabra lo expresa: *"Mejor es el buen nombre que las muchas riquezas"* (Proverbios 22:1).

El problema de la deslealtad es que no solo destruye la confianza en el presente, sino que sabotea las puertas del futuro. Porque nadie edifica sobre la arena de un carácter inconstante. La deslealtad corta de raíz lo que pudo haber sido un legado; la lealtad, en cambio, se convierte en cimiento de relaciones estables y confiables. Lo que hoy proteges con tu lealtad mañana se transformará en credibilidad, en confianza y en puertas abiertas. Pero lo que entregas a la trampa de la deslealtad termina cerrándote caminos y manchando tu testimonio. El legado más sólido que puedes dejar no es tu talento, sino tu capacidad de mantenerte firme en la fidelidad y el compromiso.

5. FALTA DE PERDÓN Y AUSENCIA DE TOLERANCIA

Nunca podremos tener relaciones sanas si no desarrollamos la capacidad de perdonar y tolerar a los demás. Porque el perdón sana lo que nunca debió ocurrir; pero la tolerancia acomoda lo que, por limitaciones humanas, seguirá ocurriendo por un tiempo; y ambas actitudes son medicinas imprescindibles en las relaciones, porque hay vínculos que no mueren por una gran traición, sino por la acumulación de pequeñas heridas no perdonadas y limitaciones no toleradas. El perdón es obediencia, pero la tolerancia es sabiduría y solo el discernimiento del Espíritu Santo te permite saber cuál aplicar en cada situación. Negarte a perdonar te encadena al pasado, negarte a tolerar te aísla del presente.

Así que no lo olvides, las relaciones no se dañan de un día para otro: se desgastan con cada acto de egoísmo, cada palabra envenenada, cada comparación injusta y cada herida no sanada. Pero lo mismo ocurre con la restauración: se reconstruye con cada acto de servicio, cada celebración genuina, cada conversación valiente y cada decisión de perdonar. Hoy puedes decidir cerrar la puerta a las trampas y abrir tu vida a relaciones que reflejen el carácter, el favor y la gracia del Señor.

¿QUÉ HACER PARA RESTAURAR LAS RELACIONES ROTAS?

Antes que nada, ora: Antes de dar cualquier paso hacia la restauración, habla primero con Dios. Porque Él ve lo que tú no ves, conoce lo que el otro calla y entiende lo que tus emociones no alcanzan a discernir.

Solo Su Espíritu puede mostrarte el momento correcto, la actitud correcta y las palabras correctas para hablar. No busques simplemente desahogarte; busca sanar. Pídele al Señor que te dé palabras que restauren y no argumentos que hieran; que te dé sabiduría para construir puentes, no para levantar muros. Porque a veces, una conversación guiada por Dios puede reparar más que mil intentos nacidos del impulso.

Procura tener un encuentro: No sigas desgastando tu alma en conversaciones que solo ocurren en tu mente y nunca llegan al corazón del otro.

Las batallas internas no se resuelven en silencio imaginario, sino en el valor de hablar con sentido y propósito. A veces, una conversación sincera, intencional y sostenida en honestidad, humildad y verdad puede sanar lo que años de distancia y dolor profundizaron.

Porque un diálogo guiado por amor tiene más poder que mil pensamientos reprimidos.

Asume tu parte: No llegues como fiscal, solo a presentar cargos; llega como alguien dispuesto a construir paz. Reconoce tu parte, aunque sea pequeña. Acepta tus errores: las palabras que sobraron, los silencios que pesaron, las expectativas que nunca expresaste o las actitudes que lastimaron sin intención, porque solo la humildad puede abrir las puertas que el orgullo cerró. Y cuando decides reconocer, en lugar de acusar, Dios mismo respalda tu intento de sanar, y donde hubo distancia, la relación se comienza a restaurar.

Elige con sabiduría el rumbo de la relación: Porque no todas las historias terminan igual, y eso también es parte del propósito de Dios.

Algunas relaciones se restauran y regresan más firmes que antes; otras deben redefinirse con límites saludables; y otras, sencillamente, necesitan cerrarse sin rencor, con gratitud y paz. Porque la verdadera madurez no siempre está en volver, sino en soltar con obediencia cuando Dios así lo indica para poder proceder a salvar lo que vale mucho más.

> CUANDO DECIDES RECONOCER, EN LUGAR DE
> ACUSAR, DIOS MISMO RESPALDA TU INTENTO DE
> SANAR.

La paz genuina no siempre trata de revivir lo que fue, sino de seguir la dirección de Dios, confiando en que Su plan es más sabio que nuestros deseos, y que cuando Él permite una separación, también trae la sanidad que necesita el corazón. Porque cuando Él cierra una etapa, abre otra llena de propósito y renovación; y en Su voluntad nada se pierde, solo se transforma en parte de un propósito mayor.

CUATRO ÁREAS VITALES EN LAS QUE DEBES ENFOCARTE

1. FAMILIA

La transformación real siempre comienza en casa. Por eso, detente y examina con honestidad tus relaciones más cercanas. Pregúntate a quién necesitas pedir perdón y da el paso con humildad para restaurar lo que pudo haberse dañado, porque sanar vínculos abre espacio para una comunicación más limpia. Luego, reflexiona a quién debes agradecer con detalle y exprésalo con palabras concretas, no de forma general, sino reconociendo esfuerzos, sacrificios y gestos que muchas veces se dan por sentados.

Considera con profunda honestidad lo siguiente: ¿a quién estás predicando en casa con tu ejemplo? No con discursos, sino con actitudes diarias, con la manera en que practicas la paciencia, el respeto y la coherencia. No pospongas las muestras de amor; sé intencional. Agenda momentos reales de cercanía, crea espacios de conversación, afirmación y presencia, y convierte tu hogar en un taller constante de unidad, gracia y edificación.

Tu familia merece ver tu mejor versión porque son los que permanecen cuando otros se van, los que conocen tus procesos, tus luchas y tus silencios. Pero también porque un día darás cuenta a Dios de cómo administraste ese primer y más sagrado ámbito de responsabilidad. No se trata de perfección, sino de mayordomía: de crecer, corregirte y madurar para amar bien a quienes te fueron confiados.

2. TRABAJO Y EMPRENDIMIENTO

Sustituye la queja por propuestas y la pasividad por iniciativa. La manera en que trabajas revela mucho más que tu capacidad; expone tu carácter. Sé puntual, confiable y constante, y aun cuando la tarea parezca pequeña, ejecútala con excelencia, entendiendo que Dios observa la fidelidad antes de ampliar la responsabilidad.

Honra a tus superiores y a las autoridades que te han sido asignadas, incluso cuando no coincidas con todas sus decisiones, siempre que lo que se te pida no contradiga tus valores ni comprometa tu integridad. Liderar con el ejemplo tiene más peso que cualquier discurso, porque la coherencia construye respeto y credibilidad.

Invierte en tu equipo con intención. Fórmalos, reconócelos y celebra cada avance, por pequeño que parezca, porque el crecimiento sostenido se edifica en procesos, no solo en resultados. Una ética de trabajo saludable no solo produce frutos visibles, sino que se convierte en un testimonio vivo. Tu manera de trabajar puede abrir puertas, inspirar a otros a servir con excelencia y reflejar dignamente el carácter de Dios en el entorno laboral y empresarial.

3. IGLESIA Y MINISTERIO

Cierra la puerta a la murmuración y abre espacio para el servicio genuino, aun cuando nadie te vea ni te aplauda. Sirve donde hace falta, no solo donde es visible, y entiende que Dios honra primero la fidelidad antes que la exposición. No participes en chismes, no opines de lo que desconoces ni construyas juicios a partir de rumores; la ligereza en la palabra siempre debilita la vida espiritual.

Practica la lealtad operativa: si algo no te parece, abórdalo con la persona correcta, en el momento oportuno y con la actitud adecuada. La madurez espiritual no se mide por cuánto sabes, sino por cómo manejas las diferencias sin dañar la unidad. La verdadera honra se revela en la manera en que cuidas la visión que sirves, incluso cuando no estás de acuerdo con todo, porque proteger la obra de Dios también es parte de tu asignación.

4. AMISTADES

Evalúa con discernimiento con quién caminas por emoción y con quién caminas por propósito. No todas las personas que te hacen sentir bien te ayudan a avanzar, y no todas las que te confrontan desean dañarte. Cuida tus amistades con oración, verdad y amor, entendiendo que las relaciones saludables requieren intención, honestidad y límites claros.

Rodéate de personas que edifiquen tu fe, te hablen con sinceridad y te impulsen hacia lo que Dios te llamó a hacer, aun cuando eso implique corrección y ajustes. No busques cantidad, busca profundidad, porque las amistades correctas no solo acompañan tu camino, sino que funcionan como puentes firmes que te fortalecen, te alinean y te ayudan a avanzar sin perder el enfoque.

PRÁCTICAS SUGERIDAS PARA CULTIVAR TUS RELACIONES

Así como un jardín necesita riego constante, las relaciones necesitan hábitos que las mantengan vivas. No se trata de grandes gestos, sino de una constancia sencilla que construye confianza. Estas son cinco prácticas que puedes incorporar cada semana:

1. **Comparte la mesa:** Aparta un tiempo para una comida sin pantallas, con conversación honesta y atención plena, porque cuando eliges hacerlo de esta manera conviertes la mesa en un espacio de conexión donde los vínculos se fortalecen y las relaciones se humanizan.
2. **Ora acompañado:** Dedica unos minutos para orar con alguien, aunque sea por llamada o mensaje de voz, ya que la oración compartida une corazones, alinea propósitos y crea una intimidad espiritual que va más allá de las palabras.
3. **Sirve con intención:** Realiza una acción concreta de servicio, como cuidar a los hijos de un amigo que necesita apoyo, preparar una comida para alguien que atraviesa una temporada difícil o para alguien a quien deseas honrar, porque servir con propósito es un lenguaje silencioso que comunica amor y compromiso.
4. **Reconoce públicamente:** Agradece en un grupo, destaca el aporte de alguien y celebra sinceramente los logros de otros,

entendiendo que la honra expresada en palabras afirma, levanta el ánimo y fortalece la confianza mutua.

5. **Revisa tu corazón:** Examina con honestidad tus actitudes y relaciones, y pregúntate a quién heriste y necesitas pedirle perdón o a quién has descuidado y debes volver a buscar, recordando que toda restauración genuina comienza con consciencia y humildad.

No subestimes los pequeños actos: la constancia en lo pequeño puede levantar verdaderas catedrales de confianza.

Finalmente, **aprende a poner límites sanos a las relaciones que te hunden, porque amar no es permitir abusos.** El amor verdadero no te hace esclavo de manipulaciones, chantajes emocionales, ni vínculos que destruyen tu propósito. El amor que viene de Dios es paciente y misericordioso, pero nunca es ingenuo ni permisivo con el pecado. Si un vínculo te arrastra hacia lo que ofende a Dios, si te roba el enfoque de tu asignación o intenta controlarte para sacarte del camino, no es amor, es una trampa que debes discernir con sabiduría.

Por eso, la sabiduría nos llama a definir límites claros: límites de tiempo, de temas y de espacios. Límites que no son muros de odio, sino cercas de protección. Estos límites deben comunicarse con respeto, no buscando herir ni humillar sino preservar nuestro propósito. Porque amar al prójimo no significa entregar el timón de tu vida en manos de alguien que quiere desviarte de la voluntad de Dios.

Sigue orando por quienes lo necesitan, porque la oración es la expresión más alta de amor espiritual, pero no negocies tu llamado, tu paz ni tu obediencia a Dios. Porque lo que se negocia corre el riesgo de perderse, y lo que se protege con límites santos, se preserva para la gloria del Señor. El amor sano cubre, edifica y respeta, pero nunca permite que el abuso apague lo que Dios encendió dentro de ti.

ORACIÓN DE CIERRE

Señor, gracias por abrir mis ojos a la ley de las relaciones. Te pido perdón por cada vínculo descuidado, por cada palabra que hirió, por cada silencio que enfrió, por cada orgullo que levanté como muro. Sana mis vínculos rotos; dame la valentía de pedir perdón y de perdonar a otros. Dame un corazón enseñable para recibir consejo, y firme para decir "no" cuando deba decir "no".

Espíritu Santo, enséñame a discernir. Muéstrame a quién abrazar y a quién soltar, a quién corregir y cómo hacerlo, a quién escuchar y ante quien debo callar. Hazme puente, no muro; aliado, no juez; intercesor, no acusador. Pon en mí la humildad de Jetro, la lealtad de Rut, la perseverancia de Eliseo, la fe de los cuatro amigos y la prudencia de Gamaliel. Que en mí habite la mente de Cristo para amar, servir y construir. En el nombre de Jesús. ¡Amén!

PALABRA DE COMPROMISO

Hoy decido vivir conforme al principio de las relaciones. No caminaré en soledad orgullosa ni en compañía tóxica. Caminaré con propósito, en alianzas que honran a Dios.

Hoy asumo el compromiso de cultivar mis vínculos con

intención: llamaré, escucharé, agradeceré, corregiré con respeto, celebraré con limpieza de corazón y seré confiable. Elijo ser amigo leal, hijo agradecido, cónyuge amoroso, padre que afirma, líder que delega y discípulo enseñable. Rechazo la murmuración, la envidia y el egoísmo.

Hoy declaro que mi casa será territorio de honra, mi mesa un lugar de reconciliación, mi iglesia un taller de unidad, y mi trabajo un testimonio de excelencia.

Hoy me comprometo a orar por mis relaciones, a interceder cuando otros duermen, a cubrir la reputación del ausente, a recomendar con verdad, a abrir puertas a quienes Dios me indique. Porque reconozco que lo que honre, Dios lo multiplicará; y lo que descuide, se enfriará. Por eso a partir de este dia, yo elijo honrar.

LA DISCIPLINA

La convicción que mantiene el rumbo
cuando la motivación se desvanece

La mayoría de las personas saben soñar, pero muy pocas saben hacer que esos sueños se materialicen. El mundo está lleno de gente con metas escritas, agendas llenas de propósitos y calendarios que comienzan con gran motivación, muy especialmente a principios de cada año. Sin embargo, con el paso de los días, la motivación se desgasta y lo que parecía un inicio glorioso se convierte en un recuerdo frustrante. ¿Por qué? Por falta de disciplina.

La disciplina es la línea delgada que separa al que solo desea, del que alcanza. Es la estructura interna que sostiene los dones, talentos y oportunidades que Dios deposita en nosotros. Es el guardián silencioso del propósito que convierte los sueños en conquistas y sostiene el rumbo que la emoción, por sí sola, no puede mantener. Sin disciplina, aun el llamado más grande se marchita; con disciplina, incluso la semilla más pequeña florece y se convierte en un bosque frondoso. *"El perezoso ambiciona y nada consigue; el diligente ve cumplidos sus deseos"*(Proverbios 13:4 RVC).

La falta de disciplina es una fuga invisible que frustra los sueños y detiene el avance. No porque Dios no quiera bendecir, sino porque quienes carecen de disciplina no se mantienen avanzando hasta llegar a la meta, ni permanecen lo suficiente para ver cumplidas las promesas.

Los grandes hombres de Dios mencionados en la Biblia, no llegaron a cumplir su propósito solo porque tenían unción o fe; llegaron porque fueron disciplinados. Moisés, duró 40 años en el desierto; José, resistió la tentación día tras día en la casa de Potifar; Daniel, se mantuvo orando tres veces al día sin importar la presión; Pablo, sometió su cuerpo y sus pasiones para no ser descalificado. Así que la victoria de estos grandes hombres, fue primero porque Dios estaba con ellos, y porque además sabían lo que muchos olvidan: la disciplina es el puente entre lo que Dios prometió y la disposición de pagar el precio para hacer que se manifieste.

Hoy más que nunca necesitamos levantar una generación que entienda que la disciplina no es una cárcel, es una llave. No es un límite que te quita, sino un marco que te impulsa. La disciplina no mata la pasión, la encausa; no elimina la creatividad, la potencia; no reprime la visión, la organiza para que llegue a su plenitud. Por lo que este capítulo no es para quienes buscan excusas, sino para quienes están listos para tomar decisiones. Porque no se trata de aplaudir la emoción de un inicio, sino de forjar el carácter para un final glorioso.

Para Dios, lo determinante no es cómo se comienza, sino la fidelidad con la que se sostiene el camino hasta el final. Tal como la Palabra lo expresa: *"Ustedes necesitan perseverar para que, después de haber cumplido la voluntad de Dios, reciban lo que Él ha prometido"* (Hebreos 10:36 RVC).

Es muy común observar cómo después de una conferencia, una impartición o un entrenamiento, la emoción se enciende pero ese fuego solo dura algunos días o semanas; y tan pronto se apaga la novedad, muchos regresan al mismo lugar de donde dijeron que querían salir.

> LA DISCIPLINA ES EL PUENTE ENTRE LO QUE DIOS PROMETIÓ Y LA DISPOSICIÓN DE PAGAR EL PRECIO PARA HACER QUE SE MANIFIESTE.

Lo que demuestra si algo realmente te transformó no es la intensidad de tu primer impulso, sino la firmeza de tu continuidad. Puedes anotar cincuenta verdades poderosas, pero si no te comprometes con al menos una, todo quedará en tinta seca y sueños inconclusos. Porque la constancia es la línea delgada que separa un cuaderno lleno de apuntes, de una vida llena de frutos.

Lo que hoy eres no es lo que soñaste, lo que anotaste o aquello en lo que por un tiempo te motivaste. Eres el reflejo de lo que toleraste, de lo que no confrontaste y de los límites que nunca estableciste; pero también de lo que hiciste de forma repetida, de aquello con lo que te comprometiste y de lo que decidiste sostener con constancia.

Porque el problema nunca ha sido comenzar, sino permanecer hasta llegar al final. Por esto, las personas que verdaderamente avanzan no son las más motivadas, sino las que menos dependen de motivación y más de disciplina, compromiso y decisión diaria de continuar, aun cuando no haya ningún impulso emocional para hacerlo.

> LA CONSTANCIA ES LA LÍNEA DELGADA QUE SEPARA UN CUADERNO LLENO DE APUNTES, DE UNA VIDA LLENA DE FRUTOS.

Por eso, más que buscar sentir otra descarga emocional, lo que necesitas es sostener día tras día lo que sabes que Dios te demandó, aunque no haya aplausos ni motivación para hacerlo. Porque el cielo no recompensa la euforia del inicio, sino la fidelidad de la perseverancia. Sin embargo, a la mayoría de las personas les fascinan los grandes comienzos: las inauguraciones llenas de entusiasmo, los anuncios que despiertan expectativas, las inscripciones que hacen sentir que todo está por cambiar. Pero de nada sirve la emoción del arranque, si no desarrollamos la capacidad de permanecer en lo que hemos emprendido, hasta ver el fruto final.

Al final de nuestros días, toda historia humana queda resumida en una lápida que muestra una fecha de inicio, una fecha de partida y un guion que las separa. Ese pequeño trazo, tan breve y silencioso, representa todo lo que fuiste entre ambos momentos: tus decisiones, tu carácter, tus luchas, tus victorias y las huellas que dejaste. Ese guion no habla de emociones pasajeras, sino de lo que elegiste construir cuando nadie te aplaudía. Es el resumen invisible de lo que hiciste con la vida que se te confió. Y lo mismo ocurre con nuestros proyectos. Las multitudes pueden llenar un evento, pero solo los procesos escriben una historia digna de ser recordada. El ruido de un día puede atraer atención, pero la constancia de los años es la que define legado.

La disciplina es esa fuerza invisible que te levanta cada mañana, aun cuando no hay aplausos; que sostiene el timón firme cuando golpean los vientos contrarios y te mantiene enfocado aun cuando te sientes cansado. Porque es la voz interna que te recuerda la razón por la que comenzaste, incluso cuando todo a tu alrededor te invita a rendirte. No siempre brilla, pero siempre construye, porque no busca reconocimiento: busca resultados. **La emoción te invita a iniciar, pero la disciplina te asegura llegar.**

Con relación a esto, la Biblia dice: *"Mejor es el fin del asunto que su principio"* (Eclesiastés 7:8). Comenzar con pasión es valioso, pero terminar con fidelidad es lo que realmente marca la diferencia.

EL FUNDAMENTO DE LA DISCIPLINA

La disciplina no es un talento reservado para unos pocos ni un don con el que alguien nace. Es la combinación de conocimiento claro sobre lo que se debe hacer y la decisión firme y constante que se debe tener para hacerlo. No se recibe por una imposición de manos ni por un momento de inspiración; se desarrolla como un músculo, fortalecido a través de elecciones repetidas que, con el tiempo, se convierten en estilo de vida.

La sabiduría te revela qué camino tomar, pero es la disciplina la que te impulsa a caminarlo con constancia y determinación. Por eso la Palabra del Señor, declara: *"Sabiduría ante todo; adquiere sabiduría; y sobre todas tus posesiones adquiere inteligencia"* (Proverbios 4:7). Pero el verdadero poder de la sabiduría solo se manifiesta cuando se practica. Porque lo que no se ejecuta, no transforma.

EL FRUTO QUE GLORIFICA AL PADRE

La gloria de Dios no se revela en la intensidad de nuestras promesas ni en la elocuencia de nuestras palabras, sino en los resultados visibles de una vida que permanece en Él. Dios no se glorifica en nuestras excusas, sino en nuestro fruto. Jesús lo dejó claro cuando dijo: *"Mi Padre es glorificado cuando ustedes dan mucho fruto y muestran así que son mis discípulos"* (Juan 15:8 RVC).

El Padre no es honrado por lo que prometemos hacer, sino por lo que realmente producimos. El fruto que glorifica a Dios no depende de la edad, el trasfondo familiar ni los aplausos de la gente; depende de una sola cosa: permanecer en Cristo y obedecer con constancia lo que Él nos ha ordenado hacer.

La disciplina es el vínculo secreto entre la permanencia y el fruto. Es la fuerza silenciosa que traduce la fe en acción, las convicciones en hábitos y los hábitos en evidencias visibles de transformación. Es ahí donde el cielo se glorifica: cuando lo que creemos se convierte en lo que vivimos.

El verdadero fruto no nace del "hacer por hacer" ni de acumular obras para demostrar desempeño. El fruto que realmente glorifica al Padre viene como resultado de permanecer firme hasta que la semilla se convierte en árbol y el árbol en una cosecha abundante.

Pero esa permanencia no se sostiene con promesas pasajeras, sino con disciplina constante y fidelidad diaria.

En este sentido, la Biblia está llena de historias que desarman cualquier pretexto: reyes que siendo apenas niños agradaron a Dios, ancianos que en su vejez fueron instrumentos poderosos, líderes con orígenes difíciles que terminaron encabezando liberaciones históricas. Cada uno de ellos, mostrándonos que el límite nunca ha estado en la edad, en las circunstancias ni en los estímulos externos, sino en la disposición del corazón.

Así que, no justifiques tu pasividad alegando falta de apoyo o de motivación. Aunque nadie te inspire, ora. Aunque nadie reconozca tu esfuerzo, sirve. Aunque el camino parezca solitario, persevera. Porque la disciplina convierte la fe invisible en obediencia tangible y esa obediencia consistente se transforma en credibilidad ante los hombres y en honra delante de Dios.

LA DISCIPLINA ES EL ANTÍDOTO CONTRA ILUSIONES VACÍAS

La disciplina no solo impulsa al crecimiento, también te libra de caer en la trampa de las ilusiones vacías. Cuando la vida carece de disciplina, es fácil maquillar la realidad con exageraciones, aparentar logros que no existen o apoyarnos de discursos sin evidencia. Pero tarde o temprano la verdad demanda pruebas, y solo la disciplina sostiene lo que el tiempo y las pruebas revelan.

Porque es el marco que te enseña a reconocer límites, admitir errores y edificar sobre lo real, no sobre lo imaginario. Así lo expresó el apóstol Pablo cuando dijo: *"Golpeo mi cuerpo, y lo pongo en servidumbre, no sea que habiendo sido heraldo para otros, yo mismo venga a ser eliminado"* (1 Corintios 9:27). Pablo sabía que la elocuencia sin carácter se derrumba, pero la disciplina convierte convicciones en credibilidad.

En definitiva, la disciplina es una escuela de humildad que nos recuerda que el carácter pesa más que el discurso, que la constancia vale más que la apariencia, y que lo que realmente glorifica a Dios no son las palabras inspiradoras, sino la evidencia de una vida transformada.

LA DISCIPLINA ES LA FUERZA SILENCIOSA QUE TRADUCE LA FE EN ACCIÓN, LAS CONVICCIONES EN HÁBITOS Y LOS HÁBITOS EN EVIDENCIAS VISIBLES DE TRANSFORMACIÓN.

LA DISCIPLINA TE AYUDA A HACER USO DEL TIEMPO CON PROPÓSITO ETERNO

La disciplina dignifica tu manera de administrar el tiempo: no te lleva a hacer lo más cómodo, sino lo más valioso. El indisciplinado gasta horas en lo que entretiene; el disciplinado invierte su vida en lo que edifica.

Cuando tu agenda refleja prioridades espirituales, desaparece la presión de imitar la vida de otros, ya que mientras algunos consumen sus días buscando aprobación, tú siembras en silencio raíces profundas que sostendrán tu futuro; aunque el fruto no siempre sea inmediato, llegará. Porque **el tiempo es un juez incorruptible y tarde o temprano exhibe lo que sembraste en secreto.**

La constancia silenciosa siempre produce una cosecha visible. La disciplina convierte cada hora en semilla, cada decisión en siembra y cada día en un paso más hacia un destino sólido en Dios. El tiempo hablará, y cuando lo haga, será imposible contradecir la evidencia de una vida invertida con propósito eterno. Por tanto, ahora más que nunca debemos atesorar y aplicar el consejo que nos da el apóstol Pablo: *"Redimiendo el tiempo, porque los días son malos"* (Efesios 5:16).

IMPORTANCIA DE ELEGIR LA RECOMPENSA FUTURA SOBRE EL PLACER INMEDIATO

La disciplina nunca es grata al principio, pero siempre recompensa al final.

La indisciplina, en cambio, seduce al inicio, pero termina cobrando un precio demasiado alto. El costo de la disciplina se llama esfuerzo; el costo de la indisciplina se llama lamento. Muchos hipotecan su futuro por una gratificación instantánea, pero el sistema del Reino nos enseña a sembrar hoy aquello que deseamos cosechar mañana. En el Reino, nada verdaderamente valioso se obtiene sin preparación, constancia y visión a largo plazo.

Por eso la Escritura exhorta: *"Mira la hormiga, oh perezoso, mira sus caminos y sé sabio"* (Proverbios 6:6–8).

La hormiga trabaja en verano porque entiende que el invierno llegará. De la misma manera, es sabio prepararse en tiempos de abundancia, porque los momentos de escasez llegan sin anunciarse. La falta de disciplina en los días de plenitud siempre se lamenta cuando los días de prueba tocan a la puerta.

Hay temporadas en las que Dios nos llama a procesos ocultos de renovación. Procesos que no se publican, se viven; y para estos momentos la disciplina te impulsa a retirarte del ruido para crecer en lo secreto. No todo debe anunciarse antes de tiempo; deja que los resultados sean tu voz. La madurez comienza cuando la aprobación deja de ser tu meta y la convicción se convierte en tu guía. Y si ya eres una persona disciplinada, protege tu esencia y no la cedas ante nada. Pero si hasta ahora no lo has sido, comienza hoy mismo desde el punto exacto en el que estás, tomando la decisión firme de no volver a caer en la red de los atajos, la superficialidad, la distracción y la falta de disciplina.

Empieza ahora, y empieza con lo cotidiano: con puntualidad, orden, palabra cumplida, lectura bíblica constante, oración perseverante y excelencia en las tareas pequeñas.

Porque es lo pequeño hecho con fidelidad lo que abre las puertas a lo grande.

De hecho, Dios muchas veces te forma en lo que otros pasan por alto: cuidando parqueos, limpiando baños o cumpliendo con tareas que parecen irrelevantes dentro de la iglesia, mientras otros hacen lo que tú anhelas hacer. Pero es ahí, en lo oculto, donde Él mide tu carácter y tu corazón. Porque el carácter probado en lo secreto vale más que el prestigio alcanzado fuera de tiempo. Y Jesús lo expresó con claridad al decir: *"El que es fiel en lo poco, también en lo mucho es fiel"* (Lucas 16:10).

PELIGROS DE LOS QUE TE LIBRA LA DISCIPLINA

1. LA DISCIPLINA TE LIBRA DE LA CONFUSIÓN QUE VIENE DE ESCUCHAR DEMASIADAS VOCES

En un mundo saturado de opiniones, la disciplina se convierte en el filtro que te ayuda a seleccionar con claridad a quién escuchas. Escuchar demasiadas voces genera ruido, y el ruido mata el enfoque. Una sola voz con propósito puede ser más poderosa que mil consejos dispersos. Por eso, decide con cuidado quién tendrá acceso a tu corazón, porque el rumbo de tu vida está marcado por las voces que eliges escuchar.

Muchos ataques del enemigo no prosperan por su fuerza, sino por tu reacción ante ellos. Pero cuando aprendes a guardar tu corazón y a cerrar la puerta a palabras que no edifican, desactivas trampas invisibles y mantienes tu paso firme hacia el destino que Dios trazó para ti. Porque a veces, la verdadera victoria no está en pelear, sino en mantener la paz que el enemigo intenta robarte.

2. LA DISCIPLINA TE LIBRA DE LA FALTA DE RESPETO A LOS HÁBITOS CORRECTOS

Los hábitos son los rieles por donde corre el tren de tu destino. La disciplina honra los hábitos correctos, y los hábitos correctos producen transformación duradera. No bases tu avance en picos emocionales de motivación, diseña ritmos espirituales que sostengan tu fe día tras día.

Haz lo correcto una y otra vez, hasta que hacerlo deje de ser un esfuerzo y se convierta en parte de tu naturaleza misma. Pero entiende algo: cada paso que das hacia adelante despierta ataques del enemigo que intentan llevarte hacia atrás.

El adversario no se levanta contra quien se detiene, sino contra quien avanza; y su estrategia no siempre es destruirte; a veces es distraerte, enfriarte o hacerte dudar del camino que Dios te ha indicado que debes caminar.

Por eso, no te muevas por emoción, camina por convicción. Porque la emoción cambia con los días, pero la convicción resiste la prueba del tiempo.

Comprométete con la disciplina, camina con ella y abrázala porque cuando eliges avanzar con disciplina, tu constancia se convierte en una declaración de guerra contra la inconstancia. Y aunque haya días en que la motivación se apague, la disciplina te hará recordar que el Espíritu Santo es tu impulso. Él te levanta cuando el cuerpo se cansa, te recuerda el propósito cuando la mente se confunde y te fortalece para seguir avanzando cuando el corazón quiere rendirse.

Sobre esta base se sostiene la madurez de nuestra fe: caminar por lo que creemos y no por lo que sentimos. Por eso, cada paso que damos, aun en medio del cansancio, quebranta lo que intenta estancarnos, desarma al enemigo y nos acerca al cumplimiento de lo que Dios espera ver en cada uno de nosotros.

> COMPROMÉTETE CON LA DISCIPLINA, CAMINA CON ELLA Y ABRÁZALA PORQUE CUANDO ELIGES AVANZAR CON DISCIPLINA, TU CONSTANCIA SE CONVIERTE EN UNA DECLARACIÓN DE GUERRA CONTRA LA INCONSTANCIA.

Quien camina por disciplina puede tropezar, pero no retrocede. Y aunque avance lento, siempre llegará a su destino final.

3. LA DISCIPLINA TE LIBRA DE LA NECESIDAD DE SER SUPERVISADO CONSTANTEMENTE

Quien es verdaderamente disciplinado se gobierna a sí mismo porque ejerce el dominio propio del cual hemos sido provistos. No necesita un ojo externo que lo vigile ni premios constantes para sostener su obediencia, porque la disciplina produce una convicción interna, que lo impulsa a cumplir lo que debe, aunque nadie lo esté mirando. Su conexión con Dios es firme, y el Espíritu mismo es su supervisor. Se acuesta y, en lo profundo de su ser, algo le recuerda: "Aún no has terminado tu día: abre la Palabra, ora, cumple tu parte".

Su recompensa inmediata no son los reconocimientos, sino la paz profunda y silenciosa que siente por haber hecho lo correcto. Esa paz es el aplauso del cielo por lo logrado y la fuerza que impulsa a perseverar en lo que se ha alcanzado.

4. LA DISCIPLINA TE LIBRA DE LA PRESIÓN POR VER CÓMO AVANZAN OTROS

Cuando eres guiado por Dios, por Su Palabra y por Sus principios, sabrás qué hacer y también qué no hacer. Esa certeza te guardará de la comparación, del afán y de la ansiedad por querer igualar el paso de otros. Porque la disciplina te permite mantenerte en tu carril sin dejarte arrastrar por la prisa de quienes parecen avanzar más rápido; y te da la valentía de decir "no" a oportunidades que parecen buenas, para abrazar lo mejor que Dios reservó para ti y que hará que se manifieste en su debido tiempo, si te mantienes haciendo lo correcto.

Porque no todo lo grande deja fruto, ni todo lo inmediato deja legado. A veces, para recibir lo mejor en su tiempo, tendrás que rechazar lo bueno que llega fuera de temporada. El verdadero enfoque está directamente conectado con la fe: la fe que te da la seguridad de que lo que Dios tiene para ti llegará en el momento exacto, y que si te mantienes fiel al Señor, nada podrá robarte lo que Él ya agendó para tu vida.

DEJA DE NEGOCIAR CONTIGO MISMO

Una de las reglas de oro del verdadero avance es esta: deja de negociar contigo mismo. No dialogues con la comodidad ni le des espacio a tu voz interna que siempre quiere optar por los atajos. No postergues lo que el Espíritu ya te indicó hacer. Aprende a decir con firmeza a la pereza y a la tentación de posponer: "no hay trato."

Cada vez que eliges el deber por encima de la distracción, fortaleces el músculo invisible de tu disciplina. Cada vez que cumples tu palabra, aunque te incomode, ensanchas tu capacidad de avanzar y le enseñas a tu carne que el Espíritu es quien te gobierna.

El esfuerzo constante no es un castigo; es una expresión de honra hacia el diseño que Dios puso en ti. Porque cuando eres fiel en lo que cuesta, demuestras que estás siendo formado para sostener lo que Dios está por confiarte.

Pero es importante que sepas que no todos entenderán tu enfoque, y está bien. Porque la disciplina siempre marca la diferencia entre quienes viven buscando aprobación y quienes viven movidos por propósito. Jesús mismo, no rebajó el mensaje del Reino cuando algunos lo abandonaron, sino que sostuvo el estándar divino sin negociarlo. De la misma manera, no diluyas tu llamado para encajar en lo que otros esperan: mantén la ruta con determinación y firmeza.

Dios siempre trabaja siguiendo patrones eternos: promete y luego forma, habla y después procesa, siembra y entonces cosecha. Nada en tu vida es casualidad; cada estación tiene un propósito, incluso aquellas que no entiendes. Así que no desprecies el terreno donde estás, porque lo que hoy parece una limitación, en realidad es un aula de entrenamiento divino que te está formando para lo que más adelante el Señor hará.

Si estás enfrentando escasez, confía, porque estás en la escuela de la provisión, donde Dios te enseña a depender de Él y no de tus recursos. Si estás bajo presión, aférrate a Dios, porque estás en el campo de entrenamiento, donde tu carácter se fortalece y tu fe se vuelve resistente. Si estás atravesando por alguna enfermedad, no permitas que tu fe se apague, porque estás en el lugar de descanso, donde Dios te enseña a reposar en Él y a descubrir que Su poder se perfecciona en medio de toda debilidad. Y si estás viviendo traición o rechazo, no dejes que el dolor te amargue, porque estás en el altar de purificación, donde Dios trata tus motivaciones, sana tu interior y te capacita para amar sin rencor y perdonar de corazón.

> CUANDO ERES FIEL EN LO QUE CUESTA, DEMUESTRAS QUE ESTÁS SIENDO FORMADO PARA SOSTENER LO QUE DIOS ESTÁ POR CONFIARTE.

Cada proceso tiene una lección y una herramienta, y en todos ellos, Dios usa la disciplina como instrumento de madurez. Porque la disciplina es la llave que convierte cada temporada en crecimiento y te mantiene firme incluso cuando aún no ves el fruto.

Al principio, la disciplina pesa y parece un yugo que restringe, pero con el tiempo se transforma en libertad: libertad de la pereza que roba, de la indecisión que paraliza, de la dependencia de estímulos externos, del doble ánimo que confunde y de la inconstancia que destruye. Porque la verdadera disciplina te da el poder de elegir conforme al Espíritu y no según caprichos momentáneos.

A esto hace referencia la Palabra cuando expresa: *"Mantengamos firme, sin fluctuar, la profesión de nuestra esperanza, porque fiel es el que prometió"* (Hebreos 10:23).

El término "sin fluctuar" significa sin inclinarse, sin doblarse ante la emoción ni ceder ante la presión. Así que, por encima de todo lo que intente hacerte doblar o ceder, permanece, porque la permanencia es la tierra donde germinan las promesas que te ha hecho el Señor.

OBSTÁCULOS COMUNES PARA UNA VIDA DISCIPLINADA

1. LA FALTA DE MOTIVACIÓN PARA HACER LO QUE DEBES HACER

Uno de los mayores enemigos de la disciplina es esperar "sentir" para entonces actuar, porque quien vive gobernado por lo que siente, avanza un día y retrocede al siguiente.

Pero quien ha aprendido a gobernar sus emociones no se deja arrastrar, sino que actúa primero, para que, por causa de su acción, sus sentimientos tengan que dejarse guiar.

Haz lo que debes, aunque no tengas el ánimo de hacerlo; porque el ánimo no siempre precede a la acción, sino que la obediencia abre el paso, y luego la motivación llega como consecuencia, no como condición.

> QUIEN VIVE GOBERNADO POR LO QUE SIENTE, AVANZA UN DÍA Y RETROCEDE AL SIGUIENTE.

Recuerda que las emociones no fueron diseñadas para guiar tu vida, sino para acompañarla. Y que cuando decides avanzar, aunque tu corazón no quiera, demuestras madurez espiritual, porque la madurez se reconoce en quien no necesita "sentir" para obedecer, sino que obedece por determinación y convicción. Porque no depende de cómo se siente, sino de a quién pertenece. Y es así como el que camina guiado por Dios, no solo avanza, sino que también derriba todo lo que intentaba impedir su avance.

2. EL ENTORNO DESORDENADO QUE PERTURBA TU ESPACIO

El desorden externo siempre termina produciendo ruido interno. Un ambiente caótico roba claridad, dispersa la mente y debilita la concentración. Es por esto que Dios mismo, antes de manifestar Su gloria, estableció orden en la creación: *"La tierra estaba desordenada y vacía... y dijo Dios: Sea la luz."* (Génesis 1:2-3).

El orden fue la antesala de la manifestación del poder creador de Dios. Así también, Dios nos llama a ordenarnos primero, porque Su poder se manifiesta donde hay estructura y alineación.

Un entorno desorganizado drena la energía, agita el alma y dificulta nuestra capacidad de percibir la voz de Dios en nuestro interior; pero el orden físico no solo refleja el orden espiritual, sino que lo protege, lo afirma y elimina interferencias internas que nos impiden alinearnos al gobierno del Señor. Porque cuando nuestro entorno se alinea, nuestra mente se aclara y nuestro espíritu se dispone para la obediencia.

El orden no es solo una costumbre estética, es una puerta espiritual: cuando pones lo externo en su lugar, tu interior se alinea con el propósito, tu mente se enfoca y tu espíritu se fortalece para perseverar. Así que organiza tu espacio, porque un escritorio limpio, una agenda clara y un ambiente en paz se convierten en aliados de la disciplina que sostiene tu crecimiento, protege tu enfoque y te permite avanzar con constancia hacia el destino que Dios te quiere llevar.

3. LAS VOCES QUE DRENAN TU FE Y CONTAMINAN TU ENFOQUE

No toda voz merece acceso a tu vida. Algunas palabras edifican, pero otras drenan, confunden y desvían.

El enemigo sabe que no siempre puede detenerte con ataques visibles, por eso intenta infiltrarse con voces sutiles que siembran desánimo, duda o distracción.

Así que ten discernimiento, porque no todo consejo viene de Dios y no toda opinión merece tu energía. En este sentido, también es importante aclarar que, a veces, el ruido no viene de afuera, sino de las voces internas que repiten lo que el enemigo susurra: "no puedes", "no vale la pena", "ya es tarde", "no eres lo suficientemente capaz". Por eso, cuida tus oídos tanto como cuidas tu corazón.

Apaga notificaciones innecesarias, limita conversaciones que no edifican, elige con sabiduría a qué vas a prestar tu atención y a quién vas a darle acceso a tu corazón. Recuerda: no todas las palabras son alimento; algunas son veneno disfrazado de interés. Por tanto, decide siempre escuchar la voz de Dios por encima de las demás y rodéate de quienes Él te ha puesto cerca, para afirmar tu propósito. Teniendo siempre presente lo dicho por el proverbista: *"El que se junta con sabios, sabio se vuelve; el que se junta con necios acaba mal"* (Proverbios 13:20 RVC).

4. LAS CAÍDAS MAL AFRONTADAS: EL TROPIEZO QUE DETIENE EL PROGRESO

Muchos se rinden porque confunden disciplina con perfección. Pero la Biblia es clara cuando dice: *"El justo cae siete veces y vuelve a levantarse"* (Proverbios 24:16).

La disciplina no consiste en no tropezar, sino en aprender a levantarse con más sabiduría, humildad y determinación, luego de haber tropezado. Porque caer no te descalifica; pero permanecer en el suelo sí.

Cada caída tiene un propósito oculto y es exponer la debilidad que Dios quiere fortalecer y revelar la gracia que te sostiene cuando fallas. Por eso, no te encierres en la culpa ni exageres el tropiezo. Levántate, repara lo necesario, aprende la lección y sigue avanzando..

Porque Dios no ignora nuestras fallas, pero tampoco espera perfección instantánea, sino un corazón que busca crecer constantemente hasta lograr alcanzarla.

Es por esto que el tropiezo puede ser el punto final para quienes deciden rendirse, pero es solo un punto y seguido en la historia de aquellos que se levantan y deciden perseverar.

Finalmente, recuerda esto: el mundo celebra los eventos, pero el cielo recompensa la constancia. Cada oración repetida, cada página leída, cada promesa cumplida, cada acto de servicio sostenido, cada "no" a la distracción y cada "sí" a la voluntad de Dios, construyen el camino que te lleva a la manifestación de tu destino. Porque la disciplina es la llave que da acceso al cumplimiento de lo que Dios ha establecido para ti, y cuando lo veas hecho realidad, sabrás que no fue suerte; fue Su gracia, sumada a tu constancia.

Así que no lo olvides: **lo grande que anhelas, está escondido dentro de lo pequeño que hoy cuidas**. Por tanto, sé fiel en el cuidado de cualquier oportunidad o recurso que Dios te haya confiado, ya sea: un grupo pequeño, una tarea humilde, un horario de estudio, una familia en formación o un presupuesto sencillo. Porque Dios siempre multiplicará lo que se maneja con fidelidad.

Y si deseas comenzar este camino con intención, detente un momento y responde con honestidad y responsabilidad, estas cinco preguntas:

- ¿Qué sé que debo hacer y sigo postergando?
- ¿Qué hábito voy a comenzar hoy por decisión, no por motivación?
- ¿A quién estoy escuchando de más y a quién necesito escuchar mejor?
- ¿Qué detalle pequeño voy a empezar a cuidar con excelencia desde hoy?
- ¿Qué compromiso concreto voy a cumplir esta semana para honrar mi palabra?

La disciplina no solo te forma, te transforma. Y cuando perseveras en hacer lo correcto, el cielo responde en su debido momento. Porque las manos que siembran con constancia jamás quedan vacías, y las vidas que se dejan moldear por Dios se convierten en evidencia viva de Su fidelidad.

ORACIÓN DE CIERRE

Señor amado, gracias por Tu gracia que me sostiene en cada temporada. Hoy rindo ante Ti mis hábitos, mis tiempos, mis pensamientos y mis decisiones. Límpiame de toda pereza, miedo e inestabilidad. Dame la voluntad de elegir lo correcto aun cuando sea difícil, y la constancia de perseverar hasta el final. Hazme sensible a tu voz por encima de todas las voces que me distraen. Enséñame a guardar mi enfoque en lo eterno y a vivir con propósito en cada detalle. Padre, que mis pasos estén guiados por tu Espíritu y que mis manos sean fieles en lo pequeño para que seas glorificado en lo grande.

Alinea mi corazón con Tu voluntad y ordénalo conforme a Tus diseños eternos.

Renueva mis fuerzas cada día para no vivir por impulso, sino por convicción y obediencia.

Guárdame de adelantarme a Tus tiempos y dame descanso en la certeza de que Tú estás obrando.

Que todo lo que haga refleje Tu carácter y produzca fruto que permanezca.

Hazme como un árbol plantado junto a corrientes de agua, que da su fruto a su tiempo y cuyas hojas nunca caen. Que mi vida entera sea un testimonio vivo de tu fidelidad, un altar de obediencia y una evidencia de que tu gracia en mí no ha sido en vano. En el nombre de Jesús. ¡Amén!

PALABRA DE COMPROMISO:

Hoy, en el nombre poderoso de Jesús, decido abrazar la disciplina y la constancia como mi camino de libertad y plenitud. Rechazo el doble ánimo que me divide, la postergación que me roba, la excusa que me limita y la pereza que me estanca. Elijo obedecer a Dios aun cuando mi carne no tenga deseos, porque mi fe no depende de emociones, sino de convicciones eternas.

Declaro que mi corazón se afirma en la Palabra y que mi mente se renueva cada día en la verdad de Cristo. Ordeno mis pasos y mi tiempo con sabiduría del cielo, sabiendo que cada decisión de hoy edifica el futuro que Dios ya diseñó para mí. Me mantengo fiel en lo poco, confiado en que Dios me entregará lo mucho. Mis frutos darán gloria al Padre, mis hábitos testificarán de Su poder en mí, y mi perseverancia será evidencia de que Su gracia es más fuerte que mi debilidad.

Asumo responsabilidad por mi crecimiento y dejo de delegar en otros lo que Dios me ha confiado a mí.

Camino con enfoque, determinación y reverencia, entendiendo que la obediencia diaria es una semilla de honra.

No retrocedo ante el cansancio ni negocio mi llamado por comodidad momentánea.

Permanezco firme, sabiendo que el que comenzó la buena obra en mí la perfeccionará hasta el día de Jesucristo.

LA TRANSFORMACIÓN MENTAL

El cambio invisible que determina
el avance de lo visible

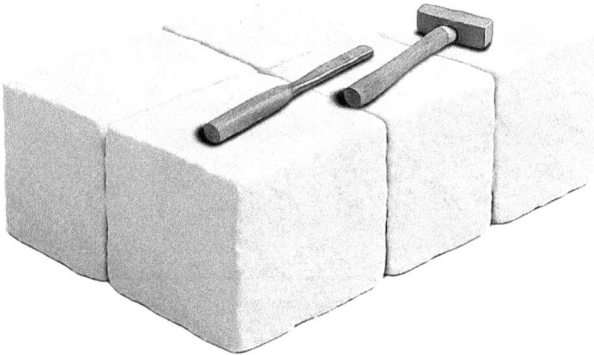

Todos en la vida quieren alcanzar el éxito, pero la mayoría de las personas no saben cómo llegar ahí. Muchos lo buscan corriendo detrás de él y agotándose en intentos fallidos. Pero el éxito nunca ha sido diseñado para ser perseguido, sino para ser atraído. Porque llega como consecuencia, no como objetivo primario. Se atrae con carácter, porque el carácter es el cimiento donde Dios deposita responsabilidades mayores. Se atrae con disciplina, porque la constancia diaria puede lograr lo que el talento por sí solo no puede sostener; y lo más importante, se atrae con una mente transformada. Una que ya no reacciona como el mundo, sino que percibe con la perspectiva del cielo; que piensa, decide y actúa conforme al propósito eterno de Dios.

La etimología de la palabra *éxito* proviene del latín *exitus*, que significa "salida". Y de esa misma raíz se desprende la palabra *éxodo*, que alude a una salida definitiva, a un tránsito hacia otro estado o lugar. Esto nos revela algo poderoso y es que el éxito real no se mide solo por cómo entras, sino por cómo sales; no solo por metas alcanzadas en esta tierra, sino por como acabamos nuestro paso por ella.

No consiste en acumular logros temporales, sino en ser hallados como obreros aprobados delante de Dios. Porque de nada sirve llegar al final de nuestros días con riquezas, títulos o reconocimientos, si no contamos con la aprobación del Señor.

Si al final de nuestros días no podemos escuchar al Autor de la vida decir: *"Bien, siervo bueno y fiel; sobre poco has sido fiel, sobre mucho te pondré; entra en el gozo de tu Señor"* (Mateo 25:21 RVC) entonces, por más alcance terrenal que hayamos tenido, no habremos alcanzado el verdadero éxito.

Porque el éxito eterno consiste en culminar nuestra carrera habiendo alcanzado la meta para la cual Dios dispuso que corriéramos en ella. A esto hizo referencia el apóstol Pablo cuando dijo: *"No quiero decir que ya haya alcanzado estas cosas ni que ya haya llegado a la perfección; pero sigo adelante, esperando alcanzar aquello para lo cual Cristo Jesús me alcanzó a mí"* (Filipenses 3:12 NTV).

EL PODER DE UNA MENTE TRANSFORMADA

En términos de avance y desarrollo integral, más importante que el dinero es la transformación mental. Porque el dinero abre puertas temporales, pero la transformación mental abre destinos eternos.

Puedes recibir recursos, herencias, contactos o plataformas, pero si tu mente no ha sido entrenada para sostenerlos, nada de lo que recibas cumplirá el propósito para el cual te fue dado. En cambio, una mente transformada puede levantar un proyecto desde la nada, reconstruir después de una pérdida y convertir cada tropiezo en una lección que impulsa su crecimiento. Porque la mente renovada no solo produce éxito, sino que garantiza que ese éxito sea sostenible.

La verdadera riqueza de un hombre o de una mujer está en su forma de pensar. Nada de lo que vemos en el mundo natural apareció sin haber sido concebido primero en una idea. Las grandes obras, las empresas, los ministerios, las familias sólidas y cada uno de los inventos que transformaron generaciones fueron concebidos primero en un pensamiento.

"Por la fe entendemos haber sido constituido el universo por la palabra de Dios, de modo que lo que se ve fue hecho de lo que no se veía" (Hebreos 11:3).

Dios mismo nos muestra el modelo: todo lo visible nace de lo invisible. Todo lo tangible procede primero de lo intangible. Antes de que existiera un universo lleno de estrellas, hubo una Palabra creativa que surgió de la mente de Dios. Lo que no se veía se convirtió en lo que sostiene la realidad que vemos. Así también, lo que hoy no existe en tu vida, puede ser gestado en tu mente transformada y dado a luz por la fe en la Palabra de Dios. *"Y vio Dios todo lo que había hecho, y he aquí que era bueno en gran manera"* (Génesis 1:31).

Dios pensó, habló y luego vio; y ese también es el proceso divino para nosotros: concebir, declarar y manifestar. Cuando tu mente se alinea con la mente de Cristo, ese es el patrón que el Espíritu Santo hace que se active en ti. Lo que concibes conforme a la Palabra, lo declaras con fe y terminas abrazándolo. Y por causa de no ser idea tuya sino de Dios, si obedeces sus instrucciones aún en los más mínimos detalles, tal como ocurrió con la creación, lo que el Señor hará, no solo será bueno, sino "bueno en gran manera". Es por eso que el campo de batalla más grande que tienes no está fuera de ti, está dentro de ti, y es tu manera de pensar. Porque ahí es donde se definen tus límites, tus posibilidades y tu futuro.

Pretender recibir lo que no ha sido conquistado en la mente, es un error que siempre termina en pérdida. Porque si tratas de cambiar tu realidad sin cambiar tu mentalidad, la realidad que perseguiste al no ser sostenida por tu mentalidad, volverá a su estado inicial.

La transformación mental es el fundamento invisible que sostiene cualquier conquista visible. Sin ella, los logros se vuelven frágiles y temporales; con ella, todo lo que Dios te entregue podrá permanecer, crecer y multiplicarse.

En aeronáutica se estudian dos principios fundamentales de estabilidad: la estática y la dinámica. Ambos describen el comportamiento de una aeronave frente a una perturbación, y determinan su capacidad de volver a la trayectoria correcta después de haber sido desviada. Estos principios establecen que, aunque una ráfaga de viento altere su dirección o una turbulencia sacuda su curso, el diseño interno del avión le permite estabilizarse y recuperar el control.

> SI TRATAS DE CAMBIAR TU REALIDAD SIN CAMBIAR TU MENTALIDAD, LA REALIDAD QUE PERSEGUISTE AL NO SER SOSTENIDA POR TU MENTALIDAD, VOLVERÁ A SU ESTADO INICIAL.

Así también sucede con la mente humana: según el grado de transformación o desalineación interna, será su capacidad para recobrar el equilibrio después de una sacudida, una pérdida o una crisis que intenta desorientarla.

Una mente renovada posee principios internos que la hacen volver al rumbo correcto aún después de los golpes más fuertes, porque tiene grabados códigos de fe, obediencia y perseverancia que la impulsan a retomar el propósito de Dios, aun cuando todo a su alrededor parece haberse desviado.

Pero una mente no transformada siempre regresará a los mismos patrones de derrota, excusas y mediocridad que limitan el propósito de Dios en su vida. Porque sin renovación mental, una persona puede cambiar de entorno, pero repetirá los mismos errores; puede empezar de nuevo, pero terminará igual.

Solo una mente transformada por la verdad de Dios rompe ciclos, elige con sabiduría y avanza con firmeza hacia el destino para el cual fue creada.

Por eso, la verdadera estabilidad no depende de lo externo, sino de lo que está sólidamente configurado en lo interno.

LA TRANSFORMACIÓN MENTAL ES LA CLAVE DEL VERDADERO AVANCE

Todo cambio que ocurre dentro de ti, termina manifestándose fuera de ti. Por eso, cuando tu mentalidad se expande y tu vida se alinea a los principios de Dios, inevitablemente la creación te responde. Es imposible que una mente transformada viva en los mismos límites de ayer; porque el entorno se ve obligado a adaptarse a la nueva dimensión de tu pensamiento. Cuando creces por dentro, las oportunidades llegan, las puertas se abren y lo que antes parecía inaccesible comienza a reconocer tu nueva capacidad. Es así como lo que eres por dentro determina lo que atraes por fuera.

En otras palabras, sin importar de dónde procedas, cuando decides crecer, ese crecimiento te saca de atrás y te abre espacio en las filas delanteras. Por eso mismo debemos honrar y valorar el crecimiento que otros alcanzan, porque crecer siempre cuesta. Y así como el nacimiento de un niño es evidencia de un proceso silencioso de formación, cada vez que ves a alguien emergiendo, no es casualidad; es que detrás del telón hubo preparación, esfuerzo y batallas que nadie vio. El fruto público siempre es resultado de un proceso privado.

Pero **aunque el precio sea alto, siempre vale la pena quebrarse para poder transformarse.**

Porque quien ha roto patrones de estancamiento con el propósito de crecer y renovarse jamás podrá permanecer en el mismo nivel en que estaba antes de ser transformado. La verdadera transformación cambia tu esencia, y una vez que esto sucede, no hay marcha atrás; ya que no eres tú quien exige, sino que la ley misma de la atracción demanda un nuevo escenario para tu nueva versión. En ese mismo sentido, resistirse al cambio después de ser transformado es como vivir atrapado en un traje que ya no es de tu tamaño.

Dios quiere hacer que se revele en ti todo el depósito de gracia que te otorgó y verte persiguiendo aquello que Él ya terminó, porque lo que para ti es futuro, para Él es el pasado que ya concluyó. *"Yo anuncio desde el principio lo que va a pasar al final, y doy a conocer el futuro desde mucho tiempo antes. Les aseguro que todos mis planes se cumplirán tal como yo quiero." (Isaías 46:10 TLA)*

Tu éxito en esta vida no se trata de inventar un destino, sino de descubrir lo que Dios ya agendó para ti desde la eternidad. Pero el único camino hacia esa revelación es la conexión con Él por medio de la oración, el estudio de la Palabra y la intimidad con el Espíritu Santo. Sin conexión con Dios, tu vida será una carrera constante tras las sombras; pero con conexión, cada paso que des será de avance constante, impulsado por Su propósito. A esto hizo referencia el salmista al decir: *"Me viste antes de que naciera. Cada día de mi vida estaba registrado en tu libro; cada momento fue diseñado antes de que un solo día pasara"* (Salmos 139:16 NTV).

Por eso, no debemos enfocarnos en inventar un futuro, sino en conquistar el que ya fue diseñado por el Señor para nosotros. A esto también aludió el apóstol Pablo, al decir que Cristo nos hizo suyos para llevarnos a la plenitud de un plan que ya está listo, y que nuestra tarea es avanzar, crecer y renovarnos mentalmente para apropiarnos de esa perfección (Ver Filipenses 3:12).

> QUIEN HA ROTO PATRONES DE ESTANCAMIENTO CON EL PROPÓSITO DE CRECER Y RENOVARSE JAMÁS PODRÁ PERMANECER EN EL MISMO NIVEL EN QUE ESTABA ANTES DE SER TRANSFORMADO.

La transformación mental nos alinea con esa carrera, nos libra del conformismo y nos impulsa a seguir adelante con la certeza de que hay una meta ya asegurada en Cristo.

Todo ser humano que nace fue primero concebido en la mente de Dios. Antes de que llegara a un vientre, ya estaba en el corazón del Creador. Dios lo pensó, lo vio y trazó un propósito eterno para su vida. Esto significa que cada persona no es un accidente biológico, sino un diseño intencional del cielo. Por esta causa, Dios tiene expectativas de cada vida que nace, porque cada ser humano representa Su arte, Su diseño y Su intención de bendecir a la generación para la cual fue creado. Con relación a esto, el Señor le dijo a Jeremías: *"Antes que te formase en el vientre te conocí, y antes que nacieses te santifiqué, te di por profeta a las naciones"* (Jeremías 1:5).

Así como Jeremías fue conocido, apartado y enviado con un propósito específico, también tú fuiste pensado por Dios antes de nacer. Tu vida es evidencia de un plan divino que ya estaba terminado en la mente de Dios antes de que hicieras tu primer respiro en la tierra.

Otro ejemplo poderoso de esto es el nacimiento de Jesús. Desde antes de su llegada, ya todo había sido diseñado en la mente de Dios. Y cuando nació, el cielo y la tierra respondieron: los ángeles cantaron anunciando la buena noticia (ver Lucas 2:13-14) y los sabios del oriente fueron movidos a adorar, no solo al bebé, sino al Rey que había venido al mundo (ver Mateo 2:1-2, 11). El propósito con el que vino Cristo fue tan trascendental, que fueron estremecidos el ámbito celestial como el ámbito terrenal. Pero **ningún nacimiento es casual, la existencia humana no es un simple resultado biológico, es la encarnación de un mensaje divino en tiempo y espacio.**

Tú no llegaste al mundo simplemente para "estar", sino para reflejar el pensamiento eterno de Dios y cumplir la asignación para la cual Él te creó. Cuando comprendes esto, entiendes que tu vida es demasiado valiosa como para desperdiciarla en distracciones pasajeras o en metas que carecen de valor eterno, y que tu verdadera trascendencia no está en lo que logras por tu cuenta, sino en representar a tu Hacedor y manifestar el deseo de Su corazón a través de tu existencia.

Con relación a esto, la Biblia nos exhorta: *"No os conforméis a este siglo, sino transformaos por medio de la renovación de vuestro entendimiento, para que comprobéis cuál sea la buena voluntad de Dios, agradable y perfecta"* (Romanos 12:2).

El verbo usado para "transformaos", en el griego original, es *"metamorphóo"*, de donde proviene el término "metamorfosis". No se trata de un cambio superficial, sino de una transformación radical, como la que experimenta una oruga al convertirse en mariposa. Por lo que el mandato no es a mejorar un poco, sino a ser completamente renovados en la estructura misma del pensamiento, de modo que los pensamientos y principios de Dios reemplacen la forma de pensar del mundo, esos patrones engañosos que oscurecen la verdad, detienen el propósito y corrompen el destino que Dios diseñó para ti.

Pablo continúa diciendo que esta transformación es necesaria *"para que comprobéis cuál sea la buena voluntad de Dios, agradable y perfecta."* Aquí el verbo "comprobar", es *dokimázō* y significa probar, examinar, poner a prueba, discernir y aprobar lo que es genuino. Este es el mismo término que se usaba para probar metales y confirmar su autenticidad. Así que, lo que Pablo enseña, es que solo con una mente transformada puedes discernir, experimentar y validar en la práctica lo que realmente proviene de Dios.

La voluntad divina no se comprende desde una mente sin renovar, se descubre únicamente desde una mentalidad transformada, capaz de reconocer que la voluntad del Señor es siempre buena, agradable y perfecta.

En ese mismo orden, es importante destacar que Pablo escribió estas palabras a creyentes que ya conocían a Jesús y caminaban en comunión con Él. Esto revela que, aunque creamos en Cristo y tengamos una relación con Él, si no renovamos nuestra mente, no seremos capaces de comprender con claridad los planes del Dios al que hemos entregado nuestra vida. Porque creer y confesar a Cristo nos hace salvos, pero la renovación mental es lo que nos permite caminar en plenitud en el diseño divino de la salvación.

Ninguna vida puede superar la prisión de una mente cautiva; pero cuando nuestra mente es transformada por la verdad de Dios, los límites se rompen, la visión se expande y el destino se convierte en un testimonio vivo del poder de Cristo.

Otro detalle crucial en esto, es que el mandato está en voz activa. No dice "esperen a que Dios los transforme", sino "transformaos". Dios provee la gracia, Su Palabra y la acción del Espíritu Santo, pero somos nosotros quienes debemos decidir rendir nuestros pensamientos y someternos a ese proceso de renovación. La transformación no es automática; es el resultado de una decisión consciente y constante de cooperar con la obra de Dios en nuestra mente. A esto hace referencia la Palabra cuando dice: *"Por lo demás, hermanos, todo lo que es verdadero, todo lo honesto, todo lo justo, todo lo puro, todo lo amable, todo lo que es de buen nombre; si hay virtud alguna, si algo digno de alabanza, en esto pensad"* (Filipenses 4:8).

> LA VOLUNTAD DIVINA NO SE COMPRENDE DESDE UNA MENTE SIN RENOVAR, SE DESCUBRE ÚNICAMENTE DESDE UNA MENTALIDAD TRANSFORMADA, CAPAZ DE RECONOCER QUE LA VOLUNTAD DEL SEÑOR ES SIEMPRE BUENA, AGRADABLE Y PERFECTA.

La transformación no ocurre por accidente; comienza con la adquisición de conocimiento y se consolida cuando ese conocimiento se convierte en práctica de vida. La información sola no cambia a nadie, pero cuando se asimila y se aplica, produce transformación y verdadero cambio. Por esta razón, el avance integral de una persona depende más de la mentalidad que abraza que de las circunstancias que enfrenta. De hecho, dos personas pueden estar en el mismo escenario adverso y mientras una, con mente renovada, lo interpreta como una oportunidad de crecer, la otra lo experimenta como una prisión en la que debe permanecer. Porque es en la mente donde se define si serás prisionero de las circunstancias o arquitecto del destino que Dios trazó para ti.

"Sobre todas las cosas, cuida tu mente, porque ella es la fuente de la vida" (Proverbios 4:23 TLA).

La transformación, es más importante que la simple adquisición, porque lo que adquieres sin la debida transformación para poder manejarlo, terminas perdiéndolo; mientras que lo que ya tienes está esperando que tú crezcas para poder crecer contigo. Pero ese crecimiento no ocurre por deseo, sino por decisión. Por eso, cuando tu mente se estanca, todo tu ser se detiene y se paraliza. Pero cuando tu mente se transforma, todo tu entorno responde, tus pasos se alinean y la vida misma empieza a moverse al ritmo de tu renovación. Tu cuerpo no toma decisiones, solo revela las decisiones que ya tomaste en tu mente.

LAS CINCO INFLUENCIAS QUE MOLDEAN TU MENTE Y CÓMO TRANSFORMARLAS

1. LA CULTURA:
Lo que viste en tu casa, tu barrio y tu país dejó marcas invisibles en tu manera de pensar, porque la cultura no es neutral,

transmite valores, creencias y patrones, que muchos repiten sin discernir si eso refleja la esencia del Reino o solo la costumbre del entorno. No todo lo heredado es malo; sin embargo todo lo que no se alinea con la verdad bíblica debe ser corregido.

Redimir la cultura no es rechazar tus raíces, es purificar tu herencia a la luz de la verdad, quedándote con lo que edifica y soltando lo que limita. Y para comenzar a hacerlo con efectividad, la pregunta clave a la que debes responder es: ¿este valor que aprendí, fortalece mis principios, o es solo costumbre de mi cultura?

2. LAS EXPERIENCIAS PASADAS:

Tus recuerdos pasados pueden moldear tu percepción, pero no deben determinar tu futuro. Tanto los traumas no sanados como los triunfos mal procesados pueden distorsionar tu manera de ver la vida, y el antídoto para esto, es perdonar, sanar y aprender. No puedes vivir encarcelado por un episodio del pasado; solo una mente transformada convierte las cicatrices en testimonio y los triunfos en impulso para nuevos retos.

3. LOS FRACASOS:

En Dios, el fracaso nunca es un veredicto final, sino un instructor. Te ubica, te entrena y te sensibiliza el corazón para hacerlo más sabio. La diferencia entre quien se estanca y quien avanza, está en la capacidad de aprender de cada caída. Las personas que llegan lejos no son las que nunca fallan, sino las que corrigen rápido. Redimir el fracaso, es verlo como una escuela que te prepara para conquistar mucho más de lo que ya has alcanzado.

4. LAS ASOCIACIONES:

Pablo lo dijo sin rodeos: *"Las malas conversaciones corrompen las buenas costumbres"* (1 Corintios 15:33). Las personas con las que caminas, determinan la dirección de tu fe. Por eso, no busques solo comodidad emocional en tus relaciones, busca también conexiones que impulsen tu espíritu y te mantengan enfocado en el propósito de Dios para ti. Las voces que toleras diseñan el techo de tu fe. Rodéate de quienes te incomoden hacia arriba, no de quienes te acomoden hacia abajo.

5. LA EXPOSICIÓN:

Vivimos en una generación saturada de ruidos, imágenes y mensajes que compiten por nuestra atención y moldean nuestra manera de pensar. La mente es el terreno donde germina lo que decides sembrar. Cada palabra, imagen o sonido que consumes, es una semilla que puede producir fe o temor, pureza o corrupción, luz o confusión.

Por eso, cuidar lo que ves y oyes, no es religiosidad, es sabiduría espiritual. Porque tarde o temprano, lo que alimentas en tu mente se refleja en tu carácter y determinará la forma como vas a culminar.

El hecho de ser intencional en nuestra transformación mental, es vital ya que la verdadera transformación es la que sostiene y maximiza el depósito que Dios ha hecho en nosotros. Por eso, Jesús no se apresuró a dar poder antes de tiempo, sino que invirtió tres años en moldear la mentalidad de los discípulos y solo un día en investirlos con poder de lo alto (ver Hechos 2). El poder sin transformación se desgasta y se pierde; pero cuando la mente ha sido renovada en Cristo, ese poder encuentra un carácter que lo sostiene y un corazón que lo administra con fidelidad. Así que, a partir de este mismo día, cueste lo que cueste, toma la decisión firme de avanzar hacia un nivel superior de transformación mental.

LA FORMA COMO DECIDES TRAZA EL MAPA DEL DESTINO QUE CONSTRUYES CADA DÍA

Más que tus circunstancias, son tus decisiones, las que determinan cuán fructífera será tu vida. Cada elección nace primero como un pensamiento, porque antes de actuar, piensas; y antes de avanzar, decides. Nada ocurre por inercia; todo fruto visible responde a una semilla invisible plantada en el interior.

Mucho de lo que hoy celebras, es el resultado de decisiones sabias que tomaste en el pasado, y mucho de lo que hoy lamentas, proviene de aquello que, quizás sin notarlo, decidiste posponer, ignorar o tolerar. Las temporadas que enfrentas no definen tu resultado final; lo que marca la diferencia es la mentalidad con la que eliges atravesarlas.

Por eso, en lugar de justificarte, buscar culpables o atribuir tus procesos al tiempo o a las circunstancias, examina los pensamientos que han guiado tus decisiones, y corrige lo que deba ser corregido. Allí se encuentra la raíz tanto de tu crecimiento como de tus estancamientos; porque toda transformación comienza cuando decides pensar diferente.

7 PUNTOS IMPORTANTES SOBRE LA TOMA DE DECISIONES

1. Toda decisión tomada siempre trae consecuencias, ya sean positivas o negativas.

Cada elección abre una puerta. Tú escoges la acción, pero no puedes escoger las consecuencias. Por eso decidir es sembrar; de lo que tarde o temprano cosecharás los resultados.

2. El hecho de no decidir hace que ya estés decidiendo, y los efectos de la indecisión casi siempre van en tu contra.

La indecisión es un ladrón silencioso: detiene tu avance y permite que otros decidan por ti. No elegir es perder oportunidades, tiempo y propósito.

3. Las decisiones que no se toman con discernimiento y cobertura terminan debilitando el propósito.

Dios no diseñó que decidamos de manera aislada. Las decisiones sabias se fortalecen cuando están alineadas con consejo, visión y dirección espiritual. La cobertura no limita el llamado; lo protege, lo ordena y lo hace fructificar en el tiempo correcto.

4. Toda decisión tomada tiene un precio que debe ser pagado, porque decir sí a algo es decir no a muchas otras cosas.

Decidir es renunciar. No hay avance sin costo ni conquista sin sacrificio. La disposición a pagar el precio es la evidencia de que la decisión es real.

5. Dios siempre se compromete a respaldar las decisiones que tomamos de acuerdo con Su Palabra.

El Señor respeta tu voluntad, pero solo respalda lo que se alinea con la Suya. Una decisión fuera de Su Palabra abre la puerta a tropiezos; una decisión en Su Palabra garantiza respaldo y victoria.

6. Las decisiones repetidas se vuelven hábitos; los hábitos forman carácter; y el carácter define el destino.

Cada decisión es un ladrillo en la construcción de tu carácter. Repite lo correcto y edificarás sobre roca firme; repite lo equivocado y levantarás un destino propenso a desmoronarse.

7. El tiempo no cambia resultados; los revela. Lo que cambia los resultados son las decisiones que tomamos.

El paso del tiempo no transforma nada por sí solo; solo expone lo que se sembró. Son tus decisiones las que determinan lo que el tiempo revelará.

Lo que eliges cada día, va dando forma al camino por el que tus pasos habrán de andar. Cada decisión abre o cierra puertas que marcarán tu historia, y la de quienes vienen detrás de ti. Decidir, es mucho más que preferir; es discernir entre lo que agrada a Dios y lo que solo satisface al momento. Por eso, la verdadera sabiduría no consiste en saber mucho, sino en elegir bien cuando la vida te pone frente a opciones que parecen iguales, pero conducen a destinos opuestos.

El cielo toma en cuenta tus decisiones, porque cada una revela a quién le has entregado el gobierno de tu vida. Cuando eliges conforme a la voluntad de Dios, no solo caminas en bendición, sino que siembras herencia para tus generaciones. Por eso la Escritura declara: *"Hoy te he dado a elegir entre la vida y la muerte, entre bendiciones y maldiciones. Ahora pongo al cielo y a la tierra como testigos de la decisión que tomes. ¡Ay, si eligieras la vida, para que tú y tus descendientes puedan vivir!"* (Deuteronomio 30:19 NTV).

CÓMO LLEVAR A CABO EL PROCESO "D.E.C.I.D.E." (6 PASOS PARA DECIDIR BIEN)

D – DISCIERNE

Antes de avanzar, examina con honestidad lo que estás considerando hacer. Pregúntate: ¿Está alineado con la Palabra de Dios? ¿Honra a Dios y edifica a otros? ¿Desde dónde nace esta decisión?

El discernimiento comienza en el corazón, porque de allí emanan las motivaciones que impulsan nuestras acciones. No toda oportunidad es asignación, ni todo deseo es dirección. Discernir es permitir que la verdad de la Palabra revele si lo que deseas hacer responde al propósito de Dios o a una inclinación momentánea.

E – EVALÚA CONSECUENCIAS

Toda decisión genera un impacto que va más allá del momento presente. Pregúntate: ¿Qué efecto tendrá esta elección hoy, dentro de un año y en cinco años?

Evalúa no solo cómo te afectará a ti, sino también a tu familia, tu ministerio, tu testimonio y las personas bajo tu influencia. Decidir bien implica mirar más allá de la conveniencia inmediata y asumir con responsabilidad el alcance real de cada elección.

C – CONSULTA

No tomes decisiones importantes en aislamiento. Busca consejo de personas sabias, temerosas de Dios y con madurez comprobada en el área que estás considerando.

La Escritura afirma.

"Cuando no hay dirección sabia, el pueblo cae; pero en la multitud de consejeros hay seguridad" (Proverbios 11:14 RVC).

Escuchar a quienes ya han recorrido el camino que tú estás por transitar no limita tu llamado; lo preserva. El consejo correcto puede ahorrarte errores que cuestan tiempo, desgaste y dolor innecesario.

I – INTERCEDE

Lleva tu decisión a la presencia de Dios en oración y ayuno, pidiéndole dirección, porque Él mismo promete.

"Te haré entender, y te enseñaré el camino en que debes andar; sobre ti fijaré mis ojos" (Salmos 32:8).

Cuando buscas a Dios con un deseo genuino de agradarle, el Espíritu Santo confirma si debes avanzar o te advierte si lo que consideras no es Su voluntad. Esa dirección nunca contradice la Palabra escrita, porque Dios no se desdice ni se contradice a Sí mismo.

La oración y el ayuno afinan tu oído espiritual, pero la Escritura establece el marco seguro de toda decisión. Si algo no puede sostenerse a la luz de la Palabra, no proviene de Dios, aunque produzca emoción o parezca conveniente.

El Espíritu Santo usa la Palabra para confirmar lo que Él habla al corazón, porque Él ve lo que tú no ves, conoce lo que tú no sabes y tiene pleno conocimiento de lo que habrá de acontecer. Por eso, la paz o la inquietud que experimentes después de orar debe ser evaluada a la luz de la Palabra, ya que cuando algo viene de Dios, el corazón lo discierne y la Escritura lo respalda.

D – DEFINE

Una vez que tienes claridad, establece con firmeza qué harás, qué no harás, cuáles serán tus límites y cómo medirás tu avance. Una decisión que no se traduce en acciones concretas no pasa de ser una buena intención.

Definir es cerrar la puerta a la ambigüedad y darle paso al orden. Mientras algo no se define, se posterga; y lo que se posterga, se diluye. Dios respalda decisiones claras, no resoluciones vagas.

Cuando defines, le das forma práctica a lo que Dios ya confirmó en tu espíritu, porque la fe genuina no solo cree: **organiza, establece y ejecuta**. Una decisión bien definida se convierte en dirección, y la dirección sostenida produce avance.

E – EJECUTA

No retrases lo que Dios ya te mostró. Da el paso con obediencia y compromiso, entendiendo que ejecutar implica convertir la decisión en acción sostenida; **y mientras avanzas**, permanece sensible para evaluar, ajustar y mejorar lo que sea necesario, sin abandonar el rumbo, **porque la obediencia constante**, aunque requiera correcciones en el proceso, siempre produce fruto.

Decidir bien no termina cuando eliges; se completa cuando perseveras.

Tomar buenas decisiones no es un acto impulsivo ni emocional; es un proceso intencional que requiere verdad, orden y obediencia. Cuando decides con base en la Palabra, evaluando con sabiduría, caminando en consejo, buscando a Dios, definiendo con claridad y ejecutando con perseverancia, te alineas con la dirección de Dios y te posicionas para avanzar sin retrocesos innecesarios.

Dios no honra la prisa, honra la obediencia; no respalda la confusión, respalda la claridad. El proceso **D.E.C.I.D.E.** no solo te enseña a elegir, te forma para sostener lo que eliges. Y cuando eliges bien, no solo cambian tus circunstancias: se fortalece tu carácter y se afirma tu destino.

Por otro lado, no ignores los enemigos silenciosos que sabotean tus decisiones. Entre ellos la ira sin freno, el miedo sin fe y los impulsos no controlados, que distorsionan el discernimiento y te empujan a reaccionar en lugar de obedecer. La presión social sin identidad, esa voz constante que intenta hacerte vivir según las expectativas de otros y no conforme a lo que Dios espera de ti.

A esto se suma la ignorancia sin perspectiva, ese pensamiento corto del "lo quiero ya", que nunca se detiene a medir las consecuencias a largo plazo. La espiritualidad sin responsabilidad, que se refugia en la idea de que "Dios lo hará todo", mientras evade la obediencia, el esfuerzo y las decisiones que nos corresponden. Y por último, la procrastinación y las distracciones sin control: el ruido constante que roba el enfoque, retrasa la obediencia y mantiene tus buenas decisiones en pausa.

Cada uno de estos enemigos internos debe ser identificado y confrontado con una mente renovada, porque ignorarlos no los elimina; solo les concede espacio para limitar tu avance, desgastar tu enfoque, debilitar tu fe e impedir que se manifiesten los frutos que Dios quiere producir por medio de ti.

Lo que no confrontas termina gobernándote; pero lo que reconoces y entregas a Dios, se transforma en fortaleza.

No lo olvides: así como una llave pequeña puede abrir una puerta inmensa, una decisión correcta puede abrirte el camino hacia tu mejor temporada. Por eso, nunca subestimes el poder de una sola elección hecha con sabiduría.

Recuerda también que no podemos tenerlo todo al mismo tiempo. Decidir no siempre implica escoger entre lo bueno y lo malo, sino entre lo bueno y lo mejor; y la verdadera sabiduría aprende a renunciar para poder avanzar. Así que, antes de dar un "sí", asegúrate de estar siendo guiado por aquello que ya fue escrito en la agenda de Dios para ti.

ORACIÓN DE CIERRE

Señor, gracias por tu Palabra que desnuda mis pensamientos y discierne mis intenciones. Hoy me presento sin máscaras y te entrego mi mente. Te pido que rompas todo patrón viejo y toda fortaleza de miedo, pereza, comparación, orgullo o autoengaño. Reprograma mi corazón con tu verdad. Padre, dame humildad para aprender, valentía para desaprender, y fe para reaprender lo que debo afirmar. Enséñame a amar el proceso que me forma, a escoger principios por encima de emociones, a decir no a la carne, y sí al Espíritu. Límpiame por dentro y ordéname por fuera.

Espíritu Santo, sé mi sistema automático: cuando tropiece, regrésame al curso; cuando me distraiga, recuérdame la meta; cuando me canse, renuévame las fuerzas. Pon en mí, hambre nueva por tu Palabra cada día, un celo santo por el orden y una pasión creciente por la excelencia.

Declaro sobre mi vida: mente de Cristo, corazón enseñable, carácter firme, hábitos santos y relaciones de destino. Proclamo que manifiesto lo que Tú ya viste terminado en mí; que ensanchas mis cuerdas, afirmas mis estacas y que toda mi expansión será únicamente para darte gloria a ti. En el nombre poderoso de Jesús. ¡Amén!

PALABRA DE COMPROMISO

A partir de este día, decido renovar mi mente con la Palabra de Dios y romper todo patrón mental que me estancó.

Renuncio a justificar lo que debo ajustar, corregir o quebrantar; cierro la puerta a la comodidad que me ataba a lo conocido y abro mi vida al desafío del crecimiento continuo.

Elijo orden en mis pensamientos, en mis palabras, en mis hábitos, en mi casa y en mis finanzas.

Abrazo el proceso de desaprender lo que no está sustentado por la Palabra de Dios, aprender lo que el Reino me enseña y reaprenderlo hasta que forme parte natural de mi manera de vivir.

Declaro que viviré con la mente de Cristo: hablaré verdad, caminaré en integridad, amaré la corrección y serviré con humildad.

Confieso que no soy víctima de mi pasado ni rehén de mis excusas; soy hijo de Dios, llamado a manifestar lo que Él vio de mí, en la generación que Él, me ha permitido existir.

EL ORDEN

El poder silencioso que sostiene todo lo que crece

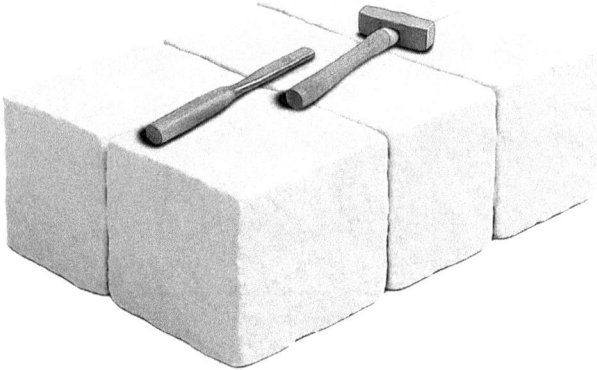

Desde el inicio de la creación, Dios mostró que Su manera de obrar es estableciendo orden. Antes de llenar el mundo de vida, primero lo organizó: separó la luz de las tinieblas, las aguas de la tierra, el día de la noche, y solo después de ordenar comenzó a multiplicar. Porque el orden siempre antecede a la multiplicación.

Muchos oran por puertas abiertas, por un crecimiento mayor o por ser promovidos a una determinada posición, pero descuidan el principio que hace posible todo esto, que es el orden. Porque Dios puede usar vasos frágiles, pero no deposita lo eterno sobre estructuras frágiles.

El desorden es un enemigo silencioso del propósito de Dios con nosotros, porque nos roba energía, nos quita paz y hace que desperdiciemos nuestros recursos. En cambio, cuando elegimos caminar en orden, cada cosa ocupa su lugar, la carga se aligera y resulta más fácil mantenernos enfocados.

El hecho de poner en práctica el principio del orden no se limita a tener un espacio físico organizado, también implica tener prioridades alineadas, pensamientos claros, emociones gobernadas, hábitos disciplinados, relaciones sanas y finanzas bien administradas. Es así como el orden se convierte en la tierra fértil donde el propósito de Dios germina y el fruto permanece como testimonio de Su fidelidad.

EL CAOS SE VENCE CUANDO EL ORDEN SE ESTABLECE

La palabra *"caos"* literalmente significa: desorganización, falta de dirección, falta de propósito y confusión. Una persona puede tener talento, unción e incluso recursos, pero si su vida está sumergida en el caos, terminará boicoteando sus propios avances. El caos crea un espejismo: parece que hay movimiento, pero en realidad no hay progreso; parece que hay esfuerzo, pero en realidad no hay fruto. El caos convierte los dones en ruido y las oportunidades en laberintos. Y lo más serio de todo es que desconecta a la persona de la voz de Dios, porque donde reina la confusión, la dirección divina se percibe distante. Es entonces cuando llegan el desenfoque, el agotamiento y la identidad se nubla, haciendo que se pierda la claridad sobre *hacia dónde* vamos y *quién* Dios nos ha llamado a ser.

Muchas personas piensan que quien pone el orden en sus vidas es Dios, y tienen toda la razón, ya que Él es quien, por medio del Espíritu Santo, pone en orden nuestro corazón, sana nuestras emociones y alinea nuestros pensamientos con Su verdad. Sin embargo, el orden interno que Él establece debe reflejarse en nuestras acciones, porque Dios ordena el interior para que nosotros ordenemos lo exterior. Es decir, nuestras prioridades, hábitos, relaciones y decisiones. Él inicia la obra, pero espera que colaboremos con ella, manteniendo en orden lo que ya fue alineado por Su Espíritu. Así que no se trata solo de pedirle a Dios que quite el desorden de nuestra vida, sino de aplicar el principio que Él ya nos entregó para vencerlo: poner cada cosa en su debido orden.

El caos no cede frente al ruido de la desesperación, sino frente a la claridad del enfoque. No se rinde ante lamentos ni lágrimas, sino ante decisiones firmes. Puedes orar todos los días durante horas, pero si al levantarte sigues viviendo en desorganización, el caos hallará nuevamente un terreno fértil para crecer y fortalecerse. Porque la oración enciende la antorcha, pero el orden mantiene viva la llama.

El orden no es opcional: es la llave que vence la confusión, ahuyenta la inestabilidad y abre camino a la paz. Donde hay orden, el propósito avanza; donde falta orden, hay desgaste y todo se estanca.

> NO SE TRATA SOLO DE PEDIRLE A DIOS QUE QUITE EL DESORDEN DE NUESTRA VIDA, SINO DE APLICAR EL PRINCIPIO QUE ÉL YA NOS ENTREGÓ PARA VENCERLO: PONER CADA COSA EN SU DEBIDO ORDEN.

La Biblia revela distintos escenarios en los que, antes de que Dios trajera respuesta a diferentes tipos de situaciones, fue necesario establecer un orden previo. Y no es casualidad que este principio se repita una y otra vez, como vemos en los siguientes ejemplos:

- **Antes de que descendiera el fuego de Dios en el Monte Carmelo,** Elías **reparó el altar del Señor que estaba arruinado** (ver 1 Reyes 18:30). El fuego no cayó sobre un altar en ruinas, sino sobre un altar restaurado.
- **Antes de que el aceite de la viuda se multiplicara,** ella **tuvo que seguir al pie de la letra las instrucciones del profeta Eliseo** (ver 2 Reyes 4:1-7). La multiplicación no vino por desesperación, sino por obediencia, y orden.
- **Antes de que los panes y los peces se multiplicaran en las manos de Jesús, Él mandó que la gente se**

recostara en grupos de cincuenta en cincuenta (ver Lucas 9:14-16). El milagro no ocurrió en medio del desorden, sino después de que todo estuvo organizado.

El principio es claro, el orden prepara el terreno para la intervención divina. Y lo mismo sucede en estos tiempos: muchos piden un milagro en sus finanzas, pero no llevan un orden financiero; claman por un milagro en su salud, pero no cuidan su cuerpo; piden restauración y unidad para su familia, pero no actúan con la sabiduría ni la humildad necesarias para sanar las relaciones. Pero el caos no se vence con emociones pasajeras, con buenos deseos, ni siquiera con oraciones que, aunque sinceras, no se acompañan de acciones concretas. El caos se vence estableciendo orden.

Dios es fiel y poderoso para obrar, pero Él no violenta principios. Donde hay orden, su gloria permanece; mientras que donde no lo hay, el milagro se desperdicia. Por eso pido al Señor que te ayude a entender cuáles son las herramientas que Él te ha provisto para organizar tu vida en cada una de las áreas que la componen. Porque el desorden roba energía, dispersa la mente, desgasta las emociones, afecta la economía y destruye las relaciones. Vivir en desorden es abrirle la puerta al caos y cerrar la puerta a la paz.

EL CAOS NO ES UN ACCIDENTE, ES UNA CONSECUENCIA

El caos no aparece de la nada, sino que surge como resultado del desorden, la soberbia o la falta de alineación con los principios divinos. Nada se desordena por casualidad;

todo tiene una causa. Antes de manifestarse en lo visible, el caos comienza a gestarse en lo interno, cuando se pierde la dirección, se descuida la obediencia o se pretende avanzar sin la guía de Dios.

La Biblia presenta un ejemplo contundente de esto en la torre de Babel, ya que allí existía unidad, creatividad, talento y recursos, pero el problema no era la capacidad del pueblo, sino la intención del corazón. Porque querían levantar una torre que llegara al cielo; no para glorificar a Dios, sino para hacerse un nombre propio. En otras palabras, estaban edificando con fuerza humana, pero sin dirección divina.

Entonces vino la confusión. Dios no freno sus manos ni anuló su ingenio, simplemente confundió su lenguaje, y eso bastó para detener toda la obra. El caos no eliminó sus capacidades, pero sí anuló su propósito.

Lo mismo ocurre con nosotros cuando tenemos dones, recursos y oportunidades, pero nuestra vida no está ordenada bajo la voluntad de Dios. En ese estado, todo se dispersa, las fuerzas se agotan y las metas pierden sentido. El caos no es inofensivo, es un ladrón silencioso que poco a poco roba la dirección, la productividad y la vida espiritual.

EL VERDADERO COSTO DEL CAOS

El caos es un ladrón silencioso. No siempre se presenta con ruido ni destrucción inmediata; a veces llega disfrazado de ocupación, de urgencias o de una rutina sin dirección. Entra lentamente, pero cuando logra establecerse, empieza a robar lo más valioso que posees.

El caos roba la paz, haciendo que los días se conviertan en una carrera sin meta y el alma en un campo de batalla entre lo urgente y lo importante. Roba la estabilidad financiera, haciendo que confundas necesidades con deseos o caprichos que simplemente pueden esperar, llevándote a tomar decisiones apresuradas que terminan generando deudas, compromisos y cargas para las que aún no estás preparado. Roba las oportunidades de crecimiento real, impulsándote a tomar atajos movidos por la efusividad en lugar de la sabiduría y roba la claridad espiritual, haciendo que la voz de Dios se escuche lejana mientras las distracciones se vuelven ruidosas.

Cuando el caos gobierna, todo se desordena por dentro, la mente se llena de ruido, el corazón se fatiga y la vida pierde dirección. Porque la ansiedad ocupa el alma y la confusión la acompaña de cerca.

Pero la paz regresa cuando aprendemos a entregar lo que nos preocupa a Dios; Ya que la Escritura enseña: *"Echando toda vuestra ansiedad sobre Él, porque Él tiene cuidado de vosotros"* (1 Pedro 5:7). No se trata de negar lo que nos agobia, sino de ponerlo en las manos correctas. La mente se ordena cuando deja de cargar lo que no puede controlar y el corazón se estabiliza cuando recuerda que no está solo. Dios cuida los detalles que tú no puedes manejar y sostiene las piezas que tú no puedes alinear. La paz no llega cuando todo se resuelve, sino cuando confías en Aquel que tiene cuidado de todo.

El caos también ataca la productividad. Dispersando la energía, agotando las fuerzas y sofocando el enfoque. Ya que puedes trabajar mucho, pero sin estructura el esfuerzo se convierte en desgaste. Nada prospera donde no hay dirección. Pablo dijo: *"Hágase todo decentemente y con orden"* 1 Corintios 14:40. Porque la eficiencia no nace de la prisa, sino del propósito. Cuando una vida carece de estructura, la persona termina ocupada pero no fructífera, activa pero sin avance, porque el caos no detiene el movimiento, pero sí impide avanzar en la dirección correcta.

> LA PAZ NO LLEGA CUANDO TODO SE RESUELVE, SINO CUANDO CONFÍAS EN AQUEL QUE TIENE CUIDADO DE TODO.

Sin embargo, muchos no pierden productividad por falta de dirección, sino porque pierden el equilibrio justo cuando las cosas comienzan a avanzar, a crecer o a desarrollarse. Debido a que inician con orden, enfoque y disciplina; y ese inicio les abre puertas y les permite avanzar con estabilidad. Pero a medida que el proyecto, el ministerio, el negocio o los aspectos de su vida personal crecen, no ajustan la estructura al nuevo nivel, y es entonces cuando el desorden empieza a infiltrarse poco a poco, hasta arruinar lo que tanto les costó levantar.

Es entonces cuando el crecimiento, que debía consolidarlos, termina revelando debilidades internas que permanecían ocultas mientras todo era pequeño. Y lo que antes era una base firme, comienza a tambalearse, no por falta de capacidad, sino por no llevar al próximo nivel el sistema de orden con el que iniciaron.

De hecho, a veces el exceso de éxito produce más desorden que el fracaso, porque el corazón se desconcentra y las prioridades se descomponen. Lo que en principio se hacía con dependencia de Dios, pasa a hacerse por costumbre o autosuficiencia, y lo que en el inicio era una estructura respetada, con el tiempo se convierte en una rutina vacía.

Por eso el Señor advierte a Su pueblo: *"Cuídate de no olvidar al Señor tu Dios... No sea que comas y te sacies, y edifiques buenas casas en que habites; que tus vacas y tus ovejas se aumenten, y la plata y el oro se multipliquen, y todo lo que tengas se aumente, y se enorgullezca tu corazón, y te olvides del Señor tu Dios, que te sacó de la tierra de Egipto, de casa de servidumbre."* (Deuteronomio 8:11–14 RVC)

El verdadero orden no solo se demuestra en la escasez, sino en la abundancia, porque mantener la coherencia, la estructura y la estabilidad cuando todo va bien requiere más madurez que buscarlas en tiempos de necesidad.

El éxito no solo prueba que puedes llegar, también revela si sabes permanecer equilibrado, sin permitir que la prosperidad te desenfoque ni te desconecte de los principios que te llevaron hasta allí.

La verdadera productividad no consiste solo en hacer las cosas bien, sino en hacerlas con el corazón correcto y con la motivación adecuada.

El desorden no siempre nace del caos externo; a veces surge del éxito mal administrado.

Puedes estar produciendo mucho, pero si lo haces sin prioridades, sin renovación interior o sin intención de glorificar a Dios, tu productividad se volverá desgaste. Porque lo que comienza con buena intención puede desviarse si el motivo se contamina. La productividad genuina nace cuando el esfuerzo se convierte en adoración, cuando el trabajo refleja excelencia, pero también humildad, y cuando el éxito no desplaza la conexión con la Fuente que te ha provisto todo.

Cuando el caos gobierna, el mensaje se distorsiona, porque quienes deberían ver testimonio, perciben desbalance. El desorden no quita el llamado, pero sí puede empañar su testimonio. La gracia te eleva, pero la madurez te establece, y la verdadera madurez consiste en cuidar con responsabilidad lo que Dios te confía. Es por esto que toda oportunidad que viene de Dios también requiere carácter para sostenerla.

La Escritura enseña: *"El que es fiel en lo muy poco, también en lo más es fiel; y el que en lo muy poco es injusto, también en lo más es injusto"* (Lucas 16:10). La oportunidad no se mide por su tamaño, sino por la fidelidad con la que se administra. No es solo llegar, es mantenerse con coherencia. El orden es una forma de adoración que demuestra que valoras lo que el cielo te entregó. Cuando el corazón se cuida más que la posición, la oportunidad se convierte en legado y no en tropiezo.

Mientras que el caos apaga la visión y nubla la mirada, ya que una mente desordenada es incapaz de proyectar futuro y permanece atrapada en la supervivencia del presente. Quien vive apagando incendios no tiene espacio para encender propósito.

El caos reemplaza la claridad con confusión y el propósito con reacción. La visión necesita calma, dirección y tiempo para ser gestada; pero cuando el corazón es gobernado por el desorden, el mañana se confunde con el pasado, deja de inspirar y comienza a intimidar.

> CUANDO EL CORAZÓN SE CUIDA MÁS QUE LA POSICIÓN, LA OPORTUNIDAD SE CONVIERTE EN LEGADO Y NO EN TROPIEZO.

Por eso, el caos es más que desorganización externa; es desalineación interna. Es el ruido que apaga la voz de la paz, la distracción que mata la productividad, la inestabilidad que cierra oportunidades y la confusión que borra la visión. El caos no se apaga con más movimiento, sino con dirección. Porque el orden no es ausencia de problemas, sino presencia de propósito. Es la manifestación visible de una mente en equilibrio y de un espíritu que camina en armonía con Dios.

CÓMO APLICAR ORDEN EN CADA ÁREA DE TU VIDA

El orden no es solo una virtud, es una herramienta de gobierno personal que te permite administrar correctamente lo que Dios te confía. Cuando se establece, todo encuentra su lugar: la mente se aclara, las emociones se equilibran, las decisiones se vuelven más sabias y la vida fluye con propósito. Aplicar orden en cada área no significa rigidez, sino coherencia. Es aprender a armonizar lo interno con lo externo, lo espiritual con lo práctico y lo urgente con lo importante. Porque el orden no se limita a tener las cosas bajo control, sino a vivir con dirección, propósito y prioridades alineadas.

Orden emocional: El orden emocional no consiste en eliminar lo que sientes, sino en aprender a gobernarlo desde un corazón saludable. Las emociones no son enemigas, son señales que, bien administradas, pueden convertirse en herramientas de crecimiento. Una vida emocional desordenada reacciona, pero una vida emocional ordenada responde con sabiduría. No se trata de dejar de sentir ira, tristeza o temor, sino de aprender a canalizarlas sin perder el enfoque ni la dirección de Dios.

Hay quienes, movidos por el enojo, destruyen relaciones que luego lamentan. Pero también hay quienes, impulsados por ese mismo sentimiento, enfrentan lo que antes evitaban, y resuelven situaciones que, de no haberse enojado, jamás hubieran cambiado.

Hay quienes, dominados por la tristeza, abandonan procesos que Dios aún no ha terminado. Pero hay quienes, al pasar por ella, encuentran en su quebranto una oportunidad para depender más del Señor y descubrir su consuelo. Hay quienes, paralizados por el miedo, se detienen justo cuando estaban a punto de avanzar. Pero hay quienes transforman el miedo en dependencia, y en lugar de retroceder, lo usan como impulso para dar un paso de fe.

Poner orden emocional no significa apagar el corazón, sino permitir que Dios lo dirija. Implica detenerte antes de hablar, respirar antes de reaccionar, y orar antes de decidir. Es reconocer que no todo lo que sientes es una instrucción, y que la madurez consiste en dejar que el Espíritu Santo gobierne lo que sientes, piensas y haces. Un corazón enfocado produce respuestas sabias donde antes solo había reacciones impulsivas.

Orden financiero: El orden financiero no se trata solo de administrar bien el dinero, sino de vivir con honra, responsabilidad y buena mayordomía. La verdadera sabiduría financiera no consiste en dejar de disfrutar lo que Dios te permite tener, sino en aprender a hacerlo con equilibrio y propósito. Porque el orden no prohíbe disfrutar el fruto del trabajo, solo enseña a hacerlo sin comprometer el futuro. Y con el fin de ayudarte a establecer un orden financiero sólido y equilibrado, te comparto los siguientes pasos:

Primer paso: sé sincero, porque no se puede sanar lo que se niega. Mirar las finanzas con honestidad, hacer una lista de deudas, reconocer compromisos y enfrentar lo que se ha ignorado no es debilidad, es madurez. Dar la cara, establecer acuerdos y comenzar a honrar compromisos libera de cargas y aclara el rumbo. El manejo adecuado de las finanzas no empieza cuando el dinero sobra, sino cuando se es fiel con lo poco que se tiene.

Segundo paso: restaura la confianza y el testimonio financiero. Un crédito dañado o una deuda sin atender no solo reflejan números rojos, también revelan áreas del carácter que aún necesitan formación. Restaurar el testimonio financiero es un acto de responsabilidad. Aprender a cuidar tu reputación económica te enseña a valorar la credibilidad como una extensión de tu testimonio cristiano.

Tercer paso: vive con propósito financiero. Esto significa planificar, priorizar y sembrar con intención. No se trata solo de cubrir gastos, sino de construir legado. Dios no bendice la improvisación, sino la fidelidad y el buen manejo de lo que pone en tus manos. La estabilidad financiera no surge de la emoción pasajera, es resultado de decisiones guiadas por principios. El orden financiero no comienza cuando tienes más, sino cuando aprendes a hacer más con lo que tienes.

Orden en lo que consumes: el orden también se refleja en tu enfoque y en cómo alimentas tu interior. En las páginas de internet y perfiles de redes sociales que frecuentas, en los grupos en los que participas y en los mensajes que permites influir en tu forma de pensar, ya que todos ellos, de manera silenciosa, van moldeando tus convicciones y decisiones.

Lo que ocupa tu atención se convierte, poco a poco, en la voz que orienta tus elecciones. El desorden digital no siempre se nota, pero sus efectos se sienten, porque pasas tiempo conectado a plataformas digitales, pero cada vez más desconectado de tu propósito.

El orden en este ámbito comienza con discernimiento porque no todo lo que entretiene edifica, ni todo lo que informa transforma. Las redes pueden ser un espacio importante de desarrollo o un profundo abismo de distracción; todo depende de la intención con la que se usen.

Por lo que te invito a preguntarte lo siguiente: *¿Las páginas que sigo le suman a mis valores y principios, o los diluyen? ¿A causa del contenido que consumo me vuelvo más sabio o solo más distraído?*

No sigas páginas para distraerte, sino para edificarte. No permitas que tu tiempo en línea te reste claridad, sino que te sume dirección. En lugar de llenar tus horas con información vacía, comienza a seguir contenido selectivo que te inspire a cuidar tu salud, tu fe y tu desarrollo personal; entonces verás como el mismo espacio que antes te robaba tiempo, se transforma en plataforma de formación y aprendizaje constante. Aprender a seleccionar lo que ves y escuchas no es rigidez, es madurez.

Orden en las relaciones: El orden también alcanza las relaciones, porque no se puede hablar de una vida ordenada mientras se mantienen vínculos que Dios no aprueba o que no cuentan con Su respaldo. Hay relaciones que edifican, pero también hay relaciones que atan, contaminan y nos desvían del propósito de Dios para nuestras vidas.

El desorden relacional es uno de los más peligrosos, porque suele disfrazarse de amor, compañía o necesidad, pero termina robando libertad, paz y dirección. Quien desea vivir en verdadero orden debe discernir cuáles relaciones deben afirmarse y cuáles deben cerrarse.

El orden demanda poner en su lugar lo que está fuera de lugar, y eso incluye las uniones almáticas: vínculos emocionales que atan el alma a personas o situaciones fuera de la voluntad de Dios. Estas pueden manifestarse en noviazgos sin pureza, uniones conyugales sin pacto o amistades dependientes que se sostienen más por necesidad que por propósito.

En el matrimonio, el orden demanda legitimidad. La bendición de Dios no descansa sobre la convivencia sin compromiso. Donde hay pacto, hay cobertura y propósito; donde no lo hay, se multiplica la culpa y el desgaste.

En el noviazgo, el orden demanda honra. El amor genuino se demuestra con respeto y espera. La pureza no es represión, es protección. Un noviazgo ordenado no busca probar, busca preservar. Esperar no retrasa la bendición, la perfecciona; porque la espera madura el carácter, purifica la intención y demuestra que el amor es más fuerte que el impulso.

En las amistades, el orden demanda discernimiento. No todas las conexiones son asignaciones. Algunas personas llegan como compañía, pero permanecen como distracción. El alma se puede apegar tanto a alguien que termine dependiendo de su aprobación más que de la voz de Dios. El orden enseña a rodearte de personas que suman, edifican y te ayudan a avanzar sin contaminar tu corazón.

LOS ELEMENTOS ESENCIALES DEL ORDEN

Estructura: La estructura es el esqueleto invisible que da forma, soporte y dirección a todo lo que Dios decide edificar. Sin estructura, incluso lo que nace de Dios se vuelve frágil: el crecimiento se transforma en carga, la energía se dispersa y la visión pierde integración.

Tener estructura no significa perder flexibilidad; significa ganar claridad, sostenibilidad y dirección. La estructura no ahoga la vida, la protege; permite que lo que crece no se deforme y que lo que avanza no se desgaste.

En la **vida personal,** la estructura se refleja en hábitos, prioridades claras y una administración consciente del tiempo y la energía.

En la **familia**, se manifiesta en acuerdos definidos, límites saludables y responsabilidades compartidas. En la **iglesia**, se expresa a través de liderazgo ordenado, comunicación clara y una visión bien alineada. Y en la **empresa**, se evidencia en planificación, procesos establecidos y roles bien definidos.

Propósito: El propósito es la razón que sostiene cada acción y el hilo que conecta las decisiones con el destino. Sin propósito, el orden se convierte en rutina vacía; pero cuando el propósito guía, cada proceso adquiere sentido y dirección.

El propósito no se inventa ni se improvisa; se descubre. Nace del corazón de Dios, no de la ambición humana. Por eso no depende de circunstancias favorables, sino que permanece firme tanto en la estabilidad como en el cambio.

Quien tiene un propósito claro no vive disperso ni dominado por la ansiedad. Comprende que la fidelidad en lo pequeño prepara el terreno para lo grande y que permanecer en el lugar correcto, aun cuando parezca repetitivo o silencioso, también es avanzar. El propósito no solo define lo que haces, sino también lo que eliges no hacer para proteger aquello a lo que fuiste llamado.

Dirección: La dirección es lo que convierte el movimiento en avance. No todo el que se mueve progresa; algunos solo se desgastan porque caminan sin rumbo definido.

Caminar con dirección no significa tener todo el mapa, sino obedecer el paso que Dios revela hoy. La fe madura no exige visibilidad total; responde con obediencia a la luz disponible, confiando en que cada paso correcto abre la claridad necesaria para el siguiente.

Para sostener la dirección se requieren tres virtudes esenciales: discernimiento, para oír la voz correcta; paciencia, para no adelantarse al tiempo de Dios; y coherencia, para vivir alineado con lo que se cree. La dirección no se mide por la velocidad del avance, sino por el nivel de alineación con el propósito.

Autoridad: La autoridad no oprime; protege. No limita; posiciona. Cuando se camina fuera de cobertura, el talento queda expuesto y la visión se fragmenta, porque todo lo que avanza sin autoridad, aunque parezca grande o exitoso, se sostiene sobre un fundamento frágil y vulnerable.

Caminar bajo autoridad no apaga la voz; le añade respaldo. Jesús mismo esperó el tiempo del Padre, demostrando que la verdadera autoridad no se impone, se recibe, y que nace de una sujeción consciente y obediente.

Reconocer autoridad es un acto de humildad y sabiduría. Quien honra la autoridad bajo la cual sirve atrae favor, orden y crecimiento. La autoridad no quita libertad; otorga legitimidad. Todo lo que se mueve bajo cobertura se mueve con respaldo, y lo que cuenta con respaldo puede sostenerse en el tiempo.

Armonía: La armonía es la expresión más madura del orden. No es uniformidad ni ausencia de tensiones; es la capacidad de integrar diferencias bajo un mismo propósito. Donde hay armonía, la estructura produce paz y la diversidad se convierte en fortaleza, no en división.

La armonía no elimina el conflicto; lo gobierna. Dios utiliza la convivencia y el roce para revelar carácter, corregir actitudes y formar madurez. Cuando no hay armonía, las diferencias compiten; cuando la hay, se coordinan.

Las relaciones con propósito no siempre son cómodas, pero siempre son formativas. Así como el hierro afila al hierro, las diferencias bien gestionadas no fragmentan: fortalecen, perfeccionan y hacen avanzar.

NO TE ACOSTUMBRES AL DESORDEN

El desorden no es una condición inofensiva ni una simple forma de ser. Muchos dicen: *"Yo funciono así; me entiendo en mi desorden"*, pero esa es una mentira peligrosa. El desorden puede sentirse cómodo por un tiempo, pero en realidad es una cárcel invisible que roba enfoque, energía y dirección, mientras aparenta darte libertad.

El desorden no se acomoda; se confronta. Y mientras más se normaliza, más difícil se vuelve avanzar. En cambio, cada paso de orden que das te devuelve claridad, fortaleza y estabilidad, porque el orden no limita: libera.

Cuando eliges ordenar tu vida, tus prioridades y tus pensamientos, eliges crecer, avanzar y manifestar todo aquello para lo cual fuiste diseñado.

En conclusión, el orden se sostiene sobre estructura, propósito, dirección, autoridad y armonía. Juntos forman los cimientos invisibles de una vida estable, productiva y bendecida.

ORACIÓN DE CIERRE

Padre celestial, en este día levanto mi voz delante de Ti y renuncio a todo ciclo de desorden que ha robado mi paz y detenido mi avance. En el nombre poderoso de Jesús, corto la influencia de la confusión, de la dispersión y de la mediocridad sobre mi vida.

Declaro que Tu luz ilumina cada área de caos para que sea transformada y sometida al principio del orden. Espíritu Santo, dame sabiduría para establecer sistemas permanentes en lo espiritual, en lo emocional, en lo físico, en lo financiero y en lo relacional.

Alinea mis decisiones diarias con Tu voluntad y enséñame a sostener el orden aun cuando nadie me observe.

Dame constancia para cuidar lo que hoy establezco y discernimiento para no volver a abrir puertas que ya cerraste.

Que mi vida refleje el gobierno de Tu Espíritu y no la improvisación del cansancio.

Con la fe puesta en Jesús, afirmo y establezco: que donde había desorden, ahora habrá avance; donde había estancamiento, habrá progreso; y donde había frustración, habrá plenitud. Lo creo, lo recibo y lo establezco en el nombre de Jesús. ¡Amén!

PALABRA DE COMPROMISO

Hoy decido, con plena convicción, romper todo ciclo de desorden en mi vida. Me levanto en la autoridad de Cristo para establecer el principio del orden como un estilo permanente y no como un intento pasajero. Rechazo la confusión que nublaba mi mente, la dispersión que debilitaba mi enfoque y la mediocridad que limitaba mi propósito.

Declaro que cada área de mi vida se alinea bajo la luz y la dirección de Dios; y que donde había caos, ahora habrá paz; donde había estancamiento, ahora habrá avance; y donde había confusión, ahora habrá claridad. Porque el orden abre las puertas que el desorden cerró, restaura lo que se había perdido y me sostiene firme en el propósito eterno para el cual fui creado.

Asumo responsabilidad por mis decisiones diarias y dejo de postergar lo que Dios me ha pedido establecer con diligencia. Entiendo que el orden no es rigidez, sino obediencia consciente que produce estabilidad y fruto duradero.

Elijo honrar a Dios en lo pequeño, sabiendo que ahí se prueba mi fidelidad y se prepara lo mayor.

No vuelvo atrás a hábitos que me desalinean ni a estructuras que contradicen el diseño divino sobre mi vida.

Por tanto, a partir de ahora, me comprometo delante de Dios y de mí mismo a caminar en orden, a sostenerlo con constancia y a defenderlo con convicción, sabiendo que es la llave que me conecta con la excelencia, guarda mi avance y me asegura permanecer en el diseño divino hasta el cumplimiento total de Su propósito.

LA OBEDIENCIA A DIOS DE FORMA ABSOLUTA Y NO RETRASADA

La expresión más alta de fe, honra y amor hacia Dios

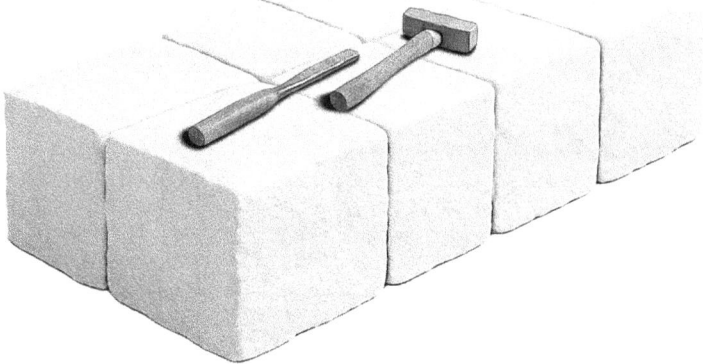

El Señor escogió a un pueblo para hacer de él Su tesoro especial y, a través de sus vidas, mostrar a las demás naciones Su poder, Su fidelidad y Su majestuosidad. Ese pueblo fue Israel. A quienes, desde Abraham, el Señor les había prometido entregar una tierra fértil y abundante: un lugar de provisión y riqueza, donde nada les faltaría; un espacio seguro donde pudieran crecer como nación y vivir bajo el cuidado de Su pacto.

Cuando finalmente llegó el tiempo de cumplir esa promesa, Dios levantó a Josué como sucesor de Moisés para guiarlos en la conquista de la tierra prometida. Y lo impresionante es que, bajo su liderazgo, Israel no tuvo que depender de su fuerza militar ni de estrategias humanas, porque Dios mismo peleaba por ellos. Murallas se derrumbaron sin armas de guerra, ejércitos cayeron sin comparación, y el favor de Dios se manifestó de manera sobrenatural.

No hubo una sola batalla que perdieran mientras permanecieron en obediencia, con una sola excepción: Hai.

Hai no era una ciudad imponente ni una amenaza militar significativa. De hecho, era pequeña, cercana a Bet-el, y su nombre significa "ruina". Por eso, luego de haber conquistado la ciudad fortificada de Jericó, asumieron que aquella batalla sería sencilla, casi automática. Sin embargo, lo que parecía una confrontación menor se convirtió en una derrota inesperada.

No por la fuerza del enemigo, sino por una grieta interna llamada desobediencia. Acán transgredió la instrucción divina al tomar lo que Dios había prohibido, y su acto atrajo derrota sobre toda la nación.

La caída frente a Hai dejó en evidencia una verdad espiritual profunda: cuando el orden de Dios se altera, aun lo pequeño puede detener el avance. No fue Hai lo que venció a Israel; fue la desobediencia la que les quitó la cobertura que hasta ese momento los había sostenido.

Pero una vez que el pecado fue tratado conforme a lo que Dios había ordenado, Israel volvió a experimentar la victoria. El territorio que en un principio fue ocasión de vergüenza quedó reducido a nada cuando el pueblo decidió caminar nuevamente en obediencia (ver Josué 7–8).

Este relato nos enseña que la victoria de Israel nunca estuvo en sus armas, sino en su obediencia al Dios que los respaldaba. Cuando obedecían, eran imparables; cuando desobedecían, aun las batallas más pequeñas los derrotaban. Por esta razón, cuando Josué llegó al final de su vida, hizo tres cosas fundamentales:

1. **Motivó al pueblo a no olvidar** la manera sobrenatural en que Dios había estado con ellos.

2. **Los instó a obedecer al Señor** en todo tiempo y sin reservas.

3. **Les advirtió sobre las consecuencias** de apartarse de la voluntad de Dios.

Y como un sello de todo su liderazgo, pronunció las palabras que se han convertido en uno de los mayores legados espirituales de la historia: *"Pero si les parece mal servir al Señor, elijan ustedes mismos a quiénes van a servir: a los dioses que sirvieron sus antepasados al otro lado del río Éufrates, o a los dioses de los amorreos, en cuya tierra ustedes ahora habitan. Por mi parte, mi familia y yo serviremos al Señor"* (Josué 24:15 NVI).

Sin embargo, a pesar de las advertencias de Josué, el libro de los Jueces abre con una realidad dolorosa: Israel comenzó a negociar con aquello que Dios les había mandado a eliminar. Dejaron vivos a pueblos y enemigos que debían ser destruidos por completo; y lo que no se dispusieron a erradicar, terminó siendo de tropiezo y finalmente de muerte para ellos.

Ya que lo que toleraron en un inicio como algo pequeño, luego se transformó en cadenas que los ataron. Aquellos enemigos que parecían inofensivos se convirtieron en verdugos que los llevaron a la opresión y al dolor. Con relación a esto, Dios les habló vehementemente diciendo: *"No los echaré de delante de ustedes, sino que serán como espinas en su costado, y sus dioses les serán lazo para ustedes"* (Jueces 2:3 NBLA).

Esto nos revela una verdad que atraviesa generaciones: **lo que no matas en obediencia, siempre termina trayendo muerte sobre ti.**

Esta historia no es un simple registro histórico, sino un espejo para nosotros. Por lo que justo en este tramo de tu vida deberías de forma intencional y profunda preguntarte ¿Qué cosas que Dios te mandó a erradicar has dejado vivas? Tal vez sea un hábito secreto, un pensamiento tóxico, una relación dañina o un patrón de vida que sabes que no agrada al Señor. Sea lo que sea, es muy importante que recuerdes que lo que decides tolerar, terminará gobernándote y el pecado que justifiques hoy, mañana te esclavizará.

LO QUE DECIDES TOLERAR, TERMINARÁ GOBERNÁNDOTE Y EL PECADO QUE JUSTIFIQUES HOY, MAÑANA TE ESCLAVIZARÁ.

La obediencia a Dios no puede ser parcial, selectiva ni negociable. Debe ser radical y absoluta. Radical, porque no deja espacio a concesiones con el pecado. Absoluta, porque no admite retrasos ni dilaciones. Cada vez que Israel postergó obedecer, las consecuencias fueron sufrimiento y derrota. Mientras que cada vez que obedeció de inmediato, el resultado fue victoria y favor.

LA URGENCIA DE UNA OBEDIENCIA RADICAL Y ABSOLUTA

La mejor manera de hacer que tu vida este guiada por el propósito para el cual fuiste creado, es obedeciendo a Dios siempre, sin retrasos y de forma radical.

Ya que cuando Él da una orden no se limita a lo que ves hoy, sino que también contempla el futuro que todavía no alcanzas a percibir. Lo que a ti te parece pequeño e insignificante, Él sabe que puede convertirse en tu ruina y lo que piensas que puedes controlar, Él sabe que puede llegar a esclavizarte. Por lo que obedecer sin retrasos es reconocer que Dios sabe más que nosotros y que Su instrucción nunca es opcional. Es una barrera que nos protege de caer en las trampas del enemigo y una llave que abre el camino hacia la herencia preparada por Dios que, en el tiempo perfecto, Él mismo traerá.

Dicho de otra forma: obedecer es vida; desobedecer es muerte. Y no se trata únicamente de muerte física, sino de una muerte interior y progresiva: sueños que se apagan, propósitos que se detienen, matrimonios que pierden vida, ministerios que se desorientan, amistades que se fracturan, oportunidades que se cierran y corazones que poco a poco dejan de percibir la voz de Dios. Porque cada vez que obedecemos, la vida se activa en nuestro interior; pero cada vez que desobedecemos, algo dentro de nosotros comienza a morir.

La obediencia absoluta abre los cielos, activa el favor y desata el respaldo. Mientras que la obediencia retrasada es casi siempre desobediencia disfrazada.

Nuestra obediencia a Dios debe ser radical, porque Él tiene todos los derechos reservados sobre nosotros, así que cuando nos pide obediencia absoluta, nos invita a reconocer que Él es la razón de nuestra existencia y la Fuente de nuestra procedencia. (ver Salmos 100:3)

Dios es el Dueño de nuestra vida, de nuestros talentos, de los recursos que manejamos y del espacio que ocupamos. La Escritura lo expresa con absoluta claridad, diciendo: *"De Jehová es la tierra y su plenitud; el mundo, y los que en él habitan"* (Salmos 24:1).

Muchos saben esto, pero no honran lo que saben. Porque reconocer a Dios como el Dueño absoluto de todo significa vivir con la conciencia de que nada nos pertenece realmente; y que todo lo que tenemos es un préstamo divino.

Cada recurso, don y oportunidad que Él nos ha confiado tiene un propósito que trasciende nuestros propios planes, comodidades e intereses.

Por eso, la verdadera obediencia no está solo en decir "Señor, te reconozco como mi Dueño", sino rendirnos a Su voluntad y permitir que lo que Él nos ha dado cumpla el propósito para el cual nos fue entregado.

Con relación a esto, Dios mismo dio testimonio de David diciendo: *"He hallado a David hijo de Isaí, varón conforme a mi corazón, quien hará todo lo que yo quiero"* (Hechos 13:22).

La honra que David mostró a Dios no estuvo en hacerlo todo perfecto, sino en tener un corazón dispuesto a obedecerle, aun cuando no entendiera el panorama completo.

Pero la obediencia que a Dios le agrada no se manifiesta únicamente en grandes posiciones o en figuras de renombre. También en escenarios sencillos hubo quienes reconocieron que el Señor es el Dueño absoluto de todo. Tal fue el caso del hombre al que pertenecía el pollino que Jesús necesitaba para entrar en Jerusalén. Cuando los discípulos le dijeron: *"El Señor lo necesita"*, aquel hombre no se negó ni puso condiciones para entregar lo que el Señor le demando sino que sin resistencia ni demora, lo entregó (Ver Lucas 19:30-34) mostrando que lo que el Dueño y Señor de todo demanda, no debe ser retenido por quienes solo lo administran.

Es una injusticia que todo lo que recibimos provenga de la mano de Dios, y que al momento de Él pedirnos algo, lo retengamos como si fuera nuestro. David lo entendió y lo expresó con humildad cuando dijo: *"Pues todo es tuyo y de lo recibido de tu mano te damos"* (1 Crónicas 29:14).

> RECONOCER A DIOS COMO EL DUEÑO ABSOLUTO DE TODO SIGNIFICA VIVIR CON LA CONCIENCIA DE QUE NADA NOS PERTENECE REALMENTE; Y QUE TODO LO QUE TENEMOS ES UN PRÉSTAMO DIVINO.

En otras palabras, obedecer a Dios es reconocer que Él es el Dueño de todo, que nosotros somos simples administradores; y que como administradores, no tenemos derecho a retener lo que Él nos pide. Nuestra obediencia es el acto que confirma que reconocemos Su señorío y que lo que Él demanda no es una opción que podamos negociar, es un derecho divino que debemos honrar con entrega total y sin retraso.

Ahora bien, al hablar de este nivel de entrega no me refiero solamente a cosas materiales, porque hay quienes pueden darle a Dios recursos, tiempo o talentos, pero no se han ofrecido a sí mismos por completo. Sin embargo, **la obediencia verdadera no se mide solo en lo que damos de lo que tenemos, sino en lo que entregamos de lo que somos.**

Aquí tienes el texto **solo corregido**, con mejor fluidez y precisión, sin cambiar el contenido ni el enfoque:

Con relación a esto, la Biblia declara: *"Así que, hermanos, yo les ruego, por las misericordias de Dios, que se presenten ustedes mismos como un sacrificio vivo, santo y agradable a Dios. ¡Así es como se debe adorar a Dios!"* (Romanos 12:1 RVC).

La mayoría de los comentaristas sugieren que, cuando Pablo escribió este pasaje, hacía referencia al sacrificio que se presentaba como holocausto en el Antiguo Testamento, el cual, a diferencia de otras ofrendas, se quemaba por completo y no se reservaba ni se guardaba nada. Todo se consumía en el fuego y subía como olor grato delante del Señor.

> QUE LO QUE EL DUEÑO Y SEÑOR DE TODO DEMANDA, NO DEBE SER RETENIDO POR QUIENES SOLO LO ADMINISTRAN.

Ese es el nivel de entrega al que Dios nos llama: a que nuestra vida entera sea un sacrificio vivo, donde no reservemos áreas ocultas ni rincones intocables. Todo debe ser entregado; nada debe ser preservado.

Por eso, considera hoy cuál es esa parte de tu vida que aún no has entregado al Señor y que te ha impedido ser el sacrificio vivo que Él espera que seas. Tal vez sea un área de tu carácter, un sueño personal, un hábito oculto o una relación que sabes que no glorifica a Dios. Porque mientras sigas reteniéndolo, tu entrega seguirá siendo parcial, y Dios no acepta sacrificios a medias.

Fuimos creados para glorificar al Dios que nos ha creado. La Escritura lo afirma claramente al decir: *"A todos los llamados de mi nombre, para gloria mía los he creado, los formé y los hice"* (Isaías 43:7). Si fuimos creados para Su gloria, ¿cómo podemos negar rendirle aquello para lo cual Él nos ha creado? Es una injusticia que todo lo que somos provenga de Dios, y aún así nos resistamos a entregarnos por completo a Él.

En conclusión, obedecer de forma radical significa comprender que **no somos dueños de nada, ni siquiera de nosotros mismos**. Somos propiedad del Dios que nos formó para Su gloria, y la única respuesta digna a Su llamado es la entrega absoluta: cuerpo, alma y espíritu, como un sacrificio vivo que le honra y le glorifica en todo.

OBEDECER ES CONFIAR, AUN EN LA PRUEBA

Así como obedecer a Dios significa rendirle lo que tenemos y lo que somos, también se manifiesta en otro aspecto que solemos olvidar: nuestra confianza en Él, en medio de las pruebas y los procesos. La obediencia no solo se mide en actos visibles de entrega, sino también en la disposición de nuestro corazón para permanecer firmes, aun cuando todo a nuestro alrededor parece derrumbarse.

Obedecer en medio del dolor significa no dejar que la ansiedad nos arrastre, que los atajos nos seduzcan, ni que nuestros propios criterios nos gobiernen. Significa mantenernos bajo la única dirección que importa: la voz de Dios, confiando en que, aunque no entendamos, Él sigue siendo fiel.

La verdadera obediencia se prueba cuando no hay resultados inmediatos, cuando todo parece ir en dirección contraria, cuando la realidad parece contradecir la promesa. Se revela cuando se sigue sembrando sin ver fruto, cuando se ora aun sin sentir, cuando se sirve sin aplausos, cuando se da sin recibir, cuando se perdona sin que haya arrepentimiento y cuando se permanece fiel incluso en los silencios de Dios. Es allí donde la obediencia deja de ser un acto momentáneo y se convierte en carácter, y donde se evidencia que la confianza está puesta más en la voz de Dios que en las circunstancias que rodean la vida.

QUIEN HA DECIDIDO OBEDECER A DIOS CON TODO EL CORAZÓN NO ANTEPONE SUS INTERESES, EMOCIONES NI CONVENIENCIAS AL DESEO DE SU HACEDOR.

Porque donde muchos se apartan, el obediente se asegura de estar exactamente donde Dios lo quiere y de permanecer haciendo lo que Él ha ordenado, aunque duela, aunque cueste y aunque parezca que nada cambia. Quien ha decidido obedecer a Dios con todo el corazón no antepone sus intereses, emociones ni conveniencias al deseo de su Hacedor.

Un ejemplo poderoso de esto es el de Jeremías, a quien Dios llamó a profetizar a un pueblo rebelde que no le quería escuchar. Su obediencia lo llevó a prisiones, burlas y lágrimas. Humanamente parecía un fracaso, porque nadie cambiaba, nadie lo aplaudía, nadie lo celebraba. Sin embargo, Jeremías permaneció obediente, aún en el dolor, porque entendió que su tarea no era producir resultados, sino ser fiel al mandato que el Señor le había dado.

Otro ejemplo es el de Ananías en Damasco (ver Hechos 9:10-17). Ya que, cuando Dios lo envió a orar por Saulo de Tarso, el perseguidor de la iglesia, todo parecía ilógico y peligroso. Sin embargo, Ananías obedeció, confiando más en la fidelidad de Dios que en sus propios temores. Esa obediencia abrió la puerta para que Saulo fuera transformado en el apóstol Pablo, el poderoso instrumento usado por Dios para predicar el evangelio a los gentiles, y escribir más del 40% del Nuevo Testamento.

Estos relatos nos muestran que la obediencia en medio de la prueba no siempre parecerá lógica; muchas veces desafía el razonamiento humano y contradice el sentido común. Pero es precisamente ahí donde la fe se vuelve más pura, porque decide confiar sin explicación, sabiendo que Dios nunca se equivoca, aún cuando no revela el porqué de las cosas.

CÓMO SOSTENER LA FE CUANDO EL CIELO PARECE RESPONDER A TODOS, MENOS A TI

Quizás uno de los momentos más difíciles de sobrellevar en

la vida de fe es cuando vemos que lo que tanto hemos pedido con lágrimas, ayuno y oración, Dios lo ha hecho en la vida de otros, pero no en la nuestra. Ese escenario duele, porque no solo confronta nuestra espera, sino también nuestra humanidad. Y de manera inevitable, hace que surja la pregunta: "¿Por qué a ellos sí y a mí no?"

Esa pregunta no es falta de fe, es el grito sincero de un corazón que no entiende el silencio divino. Porque muchas veces, lo más difícil de enfrentar no es la negativa aparente, sino ver que otros reciben exactamente lo que tú has estado esperando que Dios haga por ti. Y aunque te alegras genuinamente por ellos, en lo profundo del corazón no puedes evitar mirar tus manos vacías mientras otros celebran el cumplimiento de lo que tú deseas.

Es en ese punto donde el enemigo intenta torcer la perspectiva y sembrar pensamientos de injusticia, insinuando que Dios se ha olvidado de ti o que no eres digno de lo que anhelas. Pero en realidad, Dios no te ha negado lo que pediste, solo está trabajando en el tiempo y la versión de ti que podrá sostener todo lo que viene sin perderse. Por lo que el proceso de espera no es un castigo, es una formación; y lo que hoy parece retraso, mañana se revelará como protección.

Dios no reparte bendiciones por favoritismo ni olvida las oraciones de Sus hijos, sino que cada vida tiene un diseño único y un reloj celestial que no se atrasa ni se adelanta. Y a veces lo que parece un "no" definitivo, es en realidad un "todavía no", y lo que parece un silencio interminable, puede ser la manera en que Dios nos está protegiendo de algo que aún no entendemos.

Un ejemplo claro de esto es la vida de Ana, la madre de Samuel, quien lloraba amargamente por no poder concebir, mientras veía a Penina, la otra esposa de Elcana, tener hijos sin ninguna dificultad. Para Ana, aquello era desgarrador; sin embargo, en el tiempo de Dios, su vientre se abrió y de su dolor nació Samuel, uno de los profetas más grandes de Israel. Quedando demostrado que el retraso que tanto la afligió no fue un descuido de Dios, sino parte de un plan mayor: que su hijo viniera al mundo en el momento exacto en que Israel necesitaba un juez y profeta que los guiara. Así también, lo que otros reciben antes que tú no significa que Dios te haya olvidado. Él sabe cuándo, cómo y para qué darte lo que en su debido momento Él ha de entregarte.

En ese mismo orden, a veces el Señor no concede lo que se pide en el momento en que se espera, no por desinterés, sino porque Su propósito es mayor de lo que se alcanza a comprender. Por eso, en lugar de preguntar: "Dios, ¿por qué no a mí?", la pregunta correcta es: "Señor, ¿qué deseas formar en mí a través de este proceso?" La obediencia verdadera no se mide solo cuando recibimos lo que esperamos, sino cuando decidimos seguir confiando y obedeciendo, aunque nuestros ojos vean que otros avanzan y nosotros, aparentemente no. Porque lo que Dios hace en otros no es señal de que se olvidó de nosotros, sino una evidencia de que Él sigue obrando y también lo hará en tu vida, a Su manera y en Su tiempo, que es absolutamente perfecto.

LA VERDADERA OBEDIENCIA A DIOS SE BASA EN EL AMOR, NO EN LA RECOMPENSA

La Biblia dice que Dios recompensa ampliamente a quienes le buscan, y lo confirma con claridad a través de todo el texto sagrado. Sin embargo, las recompensas que el Señor da no deben ser el fundamento de nuestra relación con Él, sino el amor que sentimos por Él. *"Por cuanto en mí ha puesto su amor, yo también lo libraré; le pondré en alto, por cuanto ha conocido mi nombre"* (Salmos 91:14).

Observa el orden: primero está el amor hacia Dios, y como consecuencia vienen las recompensas de Dios. No es la búsqueda de beneficios lo que abre las puertas del favor divino, sino el amor sincero y desinteresado hacia el Señor. Porque **Dios distingue con absoluta claridad entre aquellos que lo buscan por lo que Él es y aquellos que solo lo buscan por lo que Él da.**

> LO QUE OTROS RECIBEN ANTES QUE TÚ NO SIGNIFICA QUE DIOS TE HAYA OLVIDADO. ÉL SABE CUÁNDO, CÓMO Y PARA QUÉ DARTE LO QUE EN SU DEBIDO MOMENTO ÉL HA DE ENTREGARTE.

Dios no puede ser manipulado por una obediencia superficial ni por una búsqueda interesada. Con Él no funcionan las apariencias, porque el Señor escudriña la motivación más profunda del corazón y conoce la intención con la que cada uno se le acerca. Jesús mismo confrontó esto cuando dijo: *"Este pueblo de labios me honra; más su corazón está lejos de mí"* (Mateo 15:8).

Lo mejor que podemos hacer con nuestra vida es desarrollar una relación tan profunda de amor y entrega hacia Dios, que nada de lo que Él decida, ya sea hacer lo que pedimos o simplemente negárnoslo, tenga el poder de desviarnos o decepcionarnos. Porque cuando la motivación con la que buscamos a Dios, es el amor, lo que importa no es el resultado de la petición, sino el deseo profundo que tenemos de agradar Su corazón.

Un corazón que ama a Dios de verdad puede decir, como Habacuc: *"Aunque la higuera no florezca, ni en las vides haya frutos, aunque falte el producto del olivo, y los labrados no den mantenimiento, y las ovejas sean quitadas de la majada, y no haya vacas en los corrales; con todo, yo me alegraré en Jehová, y me gozaré en el Dios de mi salvación"* (Habacuc 3:17-18).

Ese es el nivel de obediencia al que somos llamados: amar a Dios por encima de Sus recompensas, obedecerle aunque no entendamos Sus caminos, y permanecer fieles aunque Él decida algo distinto a lo que esperábamos que hiciera.

> CUANDO LA MOTIVACIÓN CON LA QUE BUSCAMOS A DIOS, ES EL AMOR, LO QUE IMPORTA NO ES EL RESULTADO DE LA PETICIÓN, SINO EL DESEO PROFUNDO QUE TENEMOS DE AGRADAR SU CORAZÓN.

ORACIÓN DE CIERRE

Padre celestial, hoy me rindo por completo delante de Ti. Perdóname por las veces que he retenido lo que me pedías o he obedecido con retraso. Te entrego todo lo que soy y todo lo que tengo, porque reconozco que Tú eres el Dueño de mi vida. Enséñame a obedecerte con amor y no por interés; a servirte aun cuando duela, a confiar en Ti aun cuando no vea resultados. Declaro que mi vida es un sacrificio vivo para Tu gloria, y que en cada decisión, en cada paso y en cada proceso, elegiré honrarte. Dame la gracia de permanecer firme hasta el final, porque mi confianza está en Ti y sé que Tu voluntad es perfecta.

Rinde mi corazón a Tu verdad y guarda mis motivaciones para que no se desvíen.

Fortaléceme cuando el cansancio quiera debilitar mi entrega y cuando el silencio pruebe mi fe.

Ayúdame a no negociar Tu voluntad por comodidad ni a retroceder por temor.

Alinea mis deseos con los Tuyos y hazme sensible a Tu voz en cada temporada.

Que mi obediencia sea constante, mi fe madura y mi testimonio una evidencia viva de Tu obra en mí.

En el nombre de Jesús. ¡Amén!

PALABRA DE COMPROMISO

Hoy decido obedecer a Dios de manera radical y absoluta, sin excusas, sin condiciones y sin retrasos. No quiero seguir negociando con aquello que Él ya me ha mandado a entregar. Rompo con toda resistencia de mi corazón y renuncio a la autosuficiencia que me ha hecho confiar en mis propios criterios. Determino depender únicamente de Su voz y de Su dirección, aun en medio de la espera prolongada, del dolor que no entiendo y de los procesos que me confrontan. Reconozco que Él es el Dueño de mi vida y que yo solo soy administrador de lo que ha puesto en mis manos. Nada de lo que tengo es mío, todo le pertenece a Él. Por eso, hoy me comprometo a entregar lo que Él me pida, a rendir lo que Él demande y a caminar en la dirección que Él me envíe.

Declaro que lo amaré por encima de cualquier recompensa, que le obedeceré aunque mis ojos no comprendan Sus caminos, y que permaneceré fiel aunque Su respuesta no sea la que yo esperaba. Porque más que Sus dádivas, anhelo Su presencia y más que Sus recompensas, deseo Su voluntad.

Hoy me levanto con una decisión irrevocable: vivir para honrarle con obediencia total. Y con esta entrega, afirmo que nada ni nadie tendrá poder de apartarme de Su propósito eterno.

ACTUAR CON LA DEBIDA SABIDURÍA Y ENTENDIMIENTO

El principio que evita el tropiezo, afina la visión y garantiza precisión en cada paso

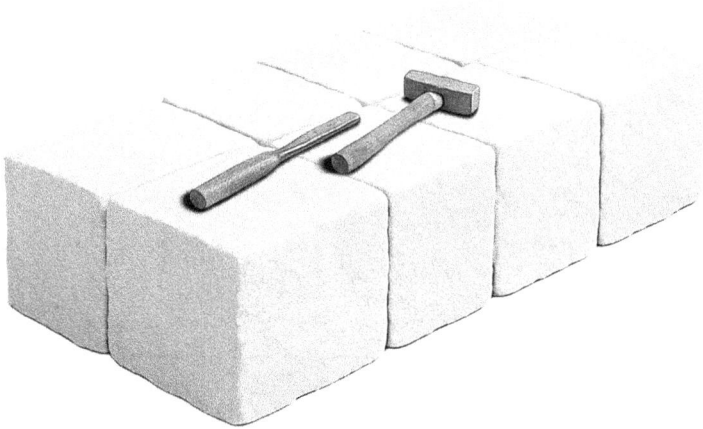

Vivimos en una generación que aplaude el conocimiento, colecciona información y celebra logros, pero ha descuidado lo que realmente sostiene una vida: la sabiduría. Porque saber no es lo mismo que saber vivir. Se puede tener información y aun así tomar decisiones equivocadas; se puede hablar con brillantez y aun así construir sobre terreno frágil; se puede avanzar rápido y, sin embargo, avanzar hacia el lugar equivocado.

El conocimiento llena la mente; la sabiduría gobierna la vida. El conocimiento responde preguntas; la sabiduría define caminos. El conocimiento puede impresionar, pero la sabiduría protege. Y esa es la diferencia decisiva: no es cuánto se sabe, sino cuánto de lo que se sabe está siendo administrado con madurez, equilibrio y dirección.

La sabiduría va más allá de la inteligencia. No es rapidez mental; es claridad espiritual y práctica. Es la capacidad de discernir lo que parece igual, detectar lo que está disfrazado, medir consecuencias antes de actuar y escoger lo correcto en el momento oportuno. La sabiduría no solo evita errores; evita pérdidas innecesarias. Porque hay errores que no cuestan un día: cuestan años.

Por su parte, el entendimiento es lo que le da profundidad a esa sabiduría. La sabiduría puede mostrar el "qué", pero el entendimiento revela el "por qué" y el "para qué". La sabiduría indica la decisión; el entendimiento descubre la raíz. La sabiduría guía los pasos; el entendimiento evita que el corazón se desoriente en el proceso. La sabiduría te dice: "No cruces"; el entendimiento te muestra qué hay al otro lado y por qué no debes hacerlo.

Cuando falta sabiduría, la vida se vuelve reactiva: se responde por impulso, se decide por emoción y se actúa por presión. Pero cuando la sabiduría y el entendimiento gobiernan, la vida adquiere peso: se aprende a esperar, a discernir, a hablar con precisión, a actuar con firmeza y a sostener el propósito con firmeza y claridad.

La sabiduría verdadera se refleja en lo cotidiano: en cómo hablas, cómo manejas tus emociones, cómo respondes ante el conflicto y cómo administras lo que tienes. No se trata de reaccionar por impulso, sino de aprender a detenerte, pensar y actuar con calma.

Existen distintos tipos de sabiduría: la que se adquiere con los años, la que se forma a través de la experiencia y la que se aprende al escuchar buenos consejos. Todas tienen valor, pero ninguna se compara con la sabiduría que proviene de Dios. Porque esta no solo alumbra la mente; transforma el corazón. No se limita a informar, sino que ordena, corrige y dirige la vida desde adentro. Es la que da claridad en medio del caos, discernimiento cuando todo se vuelve confuso y fortaleza para permanecer firmes cuando otros deciden rendirse.

De todos los recursos que una persona puede poseer —dinero, fama, estudios, influencia o talentos— ninguno tiene mayor peso que la sabiduría y el entendimiento que vienen de Dios. Todo lo demás puede abrir puertas, pero solo esta sabiduría enseña a permanecer dentro del propósito correcto y a caminar con estabilidad en cada etapa de la vida. Por eso la Palabra exhorta con claridad: *"Sabiduría ante todo; adquiere sabiduría; y sobre todas tus posesiones adquiere inteligencia"*(Proverbios 4:7).

El texto no presenta esta búsqueda como una sugerencia opcional. No dice "si puedes" ni "cuando tengas tiempo". Dice **ante todo**. Es decir, antes de perseguir riquezas, reconocimiento o conquistas humanas, la prioridad debe ser adquirir la sabiduría y el entendimiento que proceden de Dios, porque son ellos los que determinan cómo se administrará todo lo demás.

El mundo celebra los logros, pero los logros sin sabiduría terminan siendo conquistas vacías que no permanecen. La verdadera grandeza no se mide por cuánto se alcanza, sino por cuánto de lo alcanzado está siendo dirigido y sostenido por la sabiduría del cielo. El mundo exalta la inteligencia humana, pero la inteligencia sin la guía de Dios fácilmente se transforma en orgullo que ciega y en arrogancia que termina destruyendo.

Solo la sabiduría y el entendimiento que provienen de Dios tienen la capacidad de guiarnos con claridad, preservarnos del error y sostenernos firmes en medio de los vientos más fuertes de la vida, porque son el faro que señala el rumbo correcto y el ancla que mantiene estable el corazón cuando todo alrededor es sacudido

LA SABIDURÍA Y EL ENTENDIMIENTO AYUDAN A IDENTIFICAR EL ORIGEN DE LAS COSAS

Uno de los mayores frutos de caminar con la sabiduría y el entendimiento que provienen de Dios es la capacidad de discernir la raíz real de lo que se enfrenta, y no solo reaccionar a lo que se percibe en la superficie. Porque la mayoría de las personas responde a los síntomas, pero pocas saben identificar la causa. Y cuando se combate el síntoma equivocado, aun la fe más genuina puede desgastarse sin producir avance.

No todo lo que ocurre en la vida tiene el mismo origen, ni todo lo que duele debe enfrentarse de la misma manera. Hay batallas que no se vencen resistiendo, procesos que no se atraviesan huyendo y situaciones que no se resuelven solo aumentando la intensidad de la oración, sino afinando el discernimiento con el que se ora. Porque la falta de entendimiento no solo confunde la lectura del momento; también conduce a decisiones equivocadas que prolongan innecesariamente etapas que ya debieron haber terminado.

No es lo mismo un proceso que Dios permite para formar carácter que una consecuencia generada por decisiones fuera de Su voluntad. Tampoco es lo mismo una prueba diseñada para fortalecer la fe que una confrontación espiritual que exige autoridad, discernimiento y alineación espiritual correcta. Tratar todos los escenarios de la misma manera es una de las formas más comunes de estancamiento espiritual. Por eso, no basta con tener fe: se necesita entender qué tipo de escenario se está enfrentando.

> LA SABIDURÍA NO SOLO EVITA ERRORES; EVITA PÉRDIDAS INNECESARIAS. PORQUE HAY ERRORES QUE NO CUESTAN UN DÍA: CUESTAN AÑOS.

Aquí es donde la sabiduría y el entendimiento se vuelven indispensables, porque la sabiduría permite identificar el porqué de lo que se vive, y el entendimiento enseña cómo avanzar sin desviarse del propósito. La sabiduría revela la naturaleza del momento, y el entendimiento determina la respuesta correcta ante él. Juntas, funcionan como llaves del

Reino que impiden reacciones carnales, evitan decisiones impulsivas y posicionan el corazón para responder desde el Espíritu, con madurez, gobierno interior y dirección clara.

LA FORMA EN QUE DEBEMOS ENFRENTAR LO QUE DIOS NOS PERMITE PASAR

Hay momentos en los que lo que enfrentamos no es un castigo ni un ataque del enemigo, sino un proceso divino diseñado por Dios para moldear el carácter, ensanchar la fe y preparar el interior para lo que aún no ha llegado. En esos escenarios, el problema no es el proceso en sí, sino la manera en que se responde a él. Porque un proceso resistido se convierte en desgaste, pero un proceso entendido se transforma en formación.

Cuando se trata de un proceso divino, la forma correcta de atravesarlo no es huyendo, murmurando, quejándose ni resistiendo, sino abrazando la obra que Dios está haciendo y rindiéndose conscientemente a Su formación. Porque no todo lo que incomoda debe ser evitado; hay incomodidades que Dios utiliza como herramientas para producir madurez y la profundidad que Él espera formar en nosotros.

En este punto, la oración no debe centrarse únicamente en pedir que el proceso termine, sino en recibir la gracia necesaria para aprender, discernir y responder correctamente a lo que Dios quiere formar a través de lo que se está viviendo. Orar con entendimiento no acelera el proceso; lo aprovecha.

Job lo comprendió en medio de la pérdida, el dolor y la confusión más profunda que le tocó atravesar. Aunque no entendía lo que estaba ocurriendo, su fe permaneció firme y declaró: *"He aquí, aunque él me matare, en él esperaré"* (Job 13:15). Esa postura no negó el sufrimiento, pero lo colocó en el lugar correcto: bajo la soberanía de Dios. Y fue precisamente esa confianza inquebrantable la que transformó su aflicción en un testimonio eterno de fidelidad y lealtad en medio de la prueba.

De la misma manera, cuando se entiende que lo que se vive forma parte de un proceso divino, la respuesta cambia. Se enfrenta con fe, se abraza con esperanza y se convierte en una plataforma de crecimiento espiritual. Porque después de atravesar un proceso con entendimiento, el corazón es ensanchado, afirmado y preparado.

Lo que hoy parece quebrarte, en las manos de Dios se convierte en el cincel que da forma al propósito para el cual Él ha decidido usarte.

LAS CONSECUENCIAS DEBEN SER ENFRENTADAS CON RESPONSABILIDAD Y MADUREZ

Hay momentos en la vida en los que no se está atravesando una prueba permitida por Dios, sino enfrentando el principio de la siembra y la cosecha, respondiendo a la consecuencia de haber sembrado sin discernimiento. No todo lo que se vive es una batalla espiritual; en ocasiones, es la respuesta directa a decisiones tomadas sin sabiduría. Confundir consecuencias con ataques es una de las formas más comunes de estancamiento, porque lleva a luchar con el enemigo equivocado y a evadir la responsabilidad que el momento exige. Esta verdad puede incomodar a muchos, pero es profundamente reveladora. Porque el cambio genuino no comienza cuando se culpa el entorno, las personas o las circunstancias, sino cuando se asume responsabilidad. Solo quien reconoce su parte en lo que vive puede permitir que Dios transforme no solo la situación, sino también el carácter que la produjo.

Cada decisión deja una marca y conduce a algún lugar. Algunas abren camino, afirman procesos y permiten celebrar el fruto de haber actuado con entendimiento. Otras obligan a regresar a lecciones no aprendidas, a detener el avance y a enfrentar aquello que se evitó comprender a tiempo.

En ocasiones, las consecuencias duelen, detienen y hasta avergüenzan, pero también despiertan y obligan a mirar con honestidad lo que se ignoró por orgullo, prisa o autosuficiencia. Revelan que no se puede edificar una vida firme sobre decisiones impulsivas, ni sostener un propósito elevado con criterios inmaduros.

> CONFUNDIR CONSECUENCIAS CON ATAQUES ES UNA DE LAS FORMAS MÁS COMUNES DE ESTANCAMIENTO, PORQUE LLEVA A LUCHAR CON EL ENEMIGO EQUIVOCADO Y A EVADIR LA RESPONSABILIDAD QUE EL MOMENTO EXIGE.

Las consecuencias no siempre llegan para golpear; muchas veces llegan para revelar. Pero independientemente del efecto que produzcan las consecuencias, Dios no se aparta. Él no cancela Su plan por los errores cometidos ni abandona Su propósito porque hubo fallas.

Por el contrario, redime el dolor, utiliza la consecuencia como aula y transforma lo que parecía pérdida, en formación. Lo que parecía un retroceso, Dios lo convierte en un reinicio, pero con mayor conciencia, más sabiduría y una dirección más clara.

Cuando las consecuencias llegan, el hecho de victimizarse, culpar a otros o justificar malas decisiones atribuyéndolas al enemigo no solo es inútil, también es dañino. Porque esa postura no protege el corazón ni acelera la restauración; al contrario, prolonga el daño, distorsiona lo que comunica el momento y retrasa la obra correctiva que Dios desea hacer.

En ese punto, lo que se requiere no es defensa ni excusa, sino humildad para admitir, claridad para discernir y disposición para ser formado. Porque solo quien se deja corregir puede ser restaurado, y solo quien asume responsabilidad puede avanzar con sabiduría. Entonces la sabiduría y el entendimiento, impulsan:

- **Enmendar**, tomando decisiones concretas para reparar el daño causado.
- **Dar la cara**, sin esconderse ni justificarse, reconociendo con humildad lo que se hizo mal.
- **Sanar**, permitiendo que Dios restaure tanto el interior como las relaciones afectadas.
- **Responder y no reaccionar**, porque reaccionar es dejarse arrastrar por la culpa o la ira, mientras que responder es aprender, corregir y avanzar con madurez.

David es un ejemplo claro de esta verdad. Después de su pecado con Betsabé, tuvo que enfrentar consecuencias dolorosas y no huyó de ellas ni las negó. En el Salmo 51 podemos ver cómo clamó a Dios y permitió que Él tratara profundamente con su corazón. Esa actitud no anuló la consecuencia, pero sí restauró su relación con Dios y reformó su carácter.

Esa misma postura es la que debe asumirse: enfrentar lo que se provocó, corregir lo que esté al alcance y permitir que la gracia de Dios levante, sane y reoriente. Porque aunque la consecuencia duela, la misericordia de Dios siempre abre una puerta para comenzar de nuevo, no desde el mismo lugar, sino con mayor sabiduría, entendimiento y madurez espiritual.

LOS ATAQUES ESPIRITUALES SE DEBEN DISCERNIR Y DESACTIVAR

Hay batallas que no se originan en lo visible, sino en lo invisible. No todo lo que ocurre tiene una explicación humana ni se resuelve desde lo natural. En ocasiones, lo que se enfrenta es una confrontación espiritual cuyo objetivo no es solo provocar circunstancias adversas, sino debilitar la fe, nublar el pensamiento y desenfocar el propósito. El enemigo rara vez se manifiesta de forma evidente; la mayoría de las veces opera de manera sutil, buscando desgastar progresivamente la mente, las emociones y la comunión con Dios, hasta producir cansancio interior y confusión espiritual.

Por eso, el discernimiento no es un lujo, sino una herramienta vital de supervivencia y gobierno. Discernir no es sospechar de todo ni vivir a la defensiva; es ver más allá de lo aparente. Es reconocer cuándo una conversación está cargada de veneno espiritual, cuándo una puerta abierta no proviene de Dios o cuándo una distracción aparentemente inofensiva busca robar enfoque, fuerza y dirección. Quien discierne no reacciona por impulso; responde con estrategia. El discernimiento permite leer el terreno, identificar la fuente real del conflicto y emplear el arma correcta en el momento preciso.

La Escritura lo deja claro: *"No tenemos lucha contra sangre y carne, sino contra principados, contra potestades, contra los gobernadores de las tinieblas de este siglo, contra huestes espirituales de maldad en las regiones celestes"* (Efesios 6:12). Esta declaración no busca generar temor, sino entendimiento espiritual. Ya que reconocer el tipo de guerra que se está librando, es el primer paso para vencerla, porque lo que se identifica con claridad puede enfrentarse con autoridad; pero lo que no se discierne termina gobernando la respuesta y debilitando la posición espiritual.

Por esta razón, uno de los errores más graves en una confrontación espiritual es pelear con armas carnales. Porque la ira, el enojo, la amargura o la venganza no solo carecen de poder en este tipo de guerra, sino que fortalecen al adversario y desgastan al creyente. Aquí la sabiduría enseña que no se trata de reaccionar desde la carne, sino de activar las armas espirituales que Dios ya nos ha entregado, entre ellas:

- **La oración constante**, que conecta la fragilidad humana con la fortaleza de Dios.
- **El ayuno**, que quebranta fortalezas espirituales y alinea el espíritu con la voluntad divina.
- **La fe**, que vence al mundo y neutraliza los dardos del enemigo.
- **La Palabra**, espada de doble filo que confronta, corta y desarma toda mentira.

- **La autoridad en el nombre de Jesús**, ante la cual todo poder de las tinieblas retrocede.

Discernir correctamente no solo evita desgaste innecesario; define la victoria antes de que la batalla se intensifique, porque quien sabe qué enfrenta, sabe cómo responder y desde dónde hacerlo.

Un ejemplo bíblico claro es el de Nehemías, quien se levantó para reconstruir los muros de Jerusalén, una obra que no era únicamente física, sino espiritual y estratégica, pues implicaba restauración, identidad y propósito. Y precisamente por eso, mientras Nehemías avanzaba en la edificación, enfrentó oposición constante de enemigos que intentaron intimidarlo, distraerlo y detener su avance. No solo atacándolo de una forma, sino desde diferentes frentes y con distintas estrategias, revelando que cuando alguien se levanta a edificar algo que glorifica el nombre del Señor, la resistencia no tarda en manifestarse.

Los nombres de sus opositores no solo identifican personas, sino que revelan patrones espirituales de ataque que siguen operando en la actualidad y atacan a quienes deciden obedecer a Dios y avanzar en lo que Él ha encomendado.

- **Sambalat**: cuyo nombre significa *"enemigo que se disfraza"* representa el espíritu de oposición y manipulación que no siempre ataca de frente, sino que se presenta con burla, con falsa preocupación o consejo aparentemente sensato. Sambalat simboliza la resistencia externa que intenta detener la obra a través de la intimidación, la descalificación y la presión constante, buscando que el edificador se canse, dude o abandone lo que Dios le encomendó hacer.

- **Tobías**: cuyo nombre significa *"Dios es bueno"*. Sin embargo, su conducta revelaba lo contrario. Tobías representa la **amenaza interna**, la doble intención y la cercanía peligrosa. Es la figura de quienes están cerca por posición, pero no por convicción; personas que hablan el lenguaje correcto, pero cuyo corazón no está alineado con el propósito correcto. Tobías encarna la traición encubierta y la contaminación interna que, si no se discierne, puede causar más daño que la oposición abierta.

- **Gesem el árabe**: cuyo nombre se asocia con *"tormenta"* o *"lluvia de arena"* representa el espíritu de desgaste y sequedad espiritual. Gesem no siempre se manifiesta con confrontación directa, sino con agotamiento progresivo, cansancio emocional y pérdida de enfoque. Es el ataque que no busca derribar de inmediato, sino debilitar poco a poco hasta provocar abandono.

Estos tres enemigos simbolizan los diferentes tipos de ataques que enfrentan quienes se levantan para edificar algo que glorifique el nombre del Señor: oposición externa, traición interna y desgaste prolongado. Sin embargo, Nehemías discernió que aquello no era casualidad, sino un ataque, y respondió con la estrategia correcta: oración, vigilancia y trabajo constante. Tal como él mismo declaró: *"Entonces oramos a nuestro Dios, y por causa de ellos pusimos guarda contra ellos de día y de noche"* (Nehemías 4:9).

Nosotros, de la misma manera, necesitamos resistir al enemigo con firmeza, cerrar las puertas y no permitir que

sus estrategias nos detengan. Porque no se trata de descender al nivel del ataque, sino de **permanecer en la asignación que el Señor nos ha encomendado. Sabiendo que Dios pelea a favor de quienes disciernen, perseveran y se aferran a Él.**

4. EL ABUSO O MANIPULACIÓN QUE NO DEBEMOS TOLERAR

Finalmente, hay situaciones que no son pruebas, consecuencias ni ataques del enemigo, sino abusos y manipulaciones de ciertas personas, ya que por querer ser "buenos cristianos", muchos permiten que otros los controlen, los desgasten emocionalmente o los usen para fines egoístas, creyendo que eso es humildad o mansedumbre.

En este punto es importante aclarar que la Palabra nos enseña a poner límites sin perder el espíritu de amor. Tal como Jesús nos advirtió diciendo: *"He aquí, yo os envío como a ovejas en medio de lobos; sed, pues, prudentes como serpientes, y sencillos como palomas"* (Mateo 10:16). Y es que la sencillez no significa ingenuidad ni esclavitud, significa caminar con un corazón puro, pero con ojos abiertos.

Porque la verdadera mansedumbre no es permitir abusos, sino mantener el carácter de Cristo mientras se establecen límites saludables. Ser sencillo no implica ser ingenuo; implica tener discernimiento para reconocer cuándo alguien intenta manipularte o aprovecharse de tu bondad. Porque Dios nos llamó a obedecerle a Él no a someternos al abuso de los demás.

> LA VERDADERA MANSEDUMBRE NO ES PERMITIR ABUSOS, SINO MANTENER EL CARÁCTER DE CRISTO MIENTRAS SE ESTABLECEN LÍMITES SALUDABLES.

En ese mismo orden, cuando Herodes presionó a Jesús para que hiciera señales y lo complaciera, Él guardó silencio (ver Lucas 23:9). No se dejó manipular, porque entendía que Su misión no era satisfacer la curiosidad de los hombres, sino obedecer la voluntad del Padre. Y esa es la misma sabiduría que necesitamos para entender que debemos amar a las personas, pero no permitir que nos roben la dignidad ni nos aparten del propósito divino.

En conclusión, hay procesos que deben abrazarse porque son usados por Dios para formar nuestro carácter, hay consecuencias que deben enfrentarse porque nos responsabilizan y nos enseñan a crecer, hay ataques que debemos resistir porque son embestidas directas del diablo que intentan quebrar nuestra fe y arrancarnos del propósito eterno que el Señor tiene con cada uno de nosotros. Pero también hay abusos que debemos rechazar sin titubeos, porque atentan contra la dignidad que Dios nos dio y nunca deben ser confundidos con mansedumbre ni con amor verdadero.

El hecho de no ser capaces de discernir esta distinción trae confusión y nos hace inefectivos; pero cuando actuamos con sabiduría y entendimiento, caminamos firmes en la voluntad de Dios, con la debida comprensión ante cada circunstancia y respondiendo de manera que glorifique Su nombre y preserve nuestro destino.

LA PRUDENCIA COMO EVIDENCIA DEL ENTENDIMIENTO APLICADO

El fruto más evidente del entendimiento puesto en acción es la prudencia. La verdadera sabiduría no se mide en lo que acumulamos en la mente, sino en cómo esa luz se refleja en lo que hablamos, en cómo decidimos y en cómo reaccionamos frente a los diferentes escenarios de la vida.

Tener conocimiento sin prudencia es como tener agua en un recipiente roto, que por más que lo llenes, nada permanece, y demuestra que no estamos creciendo en madurez, sino simplemente acumulando información que nunca transforma la conducta.

La prudencia no es simple cautela humana ni un rasgo de carácter reservado a las personas más tranquilas; es la sabiduría de Dios expresada en acción concreta. Es el freno invisible que evita que destruyas con un impulso lo que te tomó años construir; es la capacidad de leer el contexto, esperar el momento preciso y responder con el espíritu correcto.

Por eso podemos decir que cuando el entendimiento, la sabiduría y la prudencia se unen, forman la "tríada del buen accionar": porque lo que el entendimiento discierne, la sabiduría lo ordena, y la prudencia lo ejecuta.

EVIDENCIAS DE LA PRUDENCIA GUIADA POR EL ENTENDIMIENTO:

1. Piensa antes de hablar: el prudente no calla por miedo, sino porque sabe gobernarse a sí mismo. Entiende que cada palabra es como una semilla que puede edificar o destruir. La prudencia nos enseña a detenernos antes de hablar, a escuchar primero, a filtrar nuestras palabras para que sean portadoras de vida y no heridas de muerte. *"En las muchas palabras no falta pecado; mas el que refrena sus labios es prudente"* (Proverbios 10:19).

2. **Evalúa antes de actuar:** la persona prudente no decide por presión ni por impulso, sino por convicción. Evalúa, ora, mide las consecuencias y luego actúa. La imprudencia abre puertas a la ruina, pero la prudencia asegura pasos firmes y decisiones que permanecen en el tiempo. *"El simple todo lo cree; más el avisado mira bien sus pasos"* (Proverbios 14:15).

3. **Se anticipa al peligro:** la prudencia actúa como un guardaespaldas espiritual: no espera a ser herido para reaccionar, sino que discierne las señales y se aparta a tiempo. Este principio nos libra de heridas innecesarias y de consecuencias evitables. *"El avisado ve el mal y se esconde; más los simples pasan y reciben el daño"* (Proverbios 22:3).

4. **Guarda silencio estratégico:** el prudente sabe que no todo oído está preparado para escuchar toda historia. El silencio, en ocasiones, no es debilidad, sino estrategia divina para proteger corazones, preservar visiones y evitar conflictos innecesarios. *"El que ahorra sus palabras tiene sabiduría; de espíritu prudente es el hombre entendido. Aun el necio, cuando calla, es contado por sabio"* (Proverbios 17:27-28).

5. **Domina sus emociones:** la prudencia no solo gobierna palabras, sino también emociones. El sabio se gobierna a sí mismo antes de intentar gobernar a otros. Reconoce que el verdadero poder no está en someter a multitudes, sino en dominar su propio corazón. *"Mejor es el que tarda en airarse que el fuerte; y el que se enseñorea de su espíritu, que el que toma una ciudad"* (Proverbios 16:32)

6. **Es enseñable:** la prudencia no presume saberlo todo, sino que reconoce que siempre hay más por aprender. La persona enseñable crece porque entiende que Dios también habla a través de otros, y que rechazar consejo es cerrarse a la voz de Dios. *"El camino del necio es derecho en su opinión; más el que obedece al consejo es sabio"* (Proverbios 12:15).

7. **Discierne personas, tiempos y contextos:** la prudencia entiende que no siempre se trata de tener la razón, ni de ganar una discusión. El prudente mide el tiempo, la persona y el contexto antes de hablar o actuar, porque su meta no es demostrar, sino transformar. *"Manzana de oro con figuras de plata es la palabra dicha como conviene"* (Proverbios 25:11).

Donde no hay prudencia, el entendimiento se apaga y la sabiduría queda sin fruto. Pero cuando la prudencia gobierna, lo que Dios nos revela en el espíritu se traduce en decisiones concretas que honran Su nombre y preservan nuestro destino. Porque el entendimiento nos da discernimiento, la sabiduría nos da dirección, y la prudencia es la evidencia de que estamos aplicando ambas en nuestra vida diaria.

LA IMPORTANCIA DEL ENTENDIMIENTO PARA AMAR DEL MODO CORRECTO

La Biblia nos llama a mostrar misericordia y a no dejar que nuestro corazón se endurezca, pero también nos recuerda que el amor debe administrarse con sabiduría para no interferir en lo que Dios quiere hacer en la vida de los demás. Ya que muchas veces, por querer ayudar demasiado rápido, terminamos interrumpiendo el proceso que Dios está usando para quebrantar, formar o traer a alguien de regreso a Él; y a veces lo que pensamos que es "apoyo" puede convertirse en un obstáculo para la obra del Espíritu Santo, pero el entendimiento nos da la claridad para discernir cuándo extender la mano de inmediato y cuándo esperar a que el proceso cumpla su función.

Un ejemplo poderoso de esto lo encontramos en el Padre del hijo pródigo, quien amaba profundamente a su hijo, pero cuando el muchacho pidió la herencia y se marchó, no salió corriendo tras él ni le facilitó las cosas para evitarle el dolor que le traerían las consecuencias de sus decisiones. Porque entendía que había un camino que solo el hambre, la soledad y el vacío podían enseñarle. Y fue precisamente en ese punto de quiebre donde el hijo volvió en sí y decidió regresar a casa. En otras palabras, el amor del Padre no lo llevó a impedir que su hijo tocara fondo, sino a esperarlo con brazos abiertos cuando regresara transformado luego de haber sido alcanzado por las consecuencias de las malas decisiones que aquel hijo había tomado. (ver Lucas 15:11–24).

Esa es la clase de amor sabio que Dios nos llama a practicar: un amor que nunca se enfría ni se apaga, pero que tampoco malcría, sobreprotege ni interfiere con el trato divino.

Amar con entendimiento significa saber cuándo abrazar y cuándo esperar, cuándo proveer y cuándo permitir que una carencia determinada cumpla su función. Porque lo que más necesita una persona en medio de su crisis no siempre es nuestra ayuda inmediata, sino el espacio para que Dios trabaje y produzca una verdadera transformación en lo profundo de su corazón.

LA IMPORTANCIA DEL ENTENDIMIENTO PARA EDIFICAR CORRECTAMENTE

Por otro lado, debemos tener cuidado con el daño que hacemos a los demás. Porque así como el bien que sembramos regresa a nuestras vidas, el mal que practicamos también termina alcanzándonos. La Biblia nos muestra un ejemplo claro de esto en las palabras del rey Adoni-bezec cuando fue capturado por los israelitas, quienes le cortaron los pulgares de sus manos y de sus pies, y dijo: *"Setenta reyes, con los pulgares de sus manos y de sus pies cortados, recogían las migajas debajo de mi mesa; como yo hice, así me ha pagado Dios"* (Jueces 1:5-7).

Ese estremecedor testimonio nos recuerda que todo lo que sembramos, tarde o temprano, se nos devolverá. Por eso necesitamos entendimiento para no herir, no abusar y no dañar la vida de los demás, sabiendo que Dios es justo y que cada obra tiene su debida retribución.

Otra área donde el entendimiento es vital es en la toma de decisiones. Jesús mismo enseñó que antes de edificar una torre, es necesario sentarse y calcular el costo (ver Lucas 14:28). La imprudencia construye sin planificación, pero la sabiduría se detiene, ora, consulta y evalúa. El entendimiento nos libra de la impulsividad y nos prepara para asumir con responsabilidad los compromisos que tomamos. No basta con tener visión, necesitamos cálculo, estrategia y dependencia de Dios para que lo que iniciemos no quede a la mitad.

LA IMPRUDENCIA CONSTRUYE SIN PLANIFICACIÓN, PERO LA SABIDURÍA SE DETIENE, ORA, CONSULTA Y EVALÚA.

En este mismo sentido, debemos usar el entendimiento y la sabiduría que Dios nos ha dado para la creación de sistemas y estructuras que sustenten lo que edificamos. Porque el Señor espera que manejemos con orden y responsabilidad todo lo que Él nos entrega. La bendición que Dios da no debe reposar sobre el caos. Un ministerio, una empresa, una familia o cualquier otro proyecto que tengamos necesita de una estructura sólida para sostenerse. Porque: *"Con sabiduría se edificará la casa, y con prudencia se afirmará"* (Proverbios 24:3).

EL LLAMADO DE DIOS A ENSANCHAR NUESTRA CAPACIDAD

Con relación a esto, la Palabra declara: *"Ensancha el sitio de tu tienda, y las cortinas de tus habitaciones sean extendidas; no seas escasa; alarga tus cuerdas, y refuerza tus estacas. Porque te extenderás..."* (Isaías 54:2-3)

Cada término de este pasaje encierra una revelación poderosa, no como sugerencia, sino como una instrucción divina para prepararnos para lo que Dios está por hacer:

- **Ensancha el sitio de tu tienda**: Esta instrucción nos llama a crecer desde donde estamos, no desde donde queremos llegar. Dios no nos pide que ensanchemos cuando ya tengamos más, sino antes, preparándonos no en base a lo que hoy poseemos, sino a lo que Él ha determinado traer. Ensanchar es abrir espacio en el corazón, en la visión y en la fe. Es confrontar la estrechez del pensamiento que nos ata al presente y comenzar a vivir con la conciencia del futuro que Dios ya diseñó. Ensancharse es aceptar que lo que viene no cabrá en la mentalidad actual y que, si no se amplía el espacio interno, aun lo grande de Dios se sentirá limitado.

- **Extiende las cortinas de tus habitaciones**: Las cortinas delimitaban el espacio y ofrecían cobertura. Extenderlas implicaba ampliar el perímetro, cubrir más territorio y preparar un espacio mayor. Espiritualmente, esto habla de ensanchar la capacidad de influencia, servicio y responsabilidad. Es Dios diciendo: *"Prepárate para albergar más de lo que hoy puedes manejar"*. Extender las cortinas es decidir que ya no se vivirá para lo cómodo ni lo controlable, sino para lo que Dios quiere confiar. Es una invitación a pensar más allá del círculo actual y a prepararse para recibir personas, asignaciones y responsabilidades que aún no han llegado.

- **No seas escasa**: Aquí Dios confronta directamente la mentalidad de escasez, que no siempre está relacionada con recursos, sino con visión. Ser escaso es conformarse con lo mínimo, justificar la mediocridad espiritual y acomodarse a una vida sin expectativa de crecimiento. No ser escaso implica romper con pensamientos limitantes, con excusas internas y con una fe reducida. Dios nos llama a caminar en abundancia de visión, de fe y de obediencia, entendiendo que el cielo no responde a corazones estrechos, sino a corazones dispuestos a creer, obedecer y avanzar más allá de lo conocido.

- **Alarga tus cuerdas**: Las cuerdas determinaban hasta dónde podía extenderse la tienda. Alargarlas implicaba mayor proyección y mayor alcance, pero también mayor tensión. Espiritualmente, alargar las cuerdas es estirar la fe, aumentar la expectativa y atreverse a salir del perímetro de seguridad. Es asumir riesgos guiados por Dios, dar pasos que incomodan, pero que son necesarios para sostener lo que Él quiere establecer. No se alargan las cuerdas cuando todo está claro, sino cuando se confía en que Dios respaldará el espacio que aún no se ve.

- **Refuerza tus estacas**: Las estacas eran lo que afirmaba la tienda en la tierra. Reforzarlas habla de fortalecer los fundamentos: la relación con Dios, el carácter, la preparación, el entendimiento y la estructura interna. Dios no solo quiere expandirte; quiere asegurarse de que puedas permanecer firme cuando la expansión llegue. Antes de confiarte lo próximo, Él trabaja en la profundidad. Porque una tienda grande sin estacas firmes colapsa, y una expansión sin fundamentos termina siendo una carga en lugar de una bendición.

- **Porque te extenderás**: Todo este llamado a ensanchar, extender, alargar y reforzar no nace del deseo de Dios de probar disposición, sino de una realidad ya establecida: habrá extensión. Sin embargo, la Escritura es clara en mostrar que la herencia puede estar prometida y aun así no ser entregada mientras no exista la madurez necesaria para administrarla. Dios no retira lo que ha dicho, pero sí restringe el acceso hasta que la estructura esté lista.

Por lo que, la preparación no es un acto simbólico, es una responsabilidad espiritual. La expansión no ocurre por insistencia, sino por capacidad. Y cuando esa capacidad no se ha formado, lo que debía ser avance se convierte en presión. No porque Dios falle, sino porque Él no deposita peso eterno en estructuras que aún no pueden sostenerlo.

En otras palabras, la extensión no se cancela, pero puede ser detenida hasta que haya preparación suficiente. Por esto, todo lo que Dios pide antes de extender responde a Su intención de asegurar que lo que Él entregue pueda ser sostenido, administrado y preservado conforme a Su diseño, Su orden y Su propósito eterno.

Hay momentos en los que no vemos resultados, no porque Dios no quiera hacer, sino porque aún no existe la capacidad interna para sostener lo que Él desea entregar. Muchas veces oramos, ayunamos y clamamos por lo nuevo de Dios, pero continuamos operando desde la misma mentalidad estrecha de siempre. Pedimos expansión desde el cielo, mientras permanecemos reducidos por dentro. Anhelamos que las puertas se abran, pero no hemos ensanchado el espacio interno donde lo nuevo debe habitar.

El problema no es la promesa, ni el tiempo de Dios, ni Su disposición a obrar. El problema es que la capacidad no se ha ampliado al nivel de lo que se está pidiendo. Porque Dios no solo da conforme a Su poder, sino conforme a la capacidad que encuentra para administrar lo que Él confía. Cuando la visión es pequeña, aun lo grande de Dios se percibe limitado;

cuando el corazón es estrecho, lo eterno no puede establecerse con plenitud.

Ensancharse no es solo desear más; es romper la estrechez del pensamiento, confrontar las estructuras internas que se conformaron con lo conocido, lo cómodo o lo manejable. Es permitir que Dios expanda la visión, reforme la expectativa y transforme la manera de pensar. Ensancharse es dejar atrás los límites impuestos por el miedo, la costumbre o experiencias pasadas, y abrir el corazón a una dimensión mayor de fe, gobierno y responsabilidad espiritual.

Ensancharse implica aceptar que lo que viene de Dios exige más espacio, más madurez y más preparación. No se trata solo de recibir, sino de poder sostener. No es únicamente avanzar, sino permanecer firmes cuando el avance llegue. Por eso, muchas veces el estancamiento no revela ausencia de mover divino, sino falta de ensanchamiento interno. Dios sigue obrando, pero espera que Su pueblo se prepare para cargar con el peso de lo que Él está por hacer.

LA IMPORTANCIA DE LA PREPARACIÓN

La preparación es la antesala del cumplimiento. Muchos oran por puertas abiertas, pero no dedican tiempo a fortalecer los dinteles que deberán sostenerlas.

Por eso la sabiduría y el entendimiento, también se manifiestan en la disposición del corazón para aprender, crecer y asumir con madurez cada nueva etapa de nuestras vidas.

Hay quienes se lanzan a proyectos que no entienden, asumen compromisos sin medir sus implicaciones o toman decisiones permanentes en situaciones temporales.

Se casan sin haber desarrollado estabilidad emocional o económica; abren empresas sin conocer el terreno; comienzan ministerios sin haber sido procesados ni formados. Y cuando el impulso sustituye la preparación, el resultado es el desorden disfrazado de fe. Pero la fe no cancela la preparación, la dirige.

Reconocer que aún hay cosas por aprender y áreas que necesitan ser fortalecidas no es debilidad, es una muestra de humildad y de sabiduría. Pero el crecimiento no llega por impulso, sino por instrucción; y la instrucción, a su vez, demanda paciencia. Porque la verdadera preparación no solo enseña a hacer, sino a ser, ya que mientras la impaciencia corre detrás de escenarios, la preparación edifica la solidez interior que te hará permanecer firme ante los distintos desafíos que tendrás que enfrentar.

¿CÓMO PREPARARSE EFECTIVAMENTE?

La preparación no comienza cuando Dios decide extender, sino cuando respondemos al impulso del Espíritu que nos mueve a crecer, madurar y ser formados. Porque es Dios quien produce en nosotros tanto el querer como el hacer conforme a Su buena voluntad, pero somos nosotros quienes debemos cooperar con ese llamado, permitir que Él nos guíe y someternos al proceso que nos capacita para sostener lo que viene.

No basta con desear la expansión; es necesario responder a la dirección de Dios, dejarnos formar y caminar en obediencia al crecimiento que el Espíritu va demandando. La preparación, entonces, no es solo una decisión humana, sino una respuesta consciente a la obra de Dios en nosotros, que nos impulsa a avanzar de manera constante y responsable.

Por eso, avanzar requiere pasos claros y a continuación, te presento tres de los más importantes:

1. IDENTIFICA TUS DEBILIDADES.

Aquello que se repite como obstáculo no se vence con deseo, sino con formación. Es necesario observar los patrones: las áreas donde se falla con frecuencia, los hábitos que interrumpen el progreso y los vacíos que frenan el carácter. Porque lo que no se enfrenta no se cambia; y lo que no se cambia, inevitablemente termina estancando todo lo que Dios quiere hacer contigo.

2. PREPARA UN PLAN DE CRECIMIENTO.

No se crece por accidente; se crece por decisión. Quien desea avanzar debe invertir de manera intencional en su desarrollo: formarse, buscar mentoría, estudiar, aprender y dejarse instruir por quienes ya están caminando en el terreno al que Dios lo está llamando. Aprender no es un lujo, es una necesidad. El que deja de formarse se detiene, pero el que se prepara se convierte en una herramienta útil y confiable en las manos de Dios.

3. PON EN PRÁCTICA LO APRENDIDO.

La preparación no tiene valor si no se traduce en acción. Escuchar sin aplicar es acumular sin producir transformación. La verdadera madurez se evidencia cuando lo aprendido comienza a gobernar las decisiones, la manera de hablar y la forma de vivir. Cada paso de obediencia activa el poder de lo aprendido y convierte la enseñanza en fruto. Porque la sabiduría no se mide por lo que sabes, sino por lo que haces con lo que sabes.

Finalmente, necesitamos entendimiento para comprender que hay dimensiones de Dios a las que solo se accede cuando existe disposición a pagar un precio. No todo se recibe por deseo; algunas cosas se revelan únicamente cuando hay entrega. Sin embargo, muchos tropiezan ante las demandas del Espíritu porque se refugian en el argumento de las *limitaciones humanas*, usando expresiones como: *"No puedo levantarme de madrugada a orar porque necesito dormir"*, *"No puedo ayunar porque trabajo y debo cuidar mis fuerzas"*, *"No puedo involucrarme más en el servicio porque tengo demasiadas responsabilidades"*.

El problema no es reconocer la humanidad; el problema es usar la humanidad como excusa para limitar la entrega, mientras se espera que Dios no tenga límites a la hora de manifestar Su poder. Es contradictorio poner fronteras a la obediencia y, al mismo tiempo, exigir que Dios rompa todas las leyes naturales para sanar, proveer o abrir puertas. Se apela a la comprensión de Dios para justificar la falta de sacrificio, pero se exige Su omnipotencia cuando se necesita intervención sobrenatural.

La Escritura nos muestra un patrón claro: Dios obra en lo sobrenatural, pero demanda disposición humana. Fue Dios quien permitió que Sansón, usando una simple quijada de asno, venciera a mil hombres (Jueces 15:15–16). Fue Dios quien impartió velocidad sobrenatural a Elías para adelantarse al carro de Acab (1 Reyes 18:46). Fue Dios quien invitó a Pedro a caminar sobre las aguas (Mateo 14:29). En todos estos casos, el poder fue divino, pero el escenario fue humano.

Dios puso la fuerza, pero Sansón puso su cuerpo. Dios dio la velocidad, pero Elías corrió. Dios sostuvo a Pedro, pero Pedro tuvo que salir de la barca. El milagro no ocurrió sin la participación humana. La gloria fue de Dios, pero la obediencia fue del hombre.

De la misma manera hoy, Dios sigue manifestando Su poder, pero lo hace a través de personas que están dispuestas a presentarse por completo. No se trata de negar las limitaciones humanas, sino de no rendirse ante ellas cuando el Espíritu llama a ir más allá. Dios sigue dando fuerza, gracia y respaldo sobrenatural a quienes se disponen a obedecer, a sacrificarse y a entregarse con todo el corazón. Porque el nivel de manifestación que se experimenta siempre está relacionado con el nivel de entrega que se ofrece. Y aquellos que están dispuestos a darlo todo, serán llevados a dimensiones mayores de la manifestación del poder y de la gloria de Dios.

Por eso, así como anhelamos que lo sobrenatural de Dios se active a nuestro favor, también debemos pedirle que quiebre, trascienda y atraviese nuestras propias limitaciones para poder agradarle. No podemos usar el argumento de que Dios respeta principios para justificar nuestra falta de sacrificio, mientras esperamos que esos mismos principios sean quebrantados cuando buscamos beneficios personales. No es coherente pedir intervención sobrenatural si no estamos dispuestos a someter nuestras limitaciones naturales a la obediencia.

No se trata de desconocer que Dios estableció principios, sino de entender que esos principios no fueron dados para excusar la comodidad, sino para formar carácter. Por eso, no debemos pedir a Dios que actúe en lo sobrenatural para favorecernos, cuando no estamos dispuestos a sacrificar nuestras propias restricciones por el propósito de obedecerlo. La fe genuina no negocia entrega; responde con obediencia.

> NO ES COHERENTE PEDIR INTERVENCIÓN SOBRENATURAL SI NO ESTAMOS DISPUESTOS A SOMETER NUESTRAS LIMITACIONES NATURALES A LA OBEDIENCIA.

Jesús mismo nos dejó un ejemplo claro y contundente cuando dijo: *"Mi comida es que haga la voluntad del que me envió, y que acabe su obra"* (Juan 4:34). Él no recibió fuerzas por haber comido alimento natural, sino porque su sustento provenía de una fuente superior. El cumplimiento de la voluntad del Padre le impartía una energía que ningún pan terrenal podía ofrecer.

Esto revela una verdad profunda: el verdadero alimento del creyente no está en lo que recibe de la tierra, sino en lo que obedece del cielo. Cuando la obediencia se convierte en prioridad, Dios mismo se encarga de impartir la fuerza, la gracia y el respaldo necesarios para cumplir Su voluntad. Porque quien se entrega por completo, nunca camina solo con sus fuerzas; camina sostenido por el poder que Dios da.

ORACIÓN DE CIERRE

Padre celestial, hoy vengo delante de Ti reconociendo que necesito la sabiduría, el entendimiento y la prudencia que vienen de Ti, más que cualquier otra cosa en esta tierra. Líbrame de caminar en confusión y dame la gracia de discernir cada circunstancia con la luz de Tu Espíritu. Enséñame a abrazar con humildad los procesos que Tú permites, a asumir con responsabilidad las consecuencias de mis errores, a resistir con firmeza los ataques del enemigo y a rechazar con valentía todo abuso o manipulación que intente apartarme de Tu voluntad.

Señor, ensancha mi mente, mi corazón y mi capacidad para lo que Tú me tienes preparado. Y ayúdame a alargar mis cuerdas y reforzar mis estacas, para que lo que me entregues encuentre fundamentos sólidos en mi vida. Rompe mis limitaciones humanas y llévame más allá de mis fuerzas naturales, porque no quiero quedarme en excusas cuando se trata de obedecerte.

Dame, oh Dios, un corazón que ame con misericordia pero que también sepa esperar y no interrumpir el trato que tienes con los demás. Que mi amor esté lleno de gracia, pero también de sabiduría. Guíame en cada decisión, que no me precipite, que no me gobiernen las emociones, sino que todo en mi vida sea dirigido por Tu Palabra y por Tu Santo Espíritu.

Hoy declaro que mi alimento será hacer Tu voluntad, como lo fue para Jesús. Dame esa fuerza sobrenatural que no proviene de lo natural, sino del cielo mismo. Que cada palabra que hable, cada paso que dé y cada reacción que tenga sea evidencia de que estoy caminando en entendimiento, en sabiduría y en prudencia. En el nombre poderoso de Jesús. ¡Amén!

PALABRA DE COMPROMISO

Hoy decido caminar con entendimiento y sabiduría, aplicando la prudencia en cada palabra, en cada decisión y en cada reacción. Renuncio a vivir confundido, respondiendo a las circunstancias desde mis emociones o desde la presión del momento. Hoy escojo discernir con claridad lo que enfrento: abrazar los procesos de Dios, asumir con responsabilidad las consecuencias de mis actos, resistir con armas espirituales los ataques del enemigo y rechazar con firmeza todo abuso o manipulación que intente desviarme de mi propósito.

Me comprometo a amar a los demás con misericordia, pero también con entendimiento, sin facilitarles tanto las cosas que interrumpa el trato de Dios en sus vidas, como el Padre que supo esperar al hijo pródigo. Me comprometo a usar la sabiduría de lo alto en la toma de mis decisiones, calculando antes de edificar, ordenando antes de avanzar y estableciendo estructuras firmes que sostengan lo que Dios me confía. Hoy reconozco que no puedo ser escaso en mi fe ni limitado en mi obediencia. Ensancho mi mente, mi corazón y mi visión, alargo mis cuerdas y refuerzo mis estacas, preparándome no solo para lo que tengo, sino también para lo que viene. Renuncio a justificar mis limitaciones naturales cuando se trata de buscar a Dios, porque si deseo que Él rompa lo natural a mi favor, debo permitirle que rompa mis propias limitaciones para vivir en el nivel sobrenatural al que Él me está llamando.

Hoy afirmo con mi corazón que mi verdadera comida será hacer la voluntad del Padre. Y declaro que, desde ahora, el entendimiento me dará discernimiento, la sabiduría me dará dirección, y la prudencia será la evidencia visible de que estoy viviendo conforme al propósito eterno de Dios.

EL PERDÓN Y LA RESTITUCIÓN

El principio que libera del pasado, repara lo quebrado y abre camino a lo nuevo

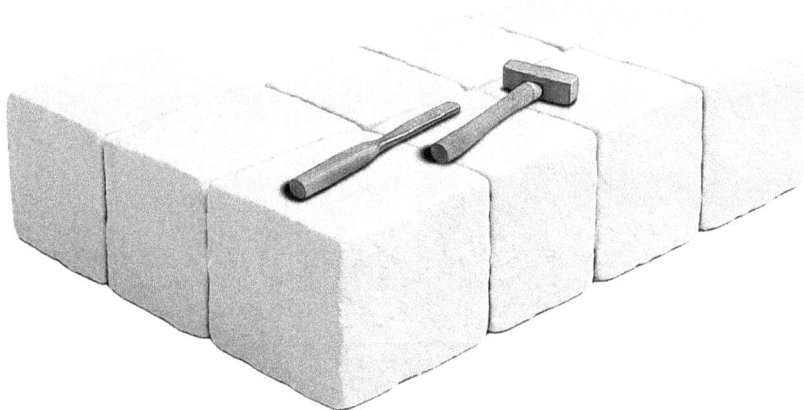

Hablar de perdón es hablar de libertad. No existe paz verdadera ni gozo auténtico en un corazón que carga con culpas, heridas o resentimientos no sanados. Todos en algún momento, hemos sido lastimados y también hemos lastimado a otros; pero la decisión que tomamos luego, es lo que marca la diferencia entre quienes se quedan atados al dolor y la rebeldía, y quienes permiten que Dios use esas heridas para formar un corazón más sabio, maduro y compasivo.

El perdón es la llave que abre la puerta a la sanidad interior y nos permite seguir adelante sin cadenas que nos aten a lo que nos ocurrió en el pasado.

La palabra perdón en el original griego es *aphíēmi*, que significa: *"soltar, dejar ir, liberar o despedir una deuda"*. Por lo que perdonar es decidir no cargar más con aquello que hirió y renunciar a vivir prisionero de lo que otros hicieron.

Por eso podemos afirmar con certeza que la salud de tus emociones no está determinada por lo que te hicieron, sino por la forma como has decidido responder a ello. Porque no podemos controlar lo que otros hacen o dicen, pero todos tenemos el poder de decidir cómo dejamos que eso nos afecte. Esa es la verdadera libertad: no la de los que nunca son heridos, sino la de quienes se niegan a vivir atados a las heridas que les han causado.

En mi caminar con Cristo he procurado crecer de manera constante, buscando sabiduría y entendimiento como enseña la Palabra. Amo aprender, leer y prepararme para poder cumplir cada vez mejor con la asignación que Dios me ha confiado. Meditar en la Palabra del Señor, es un deleite que alumbra mi alma, fortalece mi espíritu y le da dirección a mi corazón. Sin embargo, he comprobado que nada se compara con el momento en que el Espíritu Santo, después de haber leído muchas veces un mismo pasaje, alumbra los ojos de nuestro entendimiento y trae una revelación viva, profunda y transformadora acerca de lo que Dios quiere revelarnos.

Esto pasó conmigo en un tiempo en el que atravesé por un dolor tan intenso que pensé que nunca sería capaz de superarlo. Y en el que si permanecía, nunca habría tenido la fuerza para poder avanzar hacia todo lo que hasta aquí, el Señor nos ha encaminado.

Pero Dios me rescató del abismo de la amargura al hablar directamente a mi corazón con una revelación que redefinió esa batalla y transformó para siempre mi manera de enfrentar las demás.

"Amada hija: tu verdadera guerra no es con las personas que te han herido. Ellos no fueron el origen, solo fueron instrumentos utilizados por tu verdadero enemigo. Por eso, descarga tus emociones en mi presencia y no reacciones. Cuando actúas desde la efusividad, entregas armas a quienes desean devorarte.

Elévate por encima de la tormenta y no permitas que las circunstancias te sacudan de un lado a otro. Porque el éxito del ataque del enemigo no depende de la intensidad del ataque, sino de tu reacción frente a él. Si gobiernas tu respuesta, el ataque pierde su poder."

Esa palabra me reveló que muchas batallas no se ganan enfrentando personas, sino administrando el corazón. Que el enemigo no siempre necesita destruir; a veces le basta con provocar una reacción desordenada para obtener ventaja. Y que elevarse no es evadir el dolor, sino negarle al enemigo el control emocional que está buscando.

"Porque no tenemos lucha contra sangre y carne, sino contra principados, contra potestades, contra los gobernadores de las tinieblas de este siglo..." (Efesios 6:12)

Fue así como comprendí el poder del perdón no solo con la mente, sino desde lo más profundo de mi corazón. Y esta revelación no solo sanó mi corazón, sino que me permitió seguir avanzando con libertad, fuerza y enfoque en el propósito de Dios.

EJEMPLOS BÍBLICOS DE PERDÓN TRANSFORMADOR Y SUPERACIÓN DE LAS MARCAS:

La Biblia está llena de historias donde el perdón fue determinante para que hombres y mujeres de Dios pudieran cumplir con su propósito. Uno de los ejemplos más impactantes es el de José, cuya historia confirma una triste realidad: el dolor más profundo no siempre viene de los enemigos declarados que podamos tener, sino de quienes se supone deberían cuidarnos, apoyarnos y velar por nuestro bienestar.

Los hermanos de José se convirtieron en el escenario de una de las traiciones más dolorosas de la Biblia. Lo aborrecieron profundamente por ser el hijo favorito de su padre y por los sueños que Dios le había revelado, hasta el punto de no poder hablarle con paz. Se burlaron de él, llamándolo "el soñador", y cuando lo vieron venir desde lejos, conspiraron para matarlo. Lo despojaron de la túnica que llevaba puesta, símbolo del amor de su padre, y lo arrojaron a una cisterna vacía, dejándolo abandonado allí. Mientras él estaba en la cisterna, ellos se sentaron a comer como si nada hubiese ocurrido, y poco después decidieron venderlo como esclavo por veinte piezas de plata a unos mercaderes ismaelitas. Luego, mancharon su túnica con sangre para engañar a su padre y hacerlo creer que una fiera lo había devorado. Por años guardaron silencio, permitiendo que Jacob viviera en duelo por un hijo que aún estaba vivo.

Mientras que José con apenas 17 años fue llevado como esclavo a la casa de Potifar en Egipto. Y allí también tuvo grandes desafíos, porque cuando todo parecía estar estable, fue acusado injustamente por la esposa de su amo y terminó en la cárcel por un delito que no había cometido. Pasó largos años olvidado tras las rejas y cuando finalmente salió, ya era un hombre adulto de 30 años (ver Génesis 41:46). En otras palabras, los años más valiosos de su juventud transcurrieron entre pruebas y encierros que él no provocó, pero que Dios permitió para formar su carácter, gobernar su visión y prepararlo para administrar con fidelidad el propósito que el cielo ya había determinado para su vida.

Pero a pesar de ser despojado de su libertad, separado de su familia y marcado por la injusticia, fue también el hombre que Dios levantó para ser segundo al mando en toda la tierra de Egipto. Y nueve años después de ocupar esa posición de honra, Dios permitió que otra vez se encontrara frente a sus hermanos; los mismos que lo habían traicionado y vendido veintidós años atrás.

Para el tiempo del reencuentro, José tenía todo el poder, la autoridad y las razones para vengarse, pero decidió mostrar la gracia del perdón, demostrando con su actitud que el poder de un carácter formado por Dios es más fuerte que el acero. Ya que en lugar de hacerlos pagar por lo que le hicieron, les dio de comer en medio de la hambruna y hasta prometió alimentar y cuidar sus familias, después de que su padre, el patriarca Jacob murió.

Mientras sus hermanos estaban aterrados e incapaces de creer que José no buscaría venganza, porque no comprendían que Dios había tratado tan profundamente con su corazón que le había hecho entender que ellos nunca fueron enemigos, sino instrumentos usados por Él para colocarlo en la posición que José había obtenido.

Por eso, sus palabras han resonado a través de los siglos con una revelación tan poderosa que rompe cadenas y transforma destinos: *"Ustedes pensaron hacerme mal, pero Dios lo encaminó a bien, para hacer lo que hoy vemos: salvar la vida de mucha gente. Así que no tengan miedo; yo cuidaré de ustedes y de sus hijos"* (Génesis 50:20–21).

Estas palabras no pueden fluir de un corazón amargado, sino de uno al que le fue revelado que el propósito de Dios, es mayor que el dolor del corazón humano. José nos enseña que el perdón no es ignorar lo que pasó ni negar el sufrimiento vivido, sino elegir soltar la ofensa para no quedar atado a ella y poder cumplir así, con la asignación para la cual hemos sido escogidos. Porque la fuerza del perdón es transformar el dolor en propósito, la traición en testimonio y la pérdida en plataforma para salvar y alimentar a otros.

Otro ejemplo igualmente poderoso, que además de enseñarnos a perdonar, también nos inspira a superar las marcas que las heridas del alma nos han causado, es el de Jabes, cuya historia es un testimonio vivo de que cuando alguien decide ir a Dios con sus heridas, Él convierte el sufrimiento en impulso, la limitación en expansión y el pasado en plataforma para un futuro glorioso.

El nombre *Jabes* significa "dolor" o "el que causa sufrimiento", ya que nació marcado por una herida que no era suya, cargando una etiqueta impuesta por quien debía protegerlo; su madre, quien, herida por su propio proceso, proyectó sobre él todo el peso de su dolor. Así que, desde su nacimiento, la vida de Jabes estuvo condicionada por una palabra que parecía haberlo sentenciado a la desgracia. Pero Dios, en su gracia, usó el dolor que lo marcó para forjar en él un carácter firme, una fe madura y un corazón capaz de superar la herida, para poder revelar la transformación.

"Y Jabes fue más ilustre que sus hermanos, al cual su madre llamó Jabes, diciendo: Por cuanto lo di a luz con dolor" (1 Crónicas 4:9–10).

Este detalle revela una verdad profunda: cuando no sanamos lo que nos hiere, terminamos marcando lo que gestamos. Por eso, procurar nuestra sanidad emocional no es solo una necesidad personal, sino una responsabilidad espiritual.

La Biblia no presenta a la madre de Jabes como una mujer mala, sino como una mujer herida, y fue su herida la que la llevó a transferir su dolor, en lugar de llevarlo a Quien podía sanarlo. Pero uno de los aspectos más poderosos de este relato es que Jabes no fue donde quien lo marcó para que lo sanara, sino donde Dios. Porque entendió que una persona dañada no puede reparar a otros, y que solo el Creador puede rediseñar lo que la herida distorsionó.

Contrario a esto, muchos siguen atrapados en heridas, marcas y traumas del pasado porque buscan restauración en las manos equivocadas. Esperan que la misma persona que los hirió sea la que los repare; pero eso solo profundiza la herida y prolonga el dolor, porque ninguna validación humana puede producir la restauración que solo puede dar el Señor.

Jabes lo comprendió, y en lugar de volver al origen de su herida, fue directamente a la fuente de su sanidad, que es Dios. Su oración fue corta, pero tan poderosa que ha trascendido a través del tiempo:

"Invocó Jabes al Dios de Israel, diciendo: ¡Oh, si me dieras bendición, y ensancharas mi territorio, y tu mano estuviera conmigo, y me libraras de mal, para que no me dañe! Y le otorgó Dios lo que pidió" (1 Crónicas 4:10).

Jabes entendió que no podía cambiar su pasado, pero sí podía decidir que su pasado **no gobernara su futuro**. Comprendió que una marca no es un destino y que una herida no tiene autoridad para definir el propósito. Por eso, su oración no fue impulsiva ni emocional; fue una **progresión espiritual extraordinaria**, una ruta clara de sanidad, restauración y gobierno:

- **"Si me dieras bendición"**. Jabes no pidió cosas primero; pidió **favor**. Renunció a vivir como reflejo del dolor con el que fue marcado y reclamó una nueva identidad nacida del trato de Dios. Entendió que la bendición no es solo provisión, sino **redefinición**: el permiso divino para vivir desde lo que Dios dice y no desde lo que otros impusieron.
- **"Y ensancharas mi territorio"**. No se conformó con sobrevivir; pidió **expansión**. Anheló ir más allá de las fronteras que su historia, su nombre y su entorno habían establecido. Jabes entendió que la sanidad verdadera no solo restaura lo roto, sino que **amplía**

la capacidad para vivir en plenitud y ejercer influencia sin miedo.

- **"Y tu mano estuviera conmigo"**. Reconoció que la expansión sin la presencia de Dios se convierte en riesgo. Por eso pidió **dirección y gobierno**, no solo crecimiento. Jabes sabía que todo avance sin la mano del Señor termina desviándose, y que solo bajo Su guía la expansión se convierte en propósito sostenido.

- **"Y me libraras del mal, para que no me dañe"**. Aquí fue al nivel más profundo. No solo clamó por protección del mal externo, sino por **liberación interna**: no repetir los patrones de dolor, no convertirse en aquello que lo hirió, no transmitir lo que una vez lo marcó. Pidió ser guardado de hacer daño desde el daño.

Y la Escritura cierra con una declaración que confirma el peso de su oración: *"Y le otorgó Dios lo que pidió"* (1 Crónicas 4:10).

Dios respondió porque Jabes no pidió desde la herida, sino desde la **responsabilidad espiritual**. No pidió venganza, pidió gobierno. No pidió huir de su historia, pidió que su historia dejara de tener poder sobre él. Y cuando una persona ora así, el cielo no se resiste.

Por haber ido a Dios con su dolor, aquel cuyo nombre significaba *"dolor"* se convirtió en un símbolo de honra, influencia y expansión. Con esto se nos revela una verdad determinante: **las marcas del pasado no definen el destino, pero la decisión de llevar esas marcas a Dios sí lo determina**. Jabes no permitió que su herida se convirtiera en identidad ni que su historia dictara su futuro; permitió que Dios interviniera donde el dolor había hablado primero.

El ejemplo de Jabes también nos enseña que la verdadera restauración no comienza cuando los demás cambian, sino cuando **decidimos buscar a Dios en lugar de buscar explicaciones**. Jabes no esperó que su madre se arrepintiera ni exigió que le devolviera lo que su palabra le robó; simplemente fue a Dios. No se quedó reclamando justicia humana; **corrió hacia la gracia divina**. Y allí, Dios hizo lo que nadie más podía hacer: lo restauró, le devolvió la identidad, le otorgó honra donde hubo vergüenza y le concedió expansión donde antes solo había límite.

Porque cuando un corazón herido se vuelve a Dios, Él no solo sana la herida; **redefine la historia**. No solo consuela el pasado, sino que redirige el futuro. Dios transforma el dolor en propósito y convierte las marcas en puertas hacia una nueva dimensión de avance.

Superar las marcas no es negar el dolor ni pretender que no existió; es **rehusarse a vivir gobernado por él**. Jabes convirtió su herida en oración, su historia en propósito y su nombre en testimonio. **Ese es el poder de acercarse a Dios con honestidad: lo que una vez te marcó pierde toda autoridad sobre ti y se convierte en el punto desde el cual Dios te impulsa hacia el cumplimiento de Su propósito.**

EL PERDÓN QUE RECIBIMOS ESTÁ CONDICIONADO POR EL PERDÓN QUE DAMOS

Cuando Jesús enseñó a sus discípulos a orar, no solo les dio palabras, sino principios. Cada línea del Padrenuestro es una verdad espiritual que define la manera en que el cielo opera en la tierra. Y una de las más contundentes es esta: "*Y perdónanos nuestras deudas, así como nosotros perdonamos a los que nos ofenden"* (Mateo 6:12).

Con esta frase, Jesús estableció un principio que pocos se atreven a considerar con profundidad: el perdón que recibimos de Dios está directamente condicionado por el perdón que damos a los demás. En otras palabras, Dios no nos invita a perdonar porque sea fácil, sino porque es necesario para permanecer libres, sanos y conectados con Él. Por eso, Jesús no solo estableció esto, sino que lo reafirmó diciendo:

"Porque si ustedes perdonan a otros sus ofensas, también su Padre celestial los perdonará a ustedes; pero si no perdonan a otros sus ofensas, tampoco su Padre les perdonará a ustedes" (Mateo 6:14–15).

Esta declaración no deja espacio para interpretaciones: el perdón que retenemos se convierte en el perdón que no recibimos. No porque Dios sea rencoroso, sino porque la amargura cierra el canal por el cual fluye Su gracia.

El perdón no es una emoción; es una decisión que alinea nuestro corazón con el carácter de Cristo. Cuando decidimos perdonar, le estamos diciendo al Señor: "Yo no quiero parecerme al daño que me hicieron, quiero que mi vida muestre la restauración que viene de Ti."

Por eso Jesús nos enseñó a decir: *"Así como nosotros perdonamos a los que nos ofenden..*

Él sabía que esa expresión confrontaría el alma, porque implica compromiso. No es una oración ligera; es un pacto de coherencia entre lo que pedimos y lo que ofrecemos, porque con esas palabras, le decimos a Dios: "Trátame con la misma medida con la que trato a los demás".

Ese "así como" es una balanza espiritual. No es una condición impuesta por Dios, sino una consecuencia natural del amor. Porque nadie puede recibir la plenitud del perdón divino mientras retiene ofensas humanas.

El perdón que damos, revela cuánto hemos entendido el perdón que recibimos. Cuando comprendemos la magnitud de la misericordia de Dios hacia nosotros, no nos queda otra opción que soltar lo que otros nos hicieron.

El perdón no borra el pasado, pero sana el alma y quita el peso del dolor que le servía de ancla. Y Jesús nos enseñó esta verdad en su máxima expresión, ya que mientras era humillado, azotado y clavado en una cruz, no devolvió mal por mal, sino que levantó Su voz al cielo y dijo: *"Padre, perdónalos, porque no saben lo que hacen"* (Lucas 23:34).

Revelando así que el perdón no es debilidad, es poder espiritual en su forma más pura; es la victoria del amor sobre el dolor, de la gracia sobre la culpa y de la restauración sobre la herida.

> EL PERDÓN QUE DAMOS, REVELA CUÁNTO HEMOS ENTENDIDO EL PERDÓN QUE RECIBIMOS.

Que no solo libera, sino que también redime; que no solo sana el alma, sino que transforma el sufrimiento en propósito. Porque quien perdona deja de vivir desde la herida y comienza a actuar desde la autoridad de su identidad.

Sale de la posición de víctima y comienza a caminar como hijo, porque solo quien ha sido verdaderamente libre puede ejercer dominio sobre lo que antes lo ató. Cada vez que perdonamos, reflejamos el corazón de Cristo. Porque perdonar no te hace débil, te hace semejante a Dios.

Negarse a perdonar puede parecer a simple vista, un acto de justicia, pero en realidad es una trampa espiritual cuidadosamente disfrazada. Porque la falta de perdón no protege el corazón, lo encierra. Es una prisión invisible donde el alma se marchita lentamente, la mente se nubla y la paz se desvanece. Quien no perdona cree que se protege, pero en realidad se encadena y entrega su libertad al dolor que se niega a soltar. Porque solo el perdón rompe las rejas del resentimiento, permite que el alma vuelva a respirar y desata vida donde antes solo había heridas.

TRES PELIGROS MORTALES DE LA FALTA DE PERDÓN

1.NO CASTIGA A OTRO, TE ENCADENA A TI

La amargura es como un ácido que lentamente corroe el recipiente que la contiene. El corazón que guarda heridas sin sanar se vuelve pesado y cansado, porque no fue diseñado para cargar dolor, sino para reflejar amor. Quien se aferra al resentimiento no castiga al culpable, se castiga a sí mismo. Porque cuando eliges no perdonar, te encadenas al pasado y haces que el dolor siga teniendo voz en tu presente. Cada pensamiento de rencor roba energía, apaga la fe y debilita el gozo.

Pero cuando decides soltar, Dios comienza a restaurar lo que la herida había dañado y a reconstruir desde dentro lo que el rencor había destruido. El perdón no justifica lo que te hicieron, pero sí libera lo que eres, sana lo que parecía irrecuperable y prepara tu espíritu para abrazar lo nuevo que Dios tiene planeado.

2. ENVENENA TUS FUENTES INTERNAS Y APAGA EL RÍO QUE DIOS PUSO EN TI

El corazón humano fue creado para ser una fuente limpia de vida, no un depósito de veneno emocional. Pero cuando el perdón no fluye, la amargura contamina esa fuente, y tanto tus palabras, tus pensamientos, como tus decisiones se ven afectadas por esa contaminación.

La Biblia dice: *"Sobre toda cosa guardada, guarda tu corazón, porque de él mana la vida"* (Proverbios 4:23). Si el corazón está contaminado, todo lo que mana de él, también lo estará. Así como un río turbio ensucia todo lo que toca, un corazón lleno de resentimiento termina afectando todo a su paso.

Por eso hay personas que oran, sirven y trabajan con esfuerzo, pero sin fruto. No por falta de talento ni de fe, sino porque lo que fluye de ellos está siendo filtrado por una herida no tratada. La falta de perdón se convierte en un obstáculo invisible que apaga, interrumpe la paz y endurece la sensibilidad espiritual.

Dios no puede fluir plenamente en un corazón lleno de heridas que se niega a sanar; ni liberar a quien sigue aferrado a cadenas que no quiere soltar.

3. TE ROBA EL PRESENTE Y TE IMPIDE ABRAZAR LO QUE TIENES DE FRENTE

El tercer peligro de la falta de perdón es que te secuestra el hoy. Te mantiene anclado a lo que fue, incapaz de disfrutar plenamente lo que es. Jesús lo expresó con claridad cuando dijo: *"Ninguno que poniendo su mano en el arado mira hacia atrás, es apto para el reino de Dios"* (Lucas 9:62).

No se puede avanzar cuando los ojos permanecen fijados en el pasado. El Reino de Dios opera en movimiento, en propósito activo, en obediencia presente. Sin embargo, la falta de perdón nos deja estacionados en un lugar del que Dios ya salió.

Cuando no perdonamos, la mente se llena de *"si tan solo"* y de *"¿por qué a mí?"*. Esas preguntas no sanan; distraen y nos roban la capacidad de reconocer lo que Dios está haciendo ahora mismo. El enemigo lo sabe, por eso insiste en mantenernos visitando heridas pasadas: porque mientras miramos atrás, no vemos lo que tenemos delante, y así logra frenar nuestro avance.

El perdón, en cambio, nos devuelve la vida. Porque perdonar es declarar con autoridad y determinación: *"Lo que me hirió ya no me gobierna; mi futuro no está en manos de mi pasado, sino en las manos de Dios."*

COMPRENDIENDO LAS DIFERENCIAS

DIFERENCIA ENTRE ESTAR HERIDO Y LLEVAR UNA CICATRIZ

No todo el que habla de su pasado está sanado; muchos solo se han acostumbrado a vivir desde la herida. Y mientras la herida sigue abierta, el dolor no solo se recuerda: **gobierna**. Hay una gran diferencia entre alguien que aún sangra por lo que vivió y alguien que fue restaurado por Dios. Esa diferencia no está en lo que pasó, sino en lo que ya fue sanado.

Porque una herida es señal de algo que todavía duele, pero una cicatriz es evidencia de algo que ya sanó. La herida limita; la cicatriz testifica.

La herida te mantiene sensible al contacto, pero la cicatriz demuestra que sobreviviste. Mientras la herida está abierta, cualquier roce vuelve a herirte o puede contaminarte otra vez; pero cuando Dios sana, lo que antes dolía se convierte en testimonio de Su poder. La cicatriz no niega que hubo dolor; declara que el dolor no te destruyó.

No se puede vivir plenamente con heridas abiertas, pero sí se puede impactar al mundo mostrando las cicatrices de lo que Dios ya restauró.

DIFERENCIA ENTRE PERDONAR Y OLVIDAR

Muchos creen que perdonar es borrar de la memoria lo que ocurrió, pero Dios no te pide que olvides los hechos; te pide que sueltes el dolor que esos hechos produjeron. El recuerdo puede permanecer, pero cuando el perdón entra en acción, pierde poder. Perdonar no es negar lo que pasó; es negarle al pasado el derecho de seguir interfiriendo en tu caminar presente.

El enemigo busca que cada vez que recuerdes lo vivido, revivas la herida. Pero cuando hay perdón, el recuerdo ya no reabre el dolor, porque se procesa desde la sanidad. Por eso perdonar es poder decir con verdad: *"Dios sanó la herida que ese recuerdo producía."*

El perdón no es un acto emocional ni un acuerdo con la ofensa; es una decisión espiritual que ordena el corazón. No justifica lo ocurrido ni minimiza el daño, pero rompe la influencia que el dolor intentaba ejercer sobre tus reacciones, pensamientos y decisiones. El perdón no elimina los recuerdos, pero les quita la capacidad de seguir hiriendo.

En otras palabras, el perdón no borra la historia, pero redefine su impacto y transforma su final.

DIFERENCIA ENTRE OFRECER PERDÓN Y LOGRAR UNA RESTAURACIÓN

El perdón siempre debe ser otorgado, pero la restauración de una relación no siempre es posible. Perdonar es un mandato; restaurar es una decisión que exige madurez, acuerdos claros y evidencias reales de cambio.

El perdón libera el corazón de quien lo concede, pero la restauración solo puede darse cuando ambas partes están dispuestas a caminar en verdad, responsabilidad y respeto mutuo. Dios no te pide que restaures vínculos donde persisten el engaño, el abuso o la manipulación, porque aunque el perdón sana, la confianza se reconstruye con hechos, no con palabras.

Amar no significa exponerte nuevamente al mismo daño ni llamar "misericordia" a la falta de límites. El perdón ordena el corazón; los límites protegen la vida. Por eso, a veces el perdón se expresa con un abrazo, y otras veces se expresa tomando distancia, pero siempre desde un corazón sano y alineado con la verdad de Dios.

PERDONAR NO ES TOLERAR LO INTOLERABLE

Perdonar no es justificar el abuso, callar ante la injusticia ni aceptar lo que destruye tu dignidad. El perdón no se opone a la verdad; se opone al rencor. Jesús mismo perdonó desde la cruz, pero no toleró la hipocresía, la mentira ni la opresión.

Perdonar no es ser pasivo ante el mal, es decidir que el mal no cambie lo que eres.

Hay cosas que se pueden tolerar con paciencia, como por ejemplo: los errores, las diferencias y los desacuerdos, pero hay otras que deben denunciarse con firmeza, como: la violencia, el abuso y el engaño.

Dios no te llama a permanecer en lugares donde la gracia se confunde con esclavitud emocional. Porque el perdón limpia el corazón pero la justicia ordena el camino.

Por otro lado, es importante aclarar que recibir perdón y recuperar la confianza no es lo mismo. El perdón se otorga por gracia, la confianza se reconstruye con tiempo y coherencia.

Cuando alguien nos falla y decidimos perdonar, cancelamos la deuda emocional que esa persona había generado con su acción. Es decir, dejamos de exigir compensación, venganza o reparación emocional para poder seguir adelante con un corazón libre. Sin embargo, cancelar la deuda no significa que la confianza se restaure de inmediato.

La confianza no se decreta; se construye. Y se construye con tiempo, coherencia y hechos que respalden un cambio real. Por eso, aunque el perdón limpia el corazón del resentimiento, la seguridad en la relación solo regresa cuando hay evidencia de transformación. Perdonar libera, pero confiar requiere proceso.

El perdón sana el corazón; la confianza sana la relación. El perdón puede ser inmediato, pero la confianza requiere evidencia de cambio. No se trata de venganza ni de dureza, sino de sabiduría. Dios mismo nos perdona de inmediato cuando nos arrepentimos, pero Su proceso de formación en nosotros continúa, porque Él sabe que el perdón restaura la comunión, pero la confianza se edifica paso a paso.

El perdón libera del peso del dolor; la confianza se gana con la constancia del carácter.

Puedes amar profundamente a alguien, perdonarlo sinceramente y aún así poner límites saludables. Eso no te hace rencoroso, te hace sabio. El perdón limpia la herida, pero la confianza solo puede volver cuando la herida ha cicatrizado y hay señales de madurez.

Muchas relaciones, luego de haberse otorgado el perdón, se fracturan de nuevo porque las personas confunden perdonar con volver al mismo nivel de confianza que existía antes. Pero eso no funciona así. Y no se trata de castigar al otro, sino de entender que la confianza no se exige; se demuestra.

> EL PERDÓN LIBERA DEL PESO DEL DOLOR; LA CONFIANZA SE GANA CON LA CONSTANCIA DEL CARÁCTER.

Jesús mostró este principio cuando, después de restaurar a Pedro tras su negación, no le devolvió de inmediato la responsabilidad de apacentar a Sus ovejas, sino hasta confirmarle su amor tres veces (Juan 21:15–17). El perdón fue inmediato, pero la confianza fue progresiva

Perdonar no es cerrar los ojos; es abrir el corazón sin dejar de usar la sabiduría. El perdón quita la deuda, pero la confianza se recupera con verdad, tiempo y frutos visibles.

IMPORTANCIA DEL EQUILIBRIO ENTRE EL PERDÓN Y LA RESPONSABILIDAD

El perdón es una manifestación del amor de Dios, pero sin responsabilidad se convierte en una puerta abierta para el abuso. Por eso, para perdonar correctamente, necesitamos discernimiento espiritual y madurez emocional. El perdón no puede ser usado como excusa para herir, ni como refugio para seguir repitiendo los mismos errores.

La Biblia relata que Pedro se acercó a Jesús y le preguntó: *"Señor, ¿cuántas veces perdonaré a mi hermano que peque contra mí? ¿Hasta siete?"* (Mateo 18:21). Pedro estaba buscando un límite para su misericordia, una medida razonable para su paciencia. Pero Jesús lo desarmó con una respuesta que trascendía toda lógica humana: *"No te digo hasta siete, sino hasta setenta veces siete"* (Mateo 18:22).

Con esas palabras, el Maestro no estableció una cifra, sino un principio del Reino: el perdón no se calcula, se practica. Jesús enseñó que el corazón que perdona no vive contando ofensas, sino extendiendo gracia. Que el verdadero poder no está en quien cobra justicia por su mano, sino en quien decide liberar el alma de la carga del resentimiento. Porque quien perdona no se debilita, se eleva; y quien suelta el rencor, abre espacio para que el cielo vuelva a fluir en su interior.

Sin embargo, este pasaje ha sido distorsionado por muchos que lo usan para justificar patrones repetitivos de conducta dañina, esperando que los demás sigan perdonándolos indefinidamente sin mostrar señales de arrepentimiento o transformación. Pero Jesús no enseñó un perdón que fomente el abuso, sino un perdón que preserva la pureza del corazón del ofendido sin anular la responsabilidad del ofensor.

Perdonar es una invitación a liberarnos, no una obligación de dejar la puerta abierta para que te sigan lastimando. Jesús nos llama a tener un corazón libre de resentimiento, pero también sabio para establecer límites. Porque cuando el perdón se convierte en excusa para repetir errores, deja de ser gracia y se transforma en manipulación.

La Biblia enseña que debemos procesar a quienes nos fallan con amor, pero también con verdad. Jesús dijo: *"Si tu hermano peca contra ti, repréndele; y si se arrepiente, perdónale"* (Lucas 17:3).

> JESÚS NO ENSEÑÓ UN PERDÓN QUE FOMENTE EL ABUSO, SINO UN PERDÓN QUE PRESERVA LA PUREZA DEL CORAZÓN DEL OFENDIDO SIN ANULAR LA RESPONSABILIDAD DEL OFENSOR.

El amor no calla ante el pecado; lo confronta con espíritu de restauración. El verdadero perdón no encubre la falta; busca la corrección.

EL PERDÓN RECIBIDO NO ES LICENCIA PARA REPETIR EL MISMO ERROR

Cada vez que se nos otorga perdón, se nos está confiando una nueva oportunidad. Y toda oportunidad concedida lleva implícita una responsabilidad. Abusar de esa oportunidad no es solo repetir un error; es despreciar la gracia con la que fue otorgada.

Recibir perdón no nos coloca en una posición de licencia, sino de honra. Alguien decidió soltar la deuda, abrir el corazón otra vez y exponerse a creer que el cambio es posible. Por eso, cuando el perdón es recibido con ligereza o se usa como excusa para continuar haciendo daño, no solo se hiere una relación: se desvirtúa el propósito de la gracia que se otorgó.

Jesús lo dejó claro en su encuentro con la mujer sorprendida en adulterio. Ya que después de perdonarla, le dijo: *"Vete, y no peques más"* (Juan 8:11).

El perdón fue inmediato, pero vino acompañado de una exhortación al cambio, porque el perdón no ignora la falta; la redime para producir transformación.

Cuando usamos el perdón como escudo para repetir la misma conducta, no estamos caminando en arrepentimiento, sino en conveniencia. Porque la evidencia del arrepentimiento genuino no está en las palabras que se pronuncian, sino en la coherencia del comportamiento que muestra.

Honrar el perdón recibido exige cambio. La gracia no solo limpia la culpa; confronta la conducta, forma el carácter y alinea la vida conforme a la verdad.

REPARAR EL DAÑO CAUSADO DEMUESTRA QUE EL ARREPENTIMIENTO ES REAL

Quien recibe perdón de forma auténtica, siempre expresa el deseo de enmendar y restaurar lo dañado. Porque el arrepentimiento genuino no solo se revela en lo que alguien deja de hacer, sino también en lo que comienza a construir para reparar, honrar y demostrar que ha sido verdaderamente transformado.

Un ejemplo perfecto de esto es Zaqueo, el recaudador de impuestos, que, cuando Jesús entró en su casa, la gracia de Dios tocó su corazón tan profundamente que dijo.

"He aquí, Señor, la mitad de mis bienes doy a los pobres; y si en algo he defraudado a alguno, se lo devuelvo cuadruplicado" (Lucas 19:8).

Nadie le exigió a Zaqueo que hiciera restitución. Aunque en la Ley existía el principio de restitución para ciertos actos de injusticia, ese mandato no fue presentado como una condición para que él fuera perdonado ni aceptado. Jesús no le pidió cuentas, no le impuso términos ni le colocó exigencias para recibir gracia.

La restitución de Zaqueo no nació de una obligación legal, sino de un corazón transformado. Cuando el perdón toca el alma, la culpa deja de ser una carga y se convierte en propósito; y cuando el arrepentimiento es genuino, no se queda en palabras, produce acción.

Zaqueo no devolvió lo robado para comprar el perdón, sino porque ya lo había recibido. Su restitución fue la evidencia visible de una transformación interna, no el requisito para obtener aceptación.

Sin embargo, cuando somos nosotros quienes otorgamos el perdón, debemos tener cuidado porque el perdón concedido nunca debe ir acompañado de exigencias ni condiciones. No somos llamados a demandar restitución para validar la gracia, sino a ofrecer gracia y permitir que la transformación haga su obra.

La restitución genuina no nace de la presión del que perdona, sino de la revelación del que ha sido perdonado. Porque el perdón verdadero libera tanto al que lo otorga como al que lo recibe; pero solo cuando va acompañado de responsabilidad y fruto, florece en una transformación visible, evidenciada por la restitución de lo que alguna vez se dañó.

EL PESO DE LA CULPA Y LA NECESIDAD DEL PERDÓN HACIA UNO MISMO

De todas las cargas que el ser humano puede llevar, la culpa es una de las más pesadas. No se ve, pero oprime. No siempre se expresa, pero se siente en lo más profundo del alma. La culpa es ese eco interior que te recuerda una y otra vez lo que hiciste, en lo que fallaste o lo que crees que nunca podrás reparar.

La culpa aparece cuando reconocemos una falta, pero no aceptamos el perdón. Se alimenta del remordimiento y se fortalece con la vergüenza. Dios usa la convicción para guiarnos al arrepentimiento; el enemigo usa la culpa para mantenernos siendo esclavos del pasado. Por eso, aprender a perdonarse a sí mismo no es debilidad, es obediencia a la verdad de que la sangre de Cristo es más que suficiente para perdonarnos y restaurarnos.

Mientras que dejarnos oprimir por la culpa es decir al Señor, de manera inconsciente: *"Lo que Tú hiciste para cubrir mis pecados no es suficiente."*

LOS DIFERENTES ORÍGENES DE LA CULPA:

- **Fracasos y fallas personales**: Todos hemos fallado. Hay decisiones que desearíamos no haber tomado, palabras que quisiéramos no haber dicho y oportunidades que no aprovechamos. Sin embargo, Dios no mide tu valor por tus errores, sino por tu disposición a levantarte.

David fue un hombre conforme al corazón de Dios, y aun así cayó en adulterio y en asesinato. Pero cuando se arrepintió, Dios no lo desechó: lo restauró. El Salmo 51 es testimonio vivo de que el perdón no borra la memoria del pecado, pero sí limpia la mancha que deja en el alma. Porque la gracia de Dios no te deja en el suelo; te levanta para que testifiques de Su misericordia.

- **Palabras hirientes que recibimos de otros**: A veces la culpa no nace de lo que hicimos, sino de lo que nos hicieron creer. Palabras pronunciadas en momentos de ira o rechazo pueden quedar grabadas en lo más profundo del corazón y convertirse en una voz que nos acusa constantemente.

  Quizás alguien te dijo: "Nunca servirás para nada", "No mereces amor" o "Dios no puede usarte después de lo que hiciste." Pero no puedes permitir que esas palabras tengan autoridad sobre ti. Porque la voz de Dios es más fuerte que cualquier acusación del pasado.

  Jesús no busca a los perfectos, sino a los dispuestos. Él no ve tu pasado; ve la agenda que el Padre hizo contigo antes que llegaras aquí.

- **Pensar que Dios no puede restaurarnos después de fallar:** Este es uno de los engaños más comunes del enemigo. Porque nos convence de que somos indignos de seguir adelante luego de haber pecado, cuando en realidad eso es lo que la cruz vino a resolver. Y prueba contundente de esto, es el ejemplo del malhechor arrepentido, que a solo minutos de morir, miró a Jesús y le dijo: *"Acuérdate de mí cuando vengas en tu reino."* Y Jesús le respondió: *"De cierto te digo que hoy estarás conmigo en el paraíso"* (Lucas 23:42–43).

La cruz demuestra que no existe pecado tan profundo que la gracia de Dios no pueda alcanzar, ni mancha tan oscura que Su perdón no pueda limpiar. El ladrón no tuvo tiempo de enmendar su pasado ni de demostrar su cambio; solo tuvo un instante de fe, y ese instante bastó para asegurarle la eternidad. Porque el perdón de Dios no se gana con méritos, se recibe por fe.

La cruz sigue siendo el recordatorio eterno de que un corazón arrepentido, aun en su última oportunidad, puede encontrar misericordia y redención en los brazos de nuestro Señor y Salvador.

NO SOMOS LOS ERRORES QUE COMETIMOS

Hay personas que viven atrapadas en el museo de sus fracasos, recorriendo una y otra vez los pasillos de su pasado y contemplando los recuerdos de lo que hicieron mal. Pero el Evangelio no es una galería de culpas, es el anuncio glorioso de la redención que el Señor nos concedió en la cruz, donde la gracia reemplaza la vergüenza y la misericordia borra la evidencia del pecado. Porque en Cristo el pasado deja de ser una exposición de errores para convertirse en testimonio de Su poder restaurador. No somos los errores que cometimos; somos las personas que Dios decidió perdonar, y Su gracia no solo limpia, sino que también redefine.

El perdón de Dios no ignora tu historia, la transforma. No borra las páginas manchadas del pasado, pero sí escribe sobre ellas una nueva historia de propósito, restauración y gloria. Porque cuando Dios perdona, no solo cierra una herida, renueva el destino y hace que donde hubo ruina haya un testimonio vivo de Su sanidad. Por tanto, aunque hiciste lo que dicen que hiciste, no eres lo que dicen que eres; ese hecho no tiene autoridad para definir tu identidad.

Por eso, deja de verte desde la culpa y comienza a verte desde la gracia. Porque si Dios, que conoce lo peor de ti, decidió perdonarte, ¿quién eres tú para seguir condenándote? Cada vez que te sientas acusado, recuerda esto: ***"Si confesamos nuestros pecados, Él es fiel y justo para perdonar nuestros pecados y limpiarnos de toda maldad"*** (1 Juan 1:9).

El perdón de Dios no es parcial, condicional ni temporal; es completo, eterno y está disponible hoy. Así que no sigas pagando por una deuda que Cristo ya canceló.

Finalmente, recuerda que el perdón no es una emoción que se siente, es una decisión que se toma. Es un acto espiritual que rompe ataduras, sana heridas y libera destinos. Perdonar no borra lo que pasó, pero sí corta el poder que aquello tenía sobre ti. Perdonar es darle a Dios el derecho de hacer justicia y darle a tu alma la oportunidad de volver a vivir sin peso ni carga.

ORACIÓN DE CIERRE

Padre celestial, hoy me presento delante de Ti con todo lo que soy: con mis heridas, mis fallas y mis recuerdos. No quiero seguir cargando lo que solo Tú puedes llevar. Te entrego mi dolor, mi culpa, mis decepciones y mis resentimientos.

Señor, limpia mi corazón de toda amargura acumulada, de toda culpa escondida y de todo pensamiento que me ha mantenido cautivo. Enséñame a perdonar con el mismo amor con que Tú me has perdonado.

Te pido que sanes lo que el tiempo no ha podido sanar y restaures lo que el dolor intentó destruir. Libérame de las voces del pasado que me acusan y hazme oír Tu voz que me llama "hijo amado".

Espíritu Santo, llena cada espacio vacío con Tu paz. Donde hubo ira, pon serenidad; donde hubo culpa, pon gracia; donde hubo lágrimas, pon propósito.

Declaro que desde este día mi alma será libre y mi historia será redimida. Rompe las cadenas que me atan al ayer y abre mis ojos para ver el futuro que has preparado para mí.

Te doy gracias, Señor, porque en Ti encuentro descanso, perdón y nueva vida. Hoy recibo Tu paz, y con fe declaro: soy libre, soy perdonado y camino hacia la plenitud que solo Tú me puedes dar. En el nombre de Jesús. ¡Amén!

PALABRA DE COMPROMISO

Hoy decido obedecer a Dios abrazando la revelación del perdón. Elijo soltar toda amargura, dejar atrás la culpa y rendir cada herida a los pies de Cristo. Decido perdonar, no desde mis fuerzas, sino desde la obediencia al llamado de Aquel que me perdonó primero. No lo hago por mérito humano, sino como respuesta de mí amor y reverencia a Su Palabra. Por el amor que siento por Dios, hoy me comprometo a mantener mi corazón limpio, a no permitir que el resentimiento vuelva a enraizarse en mi alma, y a vivir cada día recordando que he sido perdonado para perdonar.

Padre, enséñame a reflejar Tu carácter en la manera en que amo, hablo y trato a los demás. Que mi vida sea una expresión viva de Tu misericordia y un canal de restauración para quienes me rodean.

Declaro que mi alma descansará en Tu voluntad, que mis pasos seguirán Tus caminos y que mi obediencia será mi adoración. Desde hoy decido perdonar como Tú perdonas: con gracia, con amor y sin reservas.

EL RESPETO

El principio que protege la dignidad,
afirma el valor y edifica la confianza

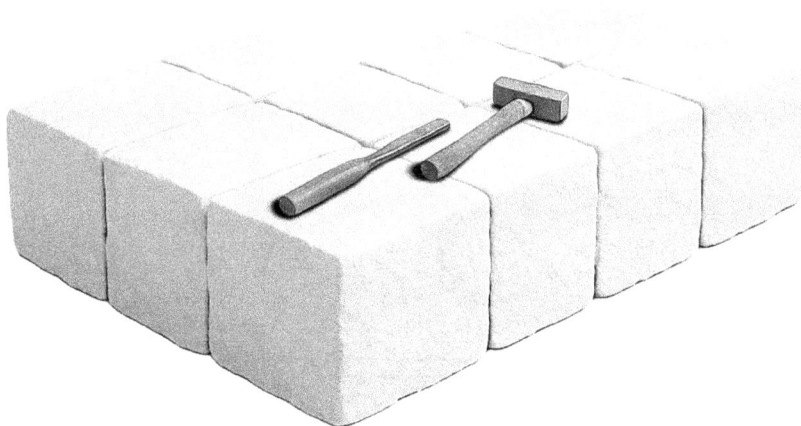

Vivimos tiempos en los que muchos hablan de libertad, pero pocos entienden de límites. Se promueve la independencia sin obediencia, la opinión sin consideración y la expresión sin responsabilidad. Pero el Reino de Dios no se edifica sobre gritos de independencia, sino sobre los cimientos de la honra, el orden y el respeto.

El respeto es la base invisible que sostiene toda relación saludable, ya sea con Dios, con los demás o con nosotros mismos. Es la atmósfera donde la paz florece, la autoridad se respeta y la presencia de Dios habita. Tal como lo expresa la Palabra diciendo: *"Honrad a todos. Amad a los hermanos. Temed a Dios. Honrad al rey"* (1 Pedro 2:17).

Así que no se trata de una simple sugerencia, sino de una verdad de vida que establece un orden espiritual inquebrantable: si quieres reflejar a Cristo, aprende a tratar con dignidad a todos, a honrar con amor a tus hermanos, a vivir con reverencia delante de Dios y a caminar bajo autoridad sin perder identidad. Porque el respeto no es una norma humana, sino un principio divino que revela el grado de madurez y transformación que Cristo ha producido en el corazón.

Respetar es reconocer el valor, la dignidad y el propósito que Dios depositó en las personas, incluso en aquellas con las que no coincidimos. Es ver la imagen de Dios en el otro y actuar conforme a ella.

"Y creó Dios al hombre a Su imagen; a imagen de Dios lo creó; varón y hembra los creó..

(Génesis 1:27) Cuando entendemos esto, comprendemos que respetar no solo es una conducta aprendida, sino también una evidencia de madurez espiritual; y que el respeto no depende del trato que recibimos, sino del carácter que cultivamos.

El respeto ordena el corazón porque coloca las prioridades en su lugar: Dios primero, luego el prójimo, después nosotros. Sin respeto, el amor se vuelve emoción, la autoridad se convierte en abuso y la convivencia se transforma en caos. Por eso, el respeto no es opcional, es señal de que Dios está en un lugar. En una sociedad donde todo parece negociable, el respeto es la frontera que protege los principios y preserva los linderos.

> RESPETAR ES RECONOCER EL VALOR, LA DIGNIDAD Y EL PROPÓSITO QUE DIOS DEPOSITÓ EN LAS PERSONAS, INCLUSO EN AQUELLAS CON LAS QUE NO COINCIDIMOS.

El respeto por Dios, por las personas y por los principios eternos abre el espacio donde el Espíritu Santo puede moverse con libertad y respaldo. Sin respeto, el orden se quiebra, la autoridad se debilita y el amor se enfría; pero cuando el respeto se establece, todo el sistema espiritual vuelve a alinearse con el cielo. Allí la mente se sujeta, las relaciones se fortalecen y la voluntad de Dios opera sin resistencia. Porque donde hay respeto, hay honra; donde hay honra, hay autoridad legítima; y donde hay autoridad legítima, la presencia de Dios se manifiesta con poder.

LA IMPORTANCIA DE APRENDER A RESPETAR A DIOS

Nada se alinea verdaderamente hasta que el corazón aprende a honrar y respetar a Dios. Pero el respeto a Dios no consiste en formalidades externas ni en palabras bien dichas ante los demás; es la expresión interna de un corazón que lo honra incluso cuando está en silencio. Es la postura interna desde la que pensamos, deseamos, elegimos y obedecemos.

Es vivir con la conciencia de que Él es Dios y nosotros no; es saber que Su voz no compite con la nuestra, la gobierna. Por eso, el respeto a Dios no se ve tanto en lo que decimos, sino en lo que decidimos, priorizamos y sacrificamos. Por tanto, es importante considerar las características que distinguen a quienes realmente respetan a Dios.

1. Buscan Su dirección antes de decidir.

No buscan que Él apruebe lo que ya resolvieron, sino que guíe lo que aún están dispuestos a rendir. No toman decisiones y luego oran para que Dios las bendiga; oran primero para caminar en Su dirección.

2. Obedecen sin retrasos.

Obedecen a Dios por completo, con gozo y buena actitud. No llaman "prudencia" a la desobediencia disimulada ni "sabiduría" a la obediencia tardía. Su entrega es total, porque entienden que honrar a Dios, es obedecerle a tiempo.

3. Tratan lo espiritual con reverencia.

Saben que lo de Dios no se toma a la ligera. Por eso, oran con propósito, adoran con el corazón y escuchan la Palabra con humildad. No reducen la oración a una costumbre fría, la adoración a una emoción pasajera ni la Palabra a una opinión personal. Reconocen que lo espiritual tiene peso eterno, y por eso lo abordan con honra, respeto y una profunda conciencia de Su santidad.

4. Viven con coherencia entre fe y práctica.

Su agenda, su tiempo y sus recursos reflejan a Quién pertenece su corazón. Sus prioridades y decisiones confirman lo que proclaman con sus labios: "Dios es primero, es el Dueño de todo y es el Centro de todo lo que soy". Sus acciones y posesiones también predican el mismo mensaje: "mi vida le pertenece a Dios, y todo lo que tengo está a disposición de mi Señor".

Respetar a Dios es también honrar Su presencia, proteger con celo el tiempo que le pertenece y colocar Su voluntad por encima de toda preferencia personal. El corazón que respeta a Dios no le da lo que le sobra, sino lo que es primero; no lo busca solo en la necesidad, sino en la cotidianidad. Mientras que la falta de respeto a Dios se evidencia en corazones que han perdido sensibilidad: oran solo por costumbre, adoran sin quebranto y deciden sin consultar Su dirección. Porque la irreverencia no siempre hace ruido; a veces se disfraza de rutina, y donde hay rutina sin reverencia, la presencia se ausenta.

Pero cuando el respeto se restaura, el fuego del altar vuelve a arder y la obediencia deja de ser un peso para convertirse en algo que amamos hacer. *A los que me honran, yo honraré; y los que me desprecian serán tenidos en poco* (1 Samuel 2:30).

LA IMPORTANCIA DEL RESPETO
HACIA UNO MISMO

El respeto hacia uno mismo nace del entendimiento de que nadie está en esta tierra por casualidad. No somos un accidente biológico ni un resultado del azar, somos una obra intencional del Creador. Cada vida que existe fue pensada y formada con un propósito de parte de Dios. El la diseñó con intención, la redimió con precio y la llenó de valor eterno.

Por eso, quien aprende a respetarse deja de vivir desde la comparación y el menosprecio, porque comprende que, aunque nadie es indispensable, cada persona ha recibido una asignación única que lleva el sello del Creador. Y si alguien decide no cumplir su parte, el Señor puede levantar a otro, pero nadie más podrá hacerlo con la gracia específica que Él otorgó a cada persona en particular. Incluso aunque Dios levante a alguien que lo haga mejor, lo mejor para la criatura es que el Creador no tenga que reemplazar su razón de vida mientras aún le quede vida. Porque pocas cosas son tan tristes como ver a alguien que fue diseñado para manifestar la gloria de Dios, pero terminó siendo solo un espectador de lo que pudo haber sido.

> EL RESPETO A DIOS NO SE VE TANTO EN LO QUE DECIMOS, SINO EN LO QUE DECIDIMOS, PRIORIZAMOS Y SACRIFICAMOS.

Vivir con respeto propio es caminar con la conciencia de que la vida es un encargo divino. Es cuidar con reverencia lo que Dios nos confió, usar bien los dones que hemos recibido y administrar nuestro propósito con gratitud, sabiendo que un día nos presentaremos delante de Dios para darle cuenta de todo lo que Él nos haya concedido.

Quien se respeta a sí mismo también entiende que su vida pertenece a Dios. No se expone a lo que contamina ni se acomoda a lo que deshonra, porque sabe decir "no": no a los ambientes que apagan la fe, no a las relaciones que desvían el propósito y no a los pensamientos que distorsionan la verdad que Dios está comunicando y con la que está edificando su vida.

Cuidar la mente, las palabras y las decisiones es una forma de adoración, porque cada vez que eliges lo correcto sobre lo fácil, estás honrando al Dios que te creó; y reconociendo que tu cuerpo, es el templo del Espíritu Santo de Dios. *"¿O ignoráis que vuestro cuerpo es templo del Espíritu Santo, el cual está en vosotros, el cual tenéis de Dios, y que no sois vuestros? Porque habéis sido comprados por precio.*
(1 Corintios 6:19-20).

Respetarse es custodiar el templo que eres, vivir de tal manera que el cielo se sienta cómodo en la tierra de tu vida, y que en todo lo que hagas se perciba una sola intención: dar honra y gloria a Aquel que te creó.

LA IMPORTANCIA DEL RESPETO EN EL TRATO HACIA LOS DEMÁS

Respetar al prójimo, es tratarlo con la misma dignidad con la que deseamos ser tratados.

Es recordar que cada persona carga una historia que desconocemos, y que antes de emitir juicio debemos tener presente la paciencia que Dios ha tenido con nosotros. Ya que, el respeto no exige uniformidad, pero sí compasión. Y aunque no siempre habrá acuerdo, siempre puede haber consideración, prudencia y gracia en el modo de relacionarnos.

Reflejar respeto en el trato diario es demostrar que el amor de Cristo ha transformado el corazón. Es dejar que la templanza hable más fuerte que el orgullo, y que la mansedumbre venza donde antes reaccionábamos con dureza. Es decidir hablar con gracia, escuchar con paciencia y actuar con consideración, incluso cuando el otro no lo merece. Porque el respeto no nace de cómo nos traten, sino de quién gobierna nuestro interior.

Los que caminan con Dios, aprenden a ver a las personas no por lo que aparentan, sino por el valor que el Creador les ha dado. El respeto nace cuando entendemos que cada ser humano es terreno sagrado donde Dios ha soplado vida.

El amor que respeta corrige sin humillar, impulsa sin controlar y enseña sin imponer. Ese amor inspira transformación con el ejemplo, no con la presión; edifica sin perder sensibilidad y busca reflejar el carácter de Cristo en cada relación. Jesús lo resumió en una regla sencilla, pero profundamente transformadora: *"Hagan ustedes con los demás como quieren que los demás hagan con ustedes"* (Mateo 7:12 DHH).

El amor sin respeto se vuelve posesión y el respeto sin amor se vuelve distancia. Pero cuando ambos se unen, se forma una relación saludable que refleja el corazón de Dios.

En el diseño de Dios, el respeto no es una cortesía opcional, sino una evidencia de amor y madurez espiritual, porque amar verdaderamente a alguien implica reconocer su valor y acompañarlo en su crecimiento, sin anular su individualidad.

El respeto no silencia la verdad, pero la expresa bajo el gobierno del Espíritu. No evade la corrección, pero la comunica desde la restauración, no desde la superioridad. Y mientras que una palabra dicha sin respeto puede herir más que un golpe; una palabra dicha con amor puede sanar lo que está herido y restaurar lo que ha estado roto por años. Por eso, el respeto no es debilidad: es fuerza bajo control. Es sabiduría que sabe cuándo hablar, cómo hacerlo y con qué espíritu decirlo.

El respeto es también fruto del Espíritu, porque se manifiesta en paciencia, amabilidad y dominio propio; es además la evidencia de un corazón gobernado por Cristo y no por las emociones.

Solo quien se ha dejado formar por el Espíritu puede responder con mansedumbre cuando lo provocan, guardar silencio cuando otros levantan la voz y seguir haciendo el bien aun cuando no recibe lo mismo a cambio. Jesús dijo: *"Amen a sus enemigos, bendigan a quienes los maldicen y hagan el bien a los que los odian"* (Mateo 5:44 RVC).

> EL RESPETO NO ES DEBILIDAD: ES FUERZA BAJO CONTROL. ES SABIDURÍA QUE SABE CUÁNDO HABLAR, CÓMO HACERLO Y CON QUÉ ESPÍRITU DECIRLO.

El respeto es la arquitectura invisible de la confianza, el cimiento que sostiene toda relación saludable y todo ministerio fructífero. Protege el tiempo, cuida el lenguaje, regula las expectativas y preserva la paz; donde hay respeto, hay estabilidad, pero donde se pierde, el ambiente se fragmenta. El respeto nos recuerda que no es necesario levantar la voz para ser escuchado ni humillar para ser tomado en serio, porque cuando el respeto gobierna, la comunicación se convierte en un puente de entendimiento y no en un campo de batalla. Respetar no significa aceptar todo ni aprobar lo incorrecto, sino actuar con verdad expresada en amor, confrontar sin destruir, corregir sin humillar y establecer límites sin perder la compasión.

En un corazón maduro, las diferencias no destruyen la comunión, sino que la fortalecen; las correcciones no hieren, sino que edifican; y las relaciones se convierten en reflejo visible de una vida guiada por el amor de Dios.

Y este nivel de madurez transforma nuestra manera de relacionarnos, porque ya no buscamos tener la razón, sino reflejar el corazón de Cristo; no reaccionamos desde el ego, sino desde la gracia. En el Reino de Dios, el respeto no se exige, se siembra, y quien lo siembra con amor cosecha relaciones sanas, ambientes de armonía y corazones sensibles a la voz de Dios en el trato mutuo.

EL RESPETO COMO GUARDIÁN DE LA CREDIBILIDAD Y EL TESTIMONIO

Respetar los sistemas que Dios ha establecido, tanto familiares, espirituales como sociales, es una forma de honrar Su diseño. Porque Dios estableció el respeto como norma de vida, no para limitarnos, sino para protegernos. Y cuando todo se hace "decentemente y con orden", como enseña la Escritura (ver 1 Corintios 14:40), se produce estabilidad, credibilidad y testimonio. El respeto genera confianza e inspira unidad, porque es el reflejo visible de un corazón gobernado por Dios y la evidencia de que Su sabiduría rige cada ámbito de nuestra vida.

Algunos confunden libertad con rebeldía y valentía con insubordinación, pero quien entiende el corazón de Dios sabe que cada sistema que Él establece, ya sea el hogar, la iglesia o la sociedad, tiene un propósito de preservación y cuidado que avala y legaliza a quienes obedecen la instrucción. El desorden, en cambio, no solo genera confusión; también interrumpe el fluir del propósito. Porque Dios no respalda la anarquía; Él se manifiesta donde hay estructura, alineación y obediencia de corazón.

La familia afirma la identidad, la iglesia fortalece la fe y las autoridades promueven la convivencia; despreciar esos sistemas es rechazar indirectamente el orden que Dios dispuso para nuestro bien, porque donde el respeto al orden se cultiva, la bendición fluye, la unidad se fortalece y la estabilidad se establece como fundamento de toda bendición duradera, haciendo que la paz y el favor de Dios permanezcan sobre todo lo que se edifica bajo ese diseño.

EL RESPETO POR LA MISIÓN Y LOS SISTEMAS COMO EXPRESIÓN DE ORDEN Y COLABORACIÓN

El creyente maduro no usa el nombre de Dios para justificar su voluntad, sino que busca alinear su voluntad con la de Dios. Entiende que el orden y la honra no apagan la voz del Espíritu; más bien, la aclaran. Cuando servimos bajo autoridad con un corazón obediente, Dios se encarga de dirigirnos en el momento justo y de abrir las puertas correctas sin necesidad de romper el orden establecido.

Respetar los sistemas es también respetar los procesos. Es trabajar con excelencia aunque nadie esté mirando, llegar a tiempo, cuidar los recursos, respetar las jerarquías y mantener una actitud de servicio aun cuando no se comparta cada decisión que la autoridad tome. Porque el respeto no solo se demuestra con palabras, sino también con conducta; con la manera en que uno habla de sus líderes, colabora con sus compañeros y honra los espacios donde Dios nos haya plantado.

Quienes aprenden a respetar los sistemas, aprenden a sostener visiones. Quienes sirven con lealtad, atraen el favor de Dios y el respeto de los hombres. Porque Dios honra a quienes honran el orden, y prospera a los que saben trabajar bajo autoridad antes de ejercerla.

Cuando un corazón se alinea con los principios divinos de respeto, honra y obediencia, no necesita buscar posición, porque Dios mismo se encarga de posicionarlo.

Así es como los sistemas del Reino funcionan; no mediante competencia, sino mediante colaboración. Cada quien cumpliendo su parte, cada engranaje en su lugar, cada servidor consciente de que lo que hace no es para los hombres, sino para el Señor.

> CUANDO UN CORAZÓN SE ALINEA CON LOS PRINCIPIOS DIVINOS DE RESPETO, HONRA Y OBEDIENCIA, NO NECESITA BUSCAR POSICIÓN, PORQUE DIOS MISMO SE ENCARGA DE POSICIONARLO.

Dios ama el orden porque en el orden habita Su presencia. Donde hay orden, Su gloria se establece; mientras que donde hay caos, Su voz se percibe distante. El orden no es solo una preferencia divina, es un principio del Reino. Por eso, el respeto no se limita a las palabras amables, sino que se refleja en la manera en que servimos, colaboramos y convivimos en comunidad.

Respetar el orden que Dios ha establecido dentro de estructuras, equipos o instituciones es una expresión tangible de honra. Cuando cumplimos nuestros compromisos, respetamos los procesos y cuidamos la armonía del grupo, estamos honrando a Dios con nuestras acciones cotidianas. Porque **el respeto no se mide solo en cómo tratamos a las personas, sino también en cómo valoramos el propósito que las une.**

Y es precisamente en esa manera de conducirnos donde se refleja el carácter de Cristo en nosotros: un carácter ordenado en el proceder, justo en el trato y fiel en la manera de edificar la unidad y sostener el orden.

"En cambio, el fruto del Espíritu es amor, alegría, paz, paciencia, amabilidad, bondad, fidelidad, humildad y dominio propio. Contra tales cosas no hay ley" (Gálatas 5:22-23 RVC).

EL EQUILIBRIO ENTRE LA INSPIRACIÓN CREATIVA Y EL RESPETO AL ORDEN ESTABLECIDO

Vivimos en una cultura que aplaude la idea de "salir de la caja", como si toda estructura fuera una limitación y toda norma un enemigo de la creatividad. Pero cuando esa mentalidad se exagera, termina generando rebeldía disfrazada de libertad, desorden presentado como innovación y caos justificado como autenticidad.

No obstante, debemos recordar que la verdadera creatividad no nace de romper el orden, sino de la sabiduría para moverse dentro de los límites correctos. Porque el Reino de Dios no florece en confusión, sino en orden, dirección y honra.

Cuando el corazón se alinea con el propósito, Dios multiplica las ideas, da estrategias y convierte la creatividad en fruto, no en desvío.

Dios es el Autor supremo de la creatividad. Nadie ha creado con más diversidad, belleza y perfección que Él. Pero Su creatividad nunca se ha divorciado de Su carácter. El mismo Dios que diseñó galaxias, mares y estaciones, también estableció límites, ciclos y leyes que sostienen Su creación. Su ejemplo nos enseña que la creatividad es una bendición solo cuando se somete al orden divino y que crear fuera de Sus principios no es libertad: es desvío. Porque toda innovación que ignora los límites del propósito termina construyendo torres sin fundamento, proyectos sin visión y resultados sin fruto.

LA CREATIVIDAD SIN RESPETO SE VUELVE CAOS

La creatividad se vuelve peligrosa cuando no respeta procesos, autoridades o acuerdos porque innovar sin contexto ni consenso destruye lo que otros han edificado con esfuerzo, debilita la confianza del equipo y entorpece el avance de la misión.

Y con esto no me refiero a estancar el fluir de la creatividad, sino a encauzarlo en la estación y en el tiempo en que el Señor te ha colocado, de modo que la intención de haberte conectado con la misión o visión de la que puedas estar siendo parte, te lleve a ser tan efectivo como Él espera que seas, en esa asignación. En este sentido, la inspiración que no se somete a dirección termina convirtiéndose en distracción. Porque la verdadera sabiduría consiste en discernir cuándo una idea nace para edificar y cuándo solo busca llamar la atención.

La creatividad guiada por el Espíritu es constructiva, no disruptiva. No necesita romperlo todo para demostrar que piensa distinto; más bien busca aportar algo nuevo que potencie lo que ya existe. En cambio, la creatividad sin respeto confunde independencia con irreverencia, y siempre termina generando división y desorden.

LA ORIGINALIDAD MADURA HONRA LOS MARCOS

La verdadera innovación no destruye estructuras: las mejora. La persona madura no busca destacarse a costa del sistema, sino fortalecerlo desde dentro. Porque entiende que los límites no son cadenas, sino barandillas que evitan caídas estrepitosas. Honra los procesos, valora la historia y reconoce que el crecimiento sostenible siempre se edifica sobre cimientos sólidos. Antes de proponer, escucha. Antes de cambiar, comprende. Antes de innovar, ora. Porque la creatividad inmadura busca notoriedad, pero la creatividad madura busca utilidad. La primera quiere ser vista; la segunda quiere ser útil. La primera impresiona por un momento; la segunda transforma a largo plazo. Mientras la creatividad inmadura compite por protagonismo, la madura coopera para el propósito, y en esa cooperación encuentra su verdadero valor, porque lo que nace del espíritu correcto no solo impacta el momento, sino que permanece en el tiempo.

> ANTES DE PROPONER, ESCUCHA. ANTES DE CAMBIAR, COMPRENDE. ANTES DE INNOVAR, ORA.

La revelación de Dios no viene para sustituir el orden, sino para renovarlo desde adentro; y cuando la creatividad se somete al carácter, se convierte en una herramienta poderosa que multiplica la visión, impulsa la excelencia y preserva la unidad. Por eso, la próxima vez que escuches la frase "sal de la caja", recuerda esto: no siempre es sabio salir de la caja; a veces, lo sabio es ensancharla. Porque quien honra el marco puede rediseñar el lienzo y quien respeta el orden puede convertirse en instrumento de nuevas dimensiones en el ensanchamiento del Reino. Pero tal como la Biblia lo expresa:

"Todo debe hacerse de una manera apropiada y con orden" (1 Corintios 14:40 NTV).

LA VERDADERA COLABORACIÓN NO SACRIFICA CONVICCIONES, LAS FORTALECE

Colaborar no es renunciar a lo que creo, sino poner lo que soy al servicio de una visión mayor; no se trata de perder identidad, sino de sumar propósito. Porque colaborar es entender que mis dones tienen más impacto cuando se integran al cuerpo y que el éxito del Reino nunca es individual, sino colectivo. Servir con disposición, sujeción y respeto, bajo las reglas de un equipo o una organización no limita la libertad, la encausa.

Pero la colaboración requiere humildad, compromiso y consideración hacia las autoridades que Dios ha establecido, porque quien no sabe servir bajo dirección en la estación en la que está, no está listo para ser llevado a lo próximo que Dios ha dispuesto entregarle. Por eso, la Palabra de Dios nos instruye diciendo: *"Obedeced a vuestros pastores, y sujetaos a ellos; porque ellos velan por vuestras almas, como quienes han de dar cuenta"* (Hebreos 13:17).

EL PRINCIPIO BÍBLICO DEL EQUILIBRIO

Jesús mismo nos enseñó que es posible mantener el equilibrio entre el respeto humano y la obediencia divina, cuando dijo: *"Dad, pues, a César lo que es de César, y a Dios lo que es de Dios"* (Mateo 22:21).

Jesús fue un hombre de orden, pero también de convicción. Respetó las autoridades, pero nunca negoció la verdad del Padre. Esto significa vivir con discernimiento y respetar las leyes, las normas y los sistemas que promueven el bien común, sin idolatrar estructuras humanas. Por eso, cuando las reglas humanas contradicen la voluntad divina, la Escritura nos recuerda con claridad: *"Es necesario obedecer a Dios antes que a los hombres"* (Hechos 5:29).

Pero esto no se trata de rebelarse, sino de confrontar con honra. Porque la mayoría de las normas existen para preservar el orden, la seguridad y la permanencia. Sin embargo, cuando una disposición es injusta o se desvía del propósito de Dios, el creyente maduro no reacciona con rebeldía ni con silencio, sino que ora, propone, y busca hacer la corrección por los canales correctos. Pero si esa desviación amenaza su integridad, su moral o su relación con Dios, entonces debe apartarse con honra y firmeza, recordando que la obediencia a Dios siempre tiene prioridad sobre la lealtad que podamos mostrar a los hombres. Así se distingue la obediencia espiritual de la sumisión ciega y de la anarquía emocional.

DIOS RESPALDA A QUIENES INNOVAN CON PROPÓSITO, NO A QUIENES IMPROVISAN POR IMPULSO

Toda innovación genuina nace del propósito, no del impulso. Dios no respalda la improvisación, sino las acciones guiadas por sabiduría y orden. Por eso, antes de presentar una idea o introducir un cambio, es importante asegurarse de que la motivación, información y método estén alineados con los principios que garantizan efectividad y armonía. Para ello, sugiero evaluar estos tres aspectos antes de presentar una nueva idea o intentar implementar cualquier tipo de cambio:

1. **Intención correcta:** Pregúntate: ¿Esto contribuye al propósito común de esta visión o solo responde a una preferencia personal?
2. **Información suficiente:** Considera: ¿Conozco los límites, implicaciones, costos y tiempos que esto conlleva?
3. **Integración al sistema:** Reflexiona: ¿Cómo encaja esta propuesta dentro de los procesos, roles y estructuras ya establecidas?

Estos tres principios son filtros de madurez que distinguen la innovación guiada por el Espíritu, de la que es movida por el ego. Porque no toda idea brillante proviene del cielo; algunas nacen del deseo de sobresalir más que de servir.

Pero el valor de lo que hacemos no se mide por cuántos lo aplauden, sino por el bien que produce y por cuánto refleja el carácter de Cristo, en el propósito para el cual fue hecho. Por tanto, la innovación que honra al Señor nace de un corazón que busca dar fruto, no de uno que anhela protagonismo.

EL RESPETO POR LAS DIFERENCIAS ES UNA SEÑAL DE MADUREZ ESPIRITUAL

Respetar no solo implica honrar lo que compartimos, sino también cuidar cómo tratamos aquello en lo que no coincidimos. No se trata simplemente de convivir con quienes piensan igual, sino de reflejar el carácter de Cristo ante quienes ven, sienten o actúan de manera distinta.

El verdadero respeto no se pone a prueba en el acuerdo, sino en el contraste; porque es allí donde se revela la madurez del corazón, la profundidad del amor y la comprensión de que la diversidad no amenaza lo que Dios hace, lo enriquece.

Por otro lado, también debemos tener cuidado de no dejarnos mover por quienes quieren que hagamos las cosas "a su manera", especialmente cuando tenemos claridad de dirección y motivos correctos. Siempre habrá personas que opinen sobre cómo deberíamos actuar o liderar, pero al final, cada uno dará cuenta a Dios por todo lo que haya hecho y por los motivos con los que lo haya realizado.

Así que no lo olvides: la madurez consiste en saber recibir consejo sin perder dirección, y en mantener un corazón enseñable sin comprometer la verdad que Dios te reveló. Porque podemos ser sensibles al consejo, pero debemos permanecer firmes en la instrucción divina que sostiene nuestra asignación.

> RESPETAR NO SOLO IMPLICA HONRAR LO QUE COMPARTIMOS, SINO TAMBIÉN CUIDAR CÓMO TRATAMOS AQUELLO EN LO QUE NO COINCIDIMOS.

EL PODER FORMATIVO DE LAS DIFERENCIAS

Dios no repite moldes; Él crea originalidades. Nos diseñó distintos en voz, en timbre, en rasgos, en ADN, en forma de pensar, en sensibilidad, en dones y en expresión, porque Su intención nunca fue uniformar, sino manifestar Su multiforme gracia a través de la diversidad de cada uno. Aun cuando dos personas comparten el mismo don, el Espíritu imprime en ambas una esencia única que le da un matiz particular a su manera de servir y de contribuir.

Comprender esto es vital para vivir en armonía, porque las diferencias no son una amenaza, sino una oportunidad para crecer, aprender y ser pulidos en carácter. No siempre lo distinto es contrario; muchas veces es complementario. El hecho de que alguien piense, actúe o ministre de una manera diferente no debe ser motivo de división, sino una invitación a madurar en tolerancia, respeto y amor. Las diferencias revelan el alcance de Dios y amplían nuestra visión, enseñándonos a convivir sin perder identidad y a honrar lo valioso que hay en los demás, aun cuando su forma no coincida con la nuestra. A veces, las debilidades o las imperfecciones de otros se convierten en herramientas que Dios usa para moldear nuestra paciencia, nuestra humildad y nuestra capacidad de amar sin condiciones. Por eso, la unidad no se construye exigiendo similitud, sino aprendiendo a celebrar la diversidad con un corazón que reconoce que en cada diferencia hay un reflejo distinto de Dios mismo. *"Cada uno según el don que ha recibido, minístrelo a los otros, como buenos administradores de la multiforme gracia de Dios."* (1 Pedro 4:10)

Honrar la multiforme gracia de Dios es reconocer que Su obrar no es uniforme, sino diverso, intencional y perfectamente sabio. Que Él no repite diseños, sino que se expresa de maneras distintas según la forma, el tiempo y la asignación de cada persona. En algunos, Su gracia se manifiesta en silencio y perseverancia; en otros, en impulso y expansión.

Pero en todos, se revela el mismo Dios que actúa conforme a Su propósito eterno. Cuando aprendemos a respetar esa diversidad de operaciones divinas, dejamos de medir lo espiritual con una sola vara y abrimos el corazón a comprender la amplitud del Reino. Porque **la madurez consiste en celebrar el modo en que Dios se muestra a través de diferentes estilos, ritmos y formas de obediencia, sin pretender uniformar lo que Él quiso diversificar.**

A veces, abrir el enfoque nos permite no solo entender más, sino también aprender del modo en que Dios decide manifestarse a través de otros. Y cuando lo hacemos con humildad, el Espíritu Santo nos guía: algunas veces para ajustar nuestra percepción, y otras para afirmarla. Ya que podemos discernir, orientar y aconsejar, pero nunca imponer, porque ni siquiera Dios obliga al ser humano a hacer lo correcto; sino que persuade con amor y trabaja con paciencia en cada proceso, conforme a la medida de gracia y entendimiento que ha impartido.

Por eso, aunque lo que decimos sea verdadero, no debemos forzar a otros a acatar lo que sabemos, ya que hay manifestaciones que el Espíritu permite solo a través de la experiencia, y Dios, en Su sabiduría, usa incluso esas experiencias para formar carácter y revelar dimensiones de Su voluntad que no podrían entenderse de otra manera.

Asimismo, debemos cuidarnos de juzgar el obrar de Dios en otros cuando no comprendemos el contexto en el que Él los está guiando. Desde la distancia, la perspectiva se distorsiona, y el juicio humano tiende a reducir lo que el Espíritu está haciendo a los límites de nuestra propia comprensión. Un ejemplo de esto lo vi hace algún tiempo, al conversar con un joven ministro que pensaba que su pastor, ya mayor, debía retirarse, porque interpretaba su permanencia como un deseo ofuscado

de conservar su posición. Sin embargo, le expliqué que debía tener cuidado, porque fue Dios quien colocó a ese pastor en ese lugar, y solo Él sabe cuándo y cómo dar nuevas instrucciones acerca de lo que Él espera que ese pastor haga.

A veces, cuando alguien se aferra a su posición, no lo hace por ego, sino por fidelidad al llamado; así como Caleb, que a los ochenta y cinco años reclamó su monte y decidió conquistarlo. Pero también hay quienes, con la misma madurez, eligen retirarse antes de tiempo, movidos no por cansancio, sino por obediencia. En ambos casos, se trata de manifestaciones distintas de una misma gracia. No se trata de quién tiene la razón, sino de quién responde con el espíritu correcto a la voz de Dios.

Tanto la decisión de continuar como la de dar paso a otro, pueden ser igualmente acertadas si provienen de una instrucción divina. Porque la multiforme gracia de Dios no se encierra en un solo modelo de obediencia: se expresa en la diversidad de formas en que Él guía a Sus siervos para cumplir Su voluntad. Y solo Él, que ve las intenciones del corazón, puede juzgar con justicia, corregir los excesos y recompensar la fidelidad hallada en cada vida que decide honrar Su voz.

> DESDE LA DISTANCIA, LA PERSPECTIVA SE DISTORSIONA, Y EL JUICIO HUMANO TIENDE A REDUCIR LO QUE EL ESPÍRITU ESTÁ HACIENDO A LOS LÍMITES DE NUESTRA PROPIA COMPRENSIÓN.

LA IMPORTANCIA DE HONRAR LA VISIÓN Y LA AUTORIDAD QUE NOS GUÍA

Toda obra que perdura se sostiene sobre principios de honra, obediencia y respeto. En el diseño de Dios, cada persona tiene una función que contribuye al cumplimiento de Su propósito. No todos fueron llamados a liderar desde la misma posición, pero todos fueron convocados a servir con fidelidad dentro del espacio donde fueron plantados.

No todos fueron llamados a ser pastores; a muchos, el Señor los llamó a ser ovejas leales que fortalecen la visión del rebaño. No todos fueron llamados a ser dueños de empresas; otros fueron escogidos para sumar con excelencia a la idea que el Señor depositó en alguien más.

Y no todos fueron llamados a liderar proyectos o equipos; algunos fueron escogidos para sostenerlos con sus dones, su servicio y su compromiso constante. En la estructura divina, la grandeza no se mide por el rango, sino por la obediencia con que respondemos al llamado que hemos recibido.

Cada tarea, visible o silenciosa, tiene un valor eterno ante los ojos de Dios. El Creador no premia la exposición, sino la intención con la que se sirve. Lo que el Señor espera no es que todos dirijan, sino que todos obedezcan con un corazón íntegro, fiel y dispuesto a edificar desde el lugar donde cada uno ha sido colocado.

Por eso, cuando trabajamos dentro de una visión que Dios le reveló a otra persona, debemos recordar algo esencial: no servimos para quien recibió la visión, sino para Aquel que la inspiró. Comprender esto cambia la perspectiva, libra el alma del orgullo, del resentimiento y de la comparación. Porque cuando servimos para agradar a Dios, aunque lo hagamos bajo la dirección de otro, cada tarea cobra sentido eterno. Hasta los gestos más sencillos se convierten en actos de adoración cuando se hacen desde la honra y la obediencia.

Así que es importante cuidar el corazón de pensamientos como, *"si fuera yo, lo haría diferente"*. Porque aunque parezcan inofensivos, ese tipo de comentarios pueden revelar una resistencia silenciosa al orden que Dios estableció. Y no se trata de callar ideas, sino de expresarlas con el espíritu correcto. Jetro aconsejó a Moisés y transformó su sistema de liderazgo, pero lo hizo con sabiduría, respeto y una actitud edificante. Así también nosotros debemos aprender a hablar con la persona indicada, en el momento correcto y con la disposición adecuada. Las aportaciones que provienen del Espíritu no buscan tener razón, sino fortalecer la visión; no buscan reconocimiento, sino dar fruto.

Si nuestra propuesta no es aceptada, la templanza nos enseña a mantener el corazón en paz; y si lo es, la madurez nos recuerda que el mérito no es nuestro, sino de Aquel que nos permite servir. Al final, todo debe hacerse para la gloria de Dios, no para la aprobación humana.

El respeto por las diferencias no divide, madura. No se trata de pensar igual, sino de amar con el mismo espíritu. No se trata de actuar del mismo modo, sino de avanzar bajo un mismo propósito. Cuando comprendemos esto, dejamos de competir y comenzamos a construir; dejamos de compararnos y empezamos a colaborar. En ese ambiente de respeto mutuo, cada persona encuentra su lugar y cada esfuerzo suma a un propósito mayor.

La verdadera madurez espiritual se manifiesta donde hay respeto: respeto por la autoridad, por los procesos, por los tiempos de Dios, por las diferencias y por la voz del Espíritu

Santo. El respeto no es una norma humana, es una evidencia de madurez. Cada vez que eliges respetar, demuestras que Cristo gobierna tu interior. Donde el respeto se establece, el caos retrocede; y donde la honra se practica, la gloria de Dios se manifiesta. Porque la honra no nace del reconocimiento, sino de la comprensión. Honramos no porque todo sea perfecto, sino porque discernimos el origen de la autoridad y el propósito del orden. Honramos porque entendemos que el mismo Dios que posiciona, también instruye, y que detrás de toda estructura legítima hay una intención divina de formación y cobertura. Por eso, quien aprende a honrar la visión y la autoridad que lo guía, se vuelve confiable para recibir mayor dirección.

LAS APORTACIONES QUE PROVIENEN DEL ESPÍRITU NO BUSCAN TENER RAZÓN, SINO FORTALECER LA VISIÓN; NO BUSCAN RECONOCIMIENTO, SINO DAR FRUTO.

La madurez espiritual se evidencia cuando ya no servimos por necesidad de aprobación, sino por conciencia de propósito. Servir bajo dirección no limita, desarrolla. Someterse no debilita, fortalece. Y obedecer no retrasa, acelera el cumplimiento del plan divino. Porque todo lo que se edifica sobre honra se sostiene sobre gracia, y todo lo que se edifica sobre rebeldía termina cayendo bajo su propio peso.

Por eso, si Dios te ha confiado un lugar dentro de una visión, ocúpalo con excelencia, con humildad y con gozo. No anheles lo que no te ha sido entregado, ni menosprecies lo que parece pequeño. La grandeza no está en cambiar de posición, sino en permanecer fiel en la que se te ha asignado. Y cuando el cielo encuentra en ti un corazón que honra, un espíritu enseñable y una actitud sujeta al orden divino, entonces te lleva a nuevos niveles, no como un premio, sino como consecuencia natural de la madurez.

Porque la honra no te disminuye, te expande. El respeto no te encadena, te preserva. Y la sujeción no te atrasa, te prepara. Quien honra la visión que lo guía se alinea con el corazón de Dios, y quien sirve con integridad en lo ajeno se vuelve digno de recibir lo propio. Esa es una ley espiritual inquebrantable: a los fieles en lo poco, Dios los establece sobre lo mucho.

"No nos cansemos de hacer el bien, porque a su debido tiempo cosecharemos si no nos damos por vencidos" (Gálatas 6:9 NVI).

ORACIÓN FINAL

Padre celestial, gracias por enseñarme que el respeto no es una costumbre humana, sino un reflejo de Tu naturaleza en mí.

Hoy te pido que limpies mi corazón de toda crítica, dureza o juicio que me impida ver a los demás con Tus ojos.

Dame la gracia de escuchar antes de hablar, de comprender antes de señalar y de amar incluso cuando no entienda.

Señor, enséñame a respetar la diversidad que Tú diseñaste en Tu cuerpo.

Ayúdame a honrar a los que piensan distinto, a valorar las formas diferentes y a mantener la unidad sin perder la verdad.

Hazme un instrumento de armonía donde haya división, de humildad donde haya orgullo y de paz donde haya contienda.

Te entrego mis relaciones, mis palabras y mis decisiones, para que en cada una de ellas se vea reflejado Tu carácter y Tu sabiduría. Permíteme ser una extensión de Tu amor, alguien que siembra respeto y cosecha comunión. En el nombre de Jesús. ¡Amén!

PALABRA DE COMPROMISO

A partir de hoy decido vivir mostrando respeto como una expresión tangible del amor de Dios en mí.

Me comprometo a tratar a cada persona con la misma dignidad con la que deseo ser tratado, a cuidar mis palabras, mis gestos y mis actitudes, sabiendo que cada encuentro humano es una oportunidad para reflejar el corazón de Cristo. Renuncio a juzgar las formas ajenas y elijo mirar la esencia que Dios depositó en cada uno.

Honraré la diversidad que Él diseñó, entendiendo que no todos fuimos llamados a lo mismo, pero todos fuimos llamados a servir con fidelidad.

Me comprometo a respetar los procesos, las diferencias y las autoridades que Dios estableció, recordando que en Su Reino no hay jerarquías de valor, sino propósitos complementarios.

Serviré con humildad donde Él me ponga, contribuiré con

amor donde Él me llame, y sembraré respeto donde otros solo siembran juicio.

Declaro que mi vida será un espacio donde el respeto florezca, la honra permanezca y la presencia de Dios habite. Porque donde hay respeto, hay orden; donde hay orden, hay paz; y donde hay paz, el Espíritu Santo se complace en estar.

LA RENOVACIÓN CONSTANTE

El principio que transforma cada temporada en una nueva oportunidad para crecer

Llega un punto en la vida en el que no se trata de cuánto más puedas dar, sino de cuánto de ti sigue vivo mientras das. No porque hayas fallado ni porque hayas perdido la fe, sino porque sostener responsabilidades, procesos largos y decisiones constantes también desgasta el alma. Hay cargas que se repiten, esperas que se alargan y demandas que no se detienen, y todo eso va cansando por dentro, aunque por fuera sigas respondiendo.

Hay momentos en los que sigues adelante no por fuerza, sino por compromiso; no por pasión, sino por responsabilidad. Y aunque Dios honra esa fidelidad, Él nunca diseñó que vivas funcionando por fuera mientras te apagas por dentro. Por eso, la renovación no nace como un escape, sino como una respuesta necesaria para seguir caminando con vida, claridad y dirección.

Son muchas las personas que han muerto, y no necesariamente porque hayan dejado de respirar, sino porque dejaron de renovarse. Mueren cuando su espíritu deja de fluir, cuando la pasión se apaga, cuando comienzan a hacer las cosas por costumbre y no por convicción.

Porque hay una esencia, una gracia y una fuerza interior que solo permanecen vivas en quienes aprenden a renovarse constantemente.

La fortaleza que sostiene la vida interior no proviene solo del descanso físico, sino del reencuentro con la fuente. Y esa fuente es la presencia de Dios. De allí fluye la claridad para decidir, la resistencia para perseverar y la gracia necesaria para mantenernos firmes aun en medio de la fatiga.

Todo lo que se usa necesita ser renovado. Una herramienta que trabaja constantemente pierde filo; una lámpara que permanece encendida sin recargarse termina apagándose;

un instrumento que no se afina pierde su melodía; y una máquina que no recibe mantenimiento acaba deteniéndose. De la misma manera, intentar sostener con un corazón desgastado lo que un día comenzó con pasión es una forma silenciosa de auto destrucción.

Hay quienes intentan mantener con rutina lo que una vez nació del fuego del Espíritu, y terminan agotados, vacíos y frustrados.

EL PROBLEMA NO ES EL DESGASTE; ES LA FALTA DE RENOVACIÓN

La Biblia no espiritualiza el desgaste ni lo presenta como un fracaso. Al contrario, lo reconoce como una realidad normal de todo lo que se usa, trabaja y responde constantemente. Por eso, cuando habla del cansancio, no apunta a la culpa, sino a la sabiduría con la que se debe enfrentar. Desde esa perspectiva, la Escritura nos deja una enseñanza profundamente práctica: *"Si se embotare el hierro, y su filo no fuere amolado, hay que añadir entonces más fuerza; pero la sabiduría es provechosa para dirigir."* (Eclesiastés 10:10)

Este pasaje claramente expresa que el hierro se embota, y ese no es el problema. El verdadero problema aparece cuando el filo no es amolado, porque entonces la consecuencia es inevitable: se necesita añadir más fuerza para lograr lo que antes se hacía con mayor facilidad a causa del filo. Mostrándonos con esto, que el desgaste no se evita, pero sí se administra. No todo cansancio es señal de desorden, pero todo cansancio mal administrado termina produciendo sobreesfuerzo, frustración y pérdida de efectividad.

Cuando el hierro pierde filo, no deja de cortar; simplemente no corta con la misma efectividad sino que exige más presión, más energía y más tiempo para intentar lograr el resultado que antes obtenía. Así también ocurre en la vida práctica. Personas responsables, fieles y comprometidas siguen haciendo lo correcto, pero cada vez les cuesta más. No porque hayan perdido el llamado, sino porque están intentando avanzar con un hierro sin amolar.

Amolar no es abandonar la tarea, es invertir tiempo en ajustar lo que te permite ser efectivo. Es detener la fuerza por un momento para recuperar precisión. Es reconocer que seguir empujando sin filo no es valentía, es desgaste innecesario. Amolar el filo implica ajustar ritmos, ordenar prioridades, cuidar pensamientos y volver a la fuente que sostiene la claridad interior.

El texto no condena el esfuerzo; lo dirige. Dice que cuando el hierro no se amola, hay que añadir más fuerza, pero aclara que la sabiduría es provechosa para dirigir. Es decir, la solución no es empujar más, sino dirigir mejor.

Winston Churchill fue uno de los líderes más influyentes del siglo XX. Conocido por su firmeza en tiempos de crisis, su capacidad estratégica y su claridad para tomar decisiones bajo presión, por lo que entendía bien el valor de prepararse antes de actuar. Y en una ocasión, de manera contundente, afirmó que si le dieran seis horas para talar un árbol, dedicaría cuatro a afilar el hacha y solo dos a cortar el árbol. No porque evitara el trabajo, sino porque entendía que, sin filo, el esfuerzo se multiplica y el resultado se reduce.

Con esa imagen dejó una enseñanza clara: la efectividad no depende solo de cuánto esfuerzo se haga, sino de cuán preparado esté el instrumento con el que se trabaja. Un hacha sin filo exige más fuerza, más tiempo y deja agotado a quien la usa, antes de terminar la tarea. En cambio, un hacha bien afilada permite avanzar con precisión, claridad y menor desgaste.

Lo mismo ocurre en la vida práctica. Cuando no invertimos tiempo en renovar el filo interior, terminamos gastando el doble de energía para lograr la mitad del resultado. Afilar no es perder tiempo; es ganar dirección, efectividad y sostenibilidad en la asignación. Pero quien no invierte tiempo en afilar, termina confundiendo desgaste con falta de capacidad.

En la vida diaria, amolar el filo no se limita a lo espiritual; también incluye crecer, aprender y prepararse mejor para hacer con mayor efectividad lo que Dios nos ha confiado. Hay personas agotadas no porque les falte llamado, sino porque están intentando responder a nuevas demandas con herramientas viejas.

Afilar el filo, en muchos casos, significa adquirir conocimiento, capacitarse, entrenarse, aprender nuevas formas de hacer las cosas mejor. Significa reconocer que crecer exige preparación, y que no todo se resuelve con buena intención. Dios honra el esfuerzo, pero también honra la excelencia y la disposición a aprender.

AMOLAR EL FILO EN LA VIDA DIARIA SIGNIFICA:

- **Ordenar el descanso**, para no vivir reaccionando desde el agotamiento ni tomando decisiones desde la fatiga acumulada.
- **Cuidar la mente**, para no pensar, hablar ni decidir desde la confusión, el ruido o la saturación interior.
- **Revisar hábitos**, para no servir en automático ni sostener lo que hacemos desde **rutinas vacías**, desconectadas del propósito.
- **Entrenarse y aprender**, para no enfrentar nuevas demandas con herramientas viejas ni repetir esfuerzos innecesarios.
- **Volver a la presencia de Dios**, para no depender solo de la fuerza humana, sino de la gracia que renueva, sostiene y da dirección.

El hierro embotado no se afila con culpa, sino con sabiduría. Y la sabiduría comienza cuando entendemos que renovarse no es perder tiempo, es volver a hacer las cosas con denuedo y claridad. Porque seguir añadiendo fuerza a un hierro sin filo solo produce más cansancio pero la renovación práctica nos permite seguir caminando con menos desgaste, mayor impacto y más efectividad.

LA RENOVACIÓN QUE NACE DE LA DEPENDENCIA DE DIOS

No toda renovación ocurre de la misma manera ni responde

a la misma fuente. Hay procesos de renovación que requieren ajustes, estrategias, sabiduría práctica y decisiones responsables. Tal como acabamos de observar. Existen momentos en los que el desgaste se corrige amolando el filo, ordenando prioridades, mejorando métodos y administrando mejor las fuerzas. Esa dimensión es necesaria y bíblica. Sin embargo, hay otro tipo de desgaste que no se resuelve con planes, ni con técnicas, ni con disciplina humana.

Aquí entramos en una renovación distinta. Una que no nace del esfuerzo bien administrado, sino dc la intervención directa de Dios. Una renovación que no se activa cuando aprendemos a hacerlo mejor, sino cuando reconocemos que ya no podemos hacerlo solos. Esta no es una renovación estratégica; es una renovación por dependencia de Dios.

Hay puntos donde la sabiduría práctica ya no basta y donde la única respuesta posible es volver a la fuente.

El profeta Isaías introduce esta verdad con una honestidad contundente. No idealiza la fortaleza humana ni exagera la capacidad del hombre. Por el contrario, declara que aun los jóvenes se cansan, que aun los más fuertes flaquean y caen. Con esto deja claro que hay límites que ninguna planificación puede extender de forma permanente. Hay puntos donde la sabiduría práctica ya no basta y donde la única respuesta posible es volver a la fuente.

Por eso el profeta no dirige la mirada hacia nuevas técnicas, sino hacia Dios mismo: "Él da esfuerzo al cansado, y multiplica las fuerzas al que no tiene ningunas" (Isaías 40:29). Aquí la renovación no depende de lo que el hombre aprende a hacer, sino de lo que Dios decide impartir. No es una mejora progresiva; es una impartición sobrenatural. No es recuperación gradual; es suministro divino.

Esta distinción es crucial y confundir ambos tipos de renovación produce frustración. Intentar resolver con estrategias lo que solo se sana con dependencia, termina agotando más al que ya está cansado. Isaías nos enseña que hay momentos en los que Dios no nos llama a ajustar el paso, sino a detenernos y esperar correctamente, no para rendirnos, sino para reconectarnos.

> HAY PUNTOS DONDE LA SABIDURÍA PRÁCTICA YA NO BASTA Y DONDE LA ÚNICA RESPUESTA POSIBLE ES VOLVER A LA FUENTE.

A partir de aquí, la Escritura nos lleva a comprender que la verdadera fuerza no siempre se manifiesta en hacer más, sino en aprender a depender mejor. Y es desde ese lugar —no desde la autosuficiencia, sino desde la espera— que la renovación profunda comienza a manifestarse.

La renovación que viene de Dios no se activa cuando aprendemos a resistir un poco más, sino cuando dejamos de confiar en que nuestra fuerza será suficiente. Hay momentos en los que ajustar métodos es necesario, pero hay otros en los que insistir en estrategias solo evidencia que seguimos dependiendo de nosotros mismos. Es ahí cuando debemos comprender que la verdadera restauración comienza cuando reconocemos el límite y volvemos a la fuente.

Esperar en el Señor no es retroceder ni perder tiempo; es permitir que Dios vuelva a ser el origen de lo que sostiene nuestra vida, nuestro llamado y nuestra perseverancia. Cuando la fuerza se agota, la dependencia se vuelve indispensable. Y desde ese lugar, Dios no solo nos levanta, sino que nos capacita para caminar sin colapsar.

Por eso, esta renovación no busca que hagamos más, sino que volvamos a sostenernos correctamente. No se trata de cuánta fuerza aún nos queda, sino de quién nos está fortaleciendo. Y cuando la fuerza vuelve a fluir desde Dios, el camino puede seguir siendo largo, pero ya no es destructivo, es sostenido.

LA FORMA COMO JESÚS SE RENOVABA

Jesús, el Hijo de Dios, no caminó sobre la tierra como alguien inmune al cansancio ni ajeno al peso de la condición humana. Sintió hambre, sueño, agotamiento y tristeza; conoció la presión de las multitudes, la exigencia constante y el dolor profundo de la traición. Y aun así, eligió vivir plenamente desde su humanidad, no apoyado en una fortaleza independiente, sino sostenido cada día por su relación con el Padre. Esa dependencia continua fue el secreto de su equilibrio, la fuente de su fortaleza y el fundamento de su poder.

Jesús no evitó el desgaste humano; lo asumió. Pero nunca permitió que ese desgaste lo desconectara de la Fuente. Cada momento de intimidad con el Padre lo alineaba, lo afirmaba y lo sostenía. Su fuerza no provenía de ignorar sus límites, sino de honrarlos desde la comunión. Por eso su vida no fue una carrera desordenada, sino un caminar preciso, enfocado y lleno de propósito.

Hay algo profundamente revelador en la manera como Jesús descansaba, y es que Él no veía el descanso como abandono de la misión, sino como parte de ella. Dormía en la barca mientras avanzaba hacia el otro lado; no se bajó del camino para descansar, descansó en el camino. Se sentó cansado junto al pozo en Samaria, y desde ese lugar de agotamiento físico abrió una conversación que trajo salvación, revelación y transformación a una mujer y a toda una ciudad. Jesús no esperó estar recuperado para ser útil; fue productivo aun en medio del cansancio, porque su productividad no dependía de su energía física, sino de su posición espiritual.

Esto nos confronta con una verdad que muchas veces ignoramos: no todo descanso implica detener el avance. Jesús avanzaba desde el reposo y descansaba sin perder dirección, demostrando con Su vida que es posible cumplir nuestra asignación sin violentar la humanidad y sin dejar que la humanidad estanque el propósito. Él no se movía por presión, por urgencia emocional ni por demandas externas; se movía desde una vida afirmada en el Padre.

En Jesús vemos que el verdadero descanso no nace del abandono, sino de una vida afirmada en Dios que, aun en reposo, sigue produciendo fruto. Su reposo no fue evasión, fue alineación. Su pausa no fue desconexión, fue permanencia. Por eso, aun cuando parecía quieto, el cielo seguía obrando a través de Él.

Renovarse, entonces, no siempre significa detenerse por completo. Muchas veces significa aprender a avanzar desde un lugar interior correcto. Porque cuando la posición es sana, el movimiento no desgasta; edifica. Y cuando la conexión se mantiene, la asignación puede seguir desarrollándose sin quebrar al que la porta.

Jesús nos muestra que la renovación verdadera no nos saca del propósito, nos permite cumplirlo sin destruirnos en el proceso.

LA RENOVACIÓN ES LA LLAMA QUE MANTIENE VIVO EL FUEGO DEL PROPÓSITO Y LA PRODUCTIVIDAD

Cada vez que elegimos renovarnos, Dios reordena lo interno para multiplicar lo externo. Renovarse es más que resistir: es decidir no rendirse, permanecer firme cuando otros se detienen y mantener el alma viva, enfocada y encendida bajo la presencia de Aquel que todo lo renueva.

El salmista también expresó con claridad y autoridad la manera en que Dios sostiene la productividad de quienes le sirven, aun en las etapas más avanzadas de la vida: *"El justo florecerá como la palmera; crecerá como cedro en el Líbano. Plantados en la casa del Señor, florecerán en los atrios de nuestro Dios. Aun en la vejez fructificarán; estarán vigorosos y verdes"* (Salmos 92:12–14).

Este pasaje no es una figura poética sin contenido, es una promesa viva. La Escritura compara al justo con la palmera, y esa comparación no es casual. La palmera es símbolo de permanencia, resistencia y renovación constante. Crece en terrenos áridos, soporta climas extremos y, aun así, permanece erguida y productiva. Su fortaleza no depende de lo que ocurre en la superficie, sino de la profundidad de sus raíces.

Cuando la palmera habita en tierra seca, extiende sus raíces hasta encontrar agua donde aparentemente no la hay. De esa conexión invisible obtiene la fuerza para mantenerse firme, seguir creciendo y continuar dando fruto. De la misma manera, el justo no florece porque el entorno sea favorable, sino porque está plantado en el lugar correcto.

Con este ejemplo, la Palabra nos confronta con una verdad poderosa: la productividad sostenida no es el resultado de circunstancias ideales, sino de una vida arraigada en Dios.

Es por esto que Caleb, a la edad de 85 años, lleno de fuerza y convicción declaró: *"Todavía estoy tan fuerte como el día en que Moisés me envió; tengo el mismo vigor para salir a la guerra y para volver"* (Josué 14:11).

Caleb no fue un hombre común. Décadas atrás, había sido uno de los doce espías enviados por Moisés para inspeccionar la Tierra Prometida y de todos ellos, solo Josué y Caleb regresaron con un informe lleno de fe (ver Números 13). Porque mientras los demás vieron gigantes, ellos vieron promesas; mientras los otros se rindieron ante el miedo, Caleb se aferró a lo que Dios había dicho. Su mirada no se fijó en los obstáculos, sino en la fidelidad de Aquel que lo había llamado.

Esa fe, sostenida durante cuarenta y cinco años de espera, se convirtió en la fuerza que lo mantuvo vivo. Había visto morir a toda una generación incrédula, pero él seguía en pie, con la misma determinación con la que había comenzado a creer. Había pasado por desiertos, guerras y temporadas de aparente retraso, pero su espíritu no se oxidó, porque la esperanza que se alimenta de una promesa nunca envejece.

Caleb no dependía de la fuerza de sus músculos, sino de la renovación continua de su espíritu en Dios. Por eso, cuando habló, no lo hizo desde la nostalgia, sino desde la fe; y mientras otros buscaban tierras fáciles, él reclamó el monte que le correspondía por herencia. No fue una petición al azar, sino la afirmación de una promesa que llevaba más de cuatro décadas guardada en su corazón. Así que llegado el tiempo para la conquista, con toda determinación y firmeza dijo a Josué: *"Dame, pues, la región montañosa que el Señor me prometió aquel día. Tú bien sabes que los anaquitas viven allí, y que sus ciudades son grandes y fortificadas; pero con la ayuda del Señor los expulsaré de ese territorio, tal como él lo ha prometido"* (Josué 14:12 NVI).

Ese monte era Hebrón, una tierra estratégica, cargada de destino pero también llena de desafíos porque estaba habitada por los anaceos, descendientes de gigantes. Sin embargo, Caleb no quiso una porción sin batalla; quiso conquistar lo que ya Dios le había prometido. Porque sabía que si Dios le había entregado ese territorio, también le daría la fuerza para poseerlo. Su actitud nos enseña que la fe verdadera no busca lo fácil, sino lo que le pertenece por herencia divina.

Hay montes que Dios ha asignado para nosotros, y aunque ahora estén ocupados por gigantes, debemos recordar que el paso del tiempo no anula la promesa; solo prueba la perseverancia del corazón que la espera.

Caleb comprendió que no bastaba con sobrevivir al desierto; había que poseer lo prometido. Fue así, como a sus 85 años, demostró que la edad no cancela los sueños cuando el espíritu se mantiene renovado. Y su voz aún resuena como un desafío para cada generación, diciendo: "¡Dame ese monte!" no como una demanda humana, sino como la afirmación de una fe que dice: "Lo que Dios me prometió, me pertenece, y mientras me quede aliento, seguiré luchando por verlo cumplido."

Caleb no solo tenía años; tenía propósito. Su cuerpo podía reflejar el paso del tiempo, pero su corazón seguía marchando al ritmo de la visión divina. Ese es el secreto de la verdadera renovación: no dejar que los años apaguen lo que Dios encendió, sino vivir para que añadan más fuego a nuestra convicción.

Otro ejemplo de esto, es la Madre Teresa de Calcuta, una mujer pequeña en estatura, pero inmensa en espíritu, que dedicó más de siete décadas de su vida a servir a los más necesitados. Su historia comenzó en Albania, pero su llamado la llevó a las calles de Calcuta, donde encontró a Cristo en los rostros de los enfermos, los huérfanos y los olvidados. Allí fundó la congregación de las Misioneras de la Caridad, una obra que hoy continúa en más de 130 países, cuidando a los desamparados y llevando esperanza donde la vida parecía acabarse.

A lo largo de los años enfrentó enfermedades, pruebas prolongadas y temporadas de profundo silencio espiritual. Sin embargo, nunca dejó de servir, sino que, a los 87 años, con un marcapasos en el corazón y un cuerpo visiblemente débil, declaró con toda firmeza: "No me manden a descansar, porque tendré toda la eternidad para hacerlo".

Dando a entender con esto que su cuerpo podía estar limitado, pero su espíritu seguía encendido; que no encontraba descanso en la inactividad, sino en el cumplimiento de su propósito. Que su fuerza no provenía de la salud, sino de la entrega; no del cuerpo, sino del motor impulsor llamado amor. Enseñándonos con esto, que la renovación no siempre se refleja en la energía física, sino en la fuerza sobrenatural que la pasión aporta.

La vida de la Madre Teresa de Calcuta fue una carta abierta que decía: "No importa cuánto tiempo haya pasado ni cuánto cuerpo me quede, mientras mi corazón siga ardiendo por amar como Cristo amó, seguiré siendo útil para el Reino de Dios."

Otro testimonio vivo de renovación continua es Carolina Herrera, ícono de elegancia, creatividad y disciplina, cuya historia no es solo la de una diseñadora de modas, sino la de una mujer que supo reinventarse en cada temporada de la vida.

Nacida en Caracas, Venezuela, en 1939, comenzó su carrera en la moda cuando muchos pensarían que ya era tarde para hacerlo. A los 42 años presentó su primera colección; con el tiempo, se convirtió en una de las figuras más influyentes de la alta costura mundial y a los 85 años, lejos de pensar en detenerse, abrió su tienda número 280, consolidando una marca presente en los principales escenarios de la moda internacional. Y al preguntarle qué cuándo pensaba retirarse, respondió con una determinación admirable: "No lo tengo en mente; estoy resuelta a avanzar hasta el límite de lo que la vida que tengo me permita conquistar."

Esta frase revela el espíritu de alguien que no ve la vida como una línea que termina, sino como una oportunidad que se expande. Su respuesta no fue simple ambición humana, sino una declaración de gratitud y propósito. Porque para ella, cada diseño, cada proyecto y cada nuevo desafío representan una forma de honrar la vida que Dios le ha permitido vivir.

Carolina Herrera nos recuerda que el verdadero retiro no ocurre cuando dejamos de trabajar, sino cuando dejamos de soñar; porque el tiempo no la ha limitado, la ha inspirado. Y en lugar de rendirse al paso de los años, lo ha transformado en testimonio de madurez, experiencia y visión; demostrando con su vida que cada etapa puede ser productiva cuando el corazón se mantiene alineado con el propósito para el cual fuimos creados.

En su caso, la renovación no ha sido un evento aislado, sino un estilo de vida que se ha manifestado en disciplina, constancia y pasión, pero también en una visión clara de crecimiento continuo, creatividad y excelencia. Cada colección, cada detalle y cada logro siguen siendo una manifestación del principio que ha guiado su camino, porque la verdadera belleza no se apaga con los años; se perfecciona en el alma de quien sigue floreciendo.

Las tres vidas que acabamos de observar son completamente distintas en contexto, pero unidas en espíritu, ya que cada una nos enseña que la renovación no tiene que ver con la edad, sino con la actitud. Caleb tenía promesa, Teresa tenía compasión y Carolina tenía visión. Cada uno, desde su propio escenario, eligió mantener viva la llama interior cuando otros habrían elegido detenerse. Mostrándonos así que el cuerpo puede envejecer pero el alma que se renueva permanece siendo productiva, creativa y fructífera. La mente puede cansarse, pero el espíritu que se mantiene conectado a su fuente se levanta con nuevas fuerzas. Quien vive en constante renovación no solo sobrevive a los años: los transforma en testimonio de propósito cumplido. Porque la renovación no solo te da fuerza para seguir; te da pasión para seguir haciendo que la vida cuente.

La renovación no niega el desgaste: lo vence. Porque no envejece quien cumple años, sino quien deja de crecer. La verdadera fuerza del creyente no está en su cuerpo, sino en su espíritu, que se renueva día tras día bajo la mano de Aquel que hace nuevas todas las cosas.

LOS PELIGROS DEL DESGASTE

El desgaste es uno de los enemigos más sutiles del alma,

porque no llega de golpe; se infiltra lentamente, drenando la pasión y nublando la percepción. No destruye de inmediato, pero va apagando el brillo con el que muchos comenzaron. Y cuando no se reconoce a tiempo, termina robándonos la sensibilidad para discernir lo nuevo que Dios está haciendo.

El desgaste daña la percepción. Cuando el corazón se cansa, la mirada se acorta: comenzamos a ver la vida desde el filtro de la decepción y no desde la esperanza. Interpretamos a las personas desde la herida y no desde la fe; leemos las circunstancias con cansancio espiritual y no con discernimiento. Y, sin darnos cuenta, cerramos los nuevos pozos de agua que Dios ha dispuesto para cada temporada.

Pozos de oportunidades, de relaciones sanas, de proyectos nuevos y de palabras frescas que podrían traer vida a lo que parecía seco. Por eso es vital aprender a reconocer el desgaste y permitir que el Espíritu Santo renueve nuestra visión. No para forzar nuevos comienzos, sino para ver con claridad lo que Dios ha puesto delante de nosotros y que aún espera ser conquistado con la vida que tenemos hoy. Porque si Dios hubiese terminado con nosotros, ya no estaríamos aquí. La evidencia de que todavía hay promesas por alcanzar y territorios por conquistar es que nuestros pulmones siguen respirando. Porque mientras hay aliento, también hay asignación.

Y no se trata de forzar, sino de determinarnos a alcanzar. Porque el alma, cuando está clara —no cargada, sino purificada— sabe. Sabe cuándo una etapa ha concluido y cuándo aún queda algo por cumplir. Hay una certeza interna y una convicción silenciosa, que impulsa a seguir mientras la asignación divina permanece incompleta, pero además hay satisfacción interna cuando el alma sabe que la misión de vida alcanzó su meta.

Un ejemplo claro de esto fue el gran físico y pensador Albert Einstein, cuya mente revolucionó la ciencia moderna. Cuando enfermó gravemente a la edad de setenta y seis años, los médicos intentaron prolongar su vida mediante una cirugía. Sin embargo, él, con serenidad y plena conciencia, decidió no someterse a la misma, afirmando que ya había entregado a la humanidad todo aquello que había venido a aportar.

Einstein había transformado la manera en que el mundo comprendía el universo, revelando principios que cambiaron para siempre la ciencia, la energía y el pensamiento humano. Su decisión no nació de la desesperanza, sino de la paz interior de quien sabía que había vaciado su depósito y cumplido su propósito.

Este mismo principio se aplica a quienes viven conscientes de su llamado. Ellos no miden su valor por la duración de sus días, sino por la plenitud con la que los viven.

Porque desde antes de que existiéramos, Dios ya había escrito cada detalle de nuestra historia. El salmista lo declaró con asombro cuando dijo: "Tus ojos vieron mi cuerpo en gestación; todo estaba escrito en tu libro; todos mis días estaban diseñados, aunque no existía uno solo de ellos" (Salmos 139:16 NVI).

Nada en nuestra vida ocurre al azar. Todo lo que somos, hacemos y alcanzamos está escrito en los planes eternos del Creador. Por eso no debemos permitir que el desgaste nos haga creer que ya no vale la pena seguir floreciendo, ni dejar que nos convenza de que ya vimos lo suficiente, hicimos lo necesario o que nuestra mejor temporada quedó atrás. Aún la creación nos predica esto con la flor, porque cuando el tallo se debilita y el pétalo comienza a caer, la flor sigue liberando su aroma hasta que deja de ser.

Así también, quienes se renuevan constantemente, aunque atraviesen temporadas difíciles, continúan exhalando el perfume del propósito que Dios les confió, hasta el final de sus días en esta tierra. Una fragancia de fe, amor y perseverancia: el legado invisible de una vida que decidió no rendirse.

EL DESGASTE NO TRATADO NOS ROBA LA OPORTUNIDAD DE DEJAR UN LEGADO

El mayor peligro del desgaste, no es solo detenernos, sino perder la capacidad de transferir lo que Dios depositó en nosotros, porque un corazón desgastado enseña con palabras, pero ya no inspira con la vida. Su voz puede seguir hablando, pero ha perdido el peso de la unción que proviene de la comunión. Porque nadie puede impartir vida si su espíritu está seco; y cuando el espíritu está seco, las acciones se vuelven mecánicas, los gestos pierden sentido y las obras, aunque parezcan fructíferas, carecen de impacto eterno.

No hay herencia más vacía que la de quien deja logros, pero no esencia; resultados, pero no vida. Porque los logros se aplauden, pero la esencia se hereda. El verdadero legado no se mide por lo que construimos con las manos, sino por lo que impartimos con el corazón, sostenemos con el carácter y sembramos con amor. Porque todo lo que se edifica sin esencia, pierde su brillo y carece de verdadera trascendencia.

Dios no nos llamó solo a transmitir información, sino a impartir transformación; y esa capacidad no solo proviene del talento, sino de la renovación interna. Solo un corazón renovado puede impartir lo que el cielo le ha confiado.

Podemos enseñar desde el conocimiento, pero solo impartimos desde el espíritu. Porque las verdades del cielo no se sostienen con lógica, sino con intimidad; lo eterno no se comunica desde la razón, sino desde la unión con el Espíritu Santo.

Cada persona enseña desde lo que sabe, pero imparte desde lo que es. La enseñanza despierta el entendimiento; pero la impartición, enciende el espíritu. Cuando lo que somos está agotado, lo que impartimos pierde vida. Y aunque las palabras sean correctas, sin aliento divino se convierten en un eco sin poder.

Quien enseña sin renovación solo comunica información; quien enseña con un espíritu renovado transfiere vida. El primero habla de lo que aprendió; el segundo imparte desde lo que ha vivido.

La renovación convierte al líder en una fuente, y su vida en un canal por donde fluye lo celestial. Cuando el corazón permanece abierto al trato de Dios, todo lo que sale de él lleva la fragancia del cielo. Y esa fragancia —hecha de fe, humildad y dependencia— alcanza a otros, edifica vidas y deja marcas que permanecen mucho después de que el líder ya no está presente. Por eso, los corazones renovados son los verdaderos portadores de legado. No porque hablen más fuerte, sino porque su vida se convierte en la evidencia silenciosa de lo que predican.

El legado no se mide por la cantidad de discípulos, obras o proyectos, sino por la huella espiritual que queda en quienes nos escuchan y nos observan vivir. Y esa huella solo puede formarse cuando el corazón es tocado, purificado y renovado por el Espíritu de Dios de manera constante.

Pero, ¿qué pasa cuando el desgaste nace de nuestros propios fracasos? En esos momentos, la renovación de Dios no solo restaura, sino que redime. Él toma lo que parecía el final y lo transforma en un nuevo punto de partida. Así que incluso después de haber caído, la renovación sigue siendo una invitación a levantarnos.

CÓMO RECUPERARNOS LUEGO DE HABER FRACASADO

El fracaso no es el final; es el terreno donde Dios cultiva nueva sabiduría. Aquello que el enemigo intenta usar para humillarte, Dios lo convierte en el aula donde te forma, te corrige y te prepara para levantarte con más autoridad, avanzar con mayor claridad y conquistar lo que antes parecía imposible. Caer no te descalifica; permanecer caído, sí. Porque en el Reino de Dios, la caída no marca el final del camino, sino el inicio de una transformación más profunda. Ignorar esta verdad es renunciar al proceso que puede levantarte con un corazón más firme, una fe más madura y una dependencia más profunda de la gracia de Dios.

Dios no borra los capítulos difíciles de nuestra historia; los redime. No los elimina, los recicla. Toma lo que parecía ruina y lo convierte en cimiento, transforma la herida en testimonio y el pasado en una lección que no define quiénes somos; nos impulsa a ser mejor. Haciendo que aun las pérdidas más profundas no sean el final de la historia, sino el inicio de un proceso donde el Señor nos vuelve a sostener y a impulsar para que no dejemos de avanzar hasta llegar al final.

Así que levántate y no regreses al pasado para lamentar, regresa al propósito para reedificar. Porque el fracaso no es una tumba; es un taller. Un lugar donde el Espíritu Santo trabaja el carácter, afirma la identidad y forma una fe que ya no depende de la perfección, sino de la fidelidad de Dios. Porque de las ruinas de lo que se perdió, Él puede levantar algo aún más firme, más profundo y más glorioso que aquello que un día existió. Y esta es una de las verdades más profundas de la renovación: Dios es absolutamente capaz de hacer que puedas seguir caminando sin que el pasado te gobierne, y de hacer que puedas seguir adelante sin que tengas que negar aquello que te dolió.

CÓMO SOBREPONERTE AL DOLOR Y DESCUBRIR PROPÓSITO EN LA PÉRDIDA

Las pérdidas llegan sin pedir permiso y nos confrontan con la realidad de que no todo está bajo nuestro control. A veces se llevan personas que amamos; otras, arrancan posiciones, sueños u oportunidades que abrazamos con el alma. Y aunque cada pérdida deja un vacío real, ese vacío no marca el final, sino un punto decisivo: o permites que el dolor te encierre, o dejas que Dios lo use para reposicionarte.

Perder no siempre significa retroceder. En los planes de Dios, muchas veces la pérdida es el medio a través del cual Él purifica el corazón y reorienta nuestros pasos. Cuando algo se va, aunque duela, Dios no deja el espacio vacío; lo habita, lo llena de carácter y de una visión distinta de la vida. No siempre devuelve lo que se perdió, pero nunca deja el alma abandonada en el proceso.

La Escritura está llena de hombres y mujeres que enfrentaron pérdidas devastadoras. David ayunó y oró mientras su hijo estaba enfermo, esperando la misericordia de Dios. Cuando el niño murió, David se levantó, se lavó, se ungió, cambió sus ropas, comió y luego entró a la casa del Señor para adorar. No porque el dolor desapareció, sino porque entendió que el duelo no cancela la relación con Dios, y que aun en medio del quebranto se puede volver a Su presencia. (Ver 2 Samuel 12:20).

Job también lo perdió todo: sus hijos, sus bienes y su salud. Y aun así declaró: "Jehová dio, y Jehová quitó; sea el nombre de Jehová bendito" (Job 1:21). Y esto no fue resignación fría, fue rendición consciente. Fue la fe que no entiende lo que ocurre, pero decide confiar en que Dios sigue teniendo el control.

Enfrentar una pérdida no significa negar lo que sientes, porque Dios no espera silencio; espera honestidad. Así que llora si tienes que llorar, pero hazlo delante de Él. Ya que cuando te atreves a abrir el corazón delante de Dios, Él no siempre te explica lo que pasó, pero siempre te sostiene en medio de ello. No apresura los procesos ni minimiza las lágrimas; las recoge, las valida y las usa para sanar el interior. A veces no cambia la situación, pero cambia el corazón. Devuelve la fuerza para respirar otra vez, la fe para creer de nuevo y la esperanza para mirar hacia adelante sin miedo. Cuando el dolor se enfrenta con Dios, el lamento se transforma en aprendizaje, la herida en testimonio y la pérdida en un punto de partida distinto.

Hay pérdidas que no son físicas, pero duelen igual: una relación que terminó, una misión que se desvaneció, un sueño que se desmoronó o una visión que se quebró. En esos momentos, la mente suele preguntar "¿por qué?", cuando el corazón necesita aprender a preguntar "¿para qué?". Porque hay desprendimientos que no destruyen el propósito, sino que lo purifican y lo clarifican.

Por otro lado, es importante recordar que, en medio de las pérdidas, aceptar, adorar y avanzar no son pasos rápidos, son procesos necesarios, porque el alma necesita orden y tiempo para sanar.

Aceptar es necesario, porque lo que se niega no sana, y lo que no se reconoce no se restaura.

Adorar es indispensable, porque no borra el dolor, pero devuelve la perspectiva y pone a Dios en el centro cuando las emociones intentan gobernar.

Avanzar es imprescindible, porque lo que se fue no puede seguir teniendo autoridad para definir lo que aún está por venir.

Dios no siempre te devuelve lo que perdiste, pero siempre obra con lo que queda. En sus manos, incluso lo que parece insuficiente se convierte en abundancia. No porque todo vuelva a ser igual, sino porque Él sabe hacer florecer la vida en lugares que parecían estériles. Así que, si estás atravesando una pérdida, no la veas solo como un final porque a veces, es el comienzo de una forma más profunda de vivir, crecer y depender. Y aunque hoy no lo comprendas, llegará el día en que mirarás atrás y reconocerás que Dios estuvo presente incluso en lo que dolió, porque en Él nada se pierde; todo puede ser transformado. Por eso Su palabra afirma: "Los que sembraron con lágrimas, con regocijo segarán" (Salmo 126:5). Y cuando las lágrimas se convierten en semilla, el dolor se convierte en el principio de una nueva cosecha.

ORACIÓN DE CIERRE

Padre amado, hoy vengo ante Ti reconociendo mi cansancio, mis silencios y mis desgastes. He querido avanzar con mis propias fuerzas, pero comprendí que solo en Tu presencia mi alma encuentra verdadero descanso.

Renuévame desde adentro, Señor. Sopla sobre mi espíritu y devuélveme el brillo que el cansancio intentó apagar. Restaura mis fuerzas, mi enfoque y mi pasión por lo que me llamaste a hacer. Si me he vaciado, lléname otra vez; si me he detenido, impúlsame con Tu aliento.

Enséñame a cuidar el cuerpo que me diste, a guardar mi corazón y a mantener mi mente en Ti. Hazme sensible a las pausas que Tú estableces, para que no me consuma el ritmo del afán, sino que aprenda a moverme al compás de Tu voluntad.

Espíritu Santo, entra en mis ruinas y haz de mis pedazos algo más firme, más puro y más glorioso que lo que fue derribado. Conviértelo todo —mi cansancio, mis errores y mis pérdidas— en testimonio de Tu poder y en evidencia de Tu fidelidad. Hazme entender que lo que un día pensé que iba a deshacerme, fue la forma en que me diste una nueva oportunidad para conocer Tu fidelidad, descubrir Tu propósito y ver Tu poder manifestado.

Señor, hoy te entrego todo lo que me ha desgastado. Limpia mi mente, fortalece mi espíritu y devuelve a mi *corazón el fuego de Tu presencia. No quiero seguir en mis fuerzas, quiero caminar en Tu gracia.*

Restaura mi alma, renueva mis pasos y enséñame a vivir desde el descanso que solo Tú puedes dar. Hoy me rindo a Tu proceso de renovación, confiando en que lo que Tú comienzas, lo perfeccionas. En el nombre de Jesús. ¡Amén!

PALABRA DE COMPROMISO

Hoy decido no huir de mis procesos, sino atravesarlos de la mano de Dios, confiando en que toda pausa que Él permite no es pérdida, sino preparación. Decido reconocer mi cansancio sin culpa, detenerme cuando sea necesario y volver a la fuente de toda fortaleza. Si mi alma se ha desgastado, permitiré que Su presencia la renueve; si mis fuerzas se han agotado, me rendiré ante Su gracia para ser restaurado desde adentro. Si he caído, me levantaré con humildad; si he perdido, confiaré en que Dios no resta, sino que redirige. No negaré mi dolor, pero tampoco me quedaré en él. Entregaré mi desgaste, mis errores y mis pérdidas al Espíritu Santo, para que Él reconstruya con poder lo que el tiempo o la carga intentaron destruir. Hoy me comprometo a cuidar lo que Dios me confió: mi mente, mi cuerpo y mi espíritu. A descansar en Su ritmo, a caminar con propósito y a permitir que cada lágrima se convierta en semilla de una nueva cosecha.

LA DELEGACIÓN QUE FORMA Y AUTORIZA

El principio que transfiere esencia, equipa a otros y asegura continuidad

Delegar es una de las señales más visibles de madurez espiritual y liderazgo, porque en el Reino, la delegación no es una opción administrativa, sino una expresión del diseño divino. Dios nunca quiso que un solo hombre cargara con todo; quiso que formáramos equipos, reprodujéramos esencia y levantáramos generaciones que continuaran Su obra a lo largo del tiempo.

De ahí la importancia de la delegación efectiva, pues es la que sostiene los sistemas, fortalece las estructuras y acelera el cumplimiento de la visión. La delegación es el puente entre la eficacia inmediata y la permanencia a largo plazo.

Ahora bien, para que la delegación sea realmente efectiva debe tener espíritu, no solo estructura, porque no se trata únicamente de asignar funciones, sino de transmitir la esencia de lo que hacemos. Quien delega sin impartir esencia crea obreros, pero quien delega impartiendo esencia forma herederos.

El propósito de delegar no es tener más manos, sino multiplicar el corazón correcto en quienes ponen sus manos a disposición, comunicando el qué, el cómo y el para qué de la asignación, de modo que quien recibe la instrucción no solo ejecute una acción, sino que participe de una visión. No basta con que las cosas se hagan bien cuando estás presente. La eficacia del verdadero liderazgo se mide cuando la obra que diriges sigue creciendo incluso después de tu partida.

Por eso, la verdadera delegación no se manifiesta solo en el ministerio, sino también en la vida diaria. Cada vez que pedimos a alguien que realice una tarea, ya sea en el hogar, en el trabajo o en un proyecto común, estamos ejerciendo una forma de delegación. Cuando no comunicamos el propósito de las cosas, las tareas se convierten en peso; pero cuando el propósito se entiende, el trabajo se transforma en una misión compartida.

Delegar con sabiduría implica explicar con claridad, dar ejemplo con coherencia, y confiar con equilibrio. No se trata de soltar control sin dirección ni de controlar sin confiar, sino de formar una cultura donde cada tarea, por pequeña que parezca, refleje excelencia, orden y sentido de propósito.

Esto no significa ausentarse, sino acompañar con mirada atenta lo que se está haciendo, porque, quien delega con madurez entiende que la supervisión temprana evita correcciones dolorosas al final. Revisar el proceso en el camino no es desconfianza, es responsabilidad. Es más sabio ajustar mientras se avanza, que lamentar cuando todo ha concluido. La supervisión no anula la confianza; la protege y asegura que el resultado final sea digno del propósito con el que todo comenzó.

> EL PROPÓSITO DE DELEGAR NO ES TENER MÁS MANOS, SINO MULTIPLICAR EL CORAZÓN CORRECTO EN QUIENES PONEN SUS MANOS A DISPOSICIÓN.

NADIE QUE TEME SOLTAR, SE PUEDE MULTIPLICAR

Así como en lo cotidiano la delegación requiere confianza y supervisión, también en lo espiritual exige libertad de corazón. Porque nadie que teme soltar, se puede multiplicar.

Muchos no delegan por miedo a ser reemplazados, olvidando que en el Reino nadie es dueño del llamado, solo administrador de la oportunidad. Moisés comprendió esto cuando impartió espíritu, sabiduría y responsabilidad sobre Josué. Ya que no le transfirió solo el mando, sino también la visión y el carácter para guiar al pueblo a la tierra prometida.

"Josué, hijo de Nun, estaba lleno del espíritu de sabiduría porque Moisés se lo había impartido cuando puso sus manos sobre él. Así que los israelitas lo obedecieron e hicieron todo lo que el Señor le había ordenado a Moisés" (Deuteronomio 34:9 NTV).

Saúl, en cambio, se aferró al control, temió perder protagonismo y en lugar de formar a David, lo persiguió, perdió su reinado y también el favor de Dios (Ver 1 Samuel 18-19).

En otras palabras, lo que Moisés construyó por impartición, Saúl lo perdió por inseguridad. El primero levantó un sucesor; el segundo creó un rival.

Por eso, la delegación efectiva no solo libera carga, libera propósito. Cuando delegas con sabiduría, entrenas a otros para que el Reino no dependa de ti, sino de Dios obrando a través de muchos. Porque el líder maduro entiende, que no es el centro del plan, sino un instrumento dentro de un diseño mayor.

El avance del Reino no se sostiene por una figura, sino por una visión compartida. Por eso, cuando enseñas, corriges y formas a otros, estás ampliando el alcance de lo que Dios te confió. Estás diciendo con tus acciones: "No quiero que esto termine conmigo, quiero que trascienda."

Un liderazgo que no delega se convierte en un cuello de botella; pero uno que delega con sabiduría convierte discípulos en portadores del propósito. Así el Reino no depende de una sola voz, sino del Espíritu de Dios fluyendo en muchos corazones que operan con la misma visión, el mismo fuego y la misma verdad.

Delegar con sabiduría es, en esencia, formar una cadena de fidelidad donde la gloria no se centra en el líder, sino en Dios que obra a través de todos.

LOS DIFERENTES PROPÓSITOS Y NIVELES DE LA DELEGACIÓN

La delegación no solo es un acto uniforme ni una decisión administrativa; es también un principio espiritual que opera en niveles y dimensiones distintas, dependiendo del propósito que Dios haya determinado. Cada tipo de delegación responde a un nivel de responsabilidad, a una medida de confianza y a un diseño de visión.

En otras palabras, no toda delegación tiene el mismo peso ni persigue el mismo fin. Hay asignaciones que requieren formar carácter, otras que demandan multiplicar fruto y algunas que simplemente aseguran la continuidad del propósito divino a lo largo del tiempo.

En el Reino, la delegación no se mide por la tarea encomendada, sino por la intención celestial que hay detrás de ella.

Dios delega según la capacidad, madurez y fidelidad de cada persona. Por eso, la delegación no es un privilegio que se exige, sino una responsabilidad que se obtiene como resultado de la madurez y la constancia.

- Hay delegaciones que prueban la **obediencia**
- Hay delegaciones que revelan la **madurez**
- Hay delegaciones que confirman la **autoridad**

Delegar implica discernir el propósito que Dios persigue a través del otro, entendiendo que no todas las personas han sido llamadas a hacer lo mismo, ni todas están listas para llevar el mismo peso.

Un líder sabio no delega por conveniencia, sino por convicción divina; no reparte tareas al azar, sino que transfiere propósito con dirección y visión. Porque así como en un cuerpo cada órgano cumple una función diferente pero vital, en el Reino, cada tipo de delegación cumple un papel dentro del plan completo de Dios. En este sentido, la sabiduría está en reconocer qué debe ser delegado, a quién y con qué propósito.

Por eso, antes de delegar, es necesario discernir qué tipo de impartición se requiere: si es una asignación que forma el carácter, una que impulsa la multiplicación, una que protege lo establecido o una que asegura la continuidad del propósito divino. Cada delegación carga un propósito celestial distinto, y solo cuando se entrega con dirección y entendimiento produce plenitud, orden y expansión.

1. DELEGACIÓN PARA PRESERVAR ESENCIA

Este tipo de delegación se enfoca en cuidar el ADN del propósito y en resguardar la pureza del espíritu con el que las cosas fueron iniciadas. No se trata únicamente de continuar una tarea o sostener una estructura, sino de proteger la identidad, los valores y la dirección que dieron origen a la visión. Delegar, en este nivel, es asumir la responsabilidad de que lo que se construyó no pierda su esencia con el crecimiento ni se desfigure con el tiempo.

La Escritura revela este principio con claridad en la vida de Abraham, cuando Dios mismo testifica y dice: *"Porque yo sé que mandará a sus hijos y a su casa después de él, que guarden el camino de Jehová, haciendo justicia y juicio, para que haga venir Jehová sobre Abraham lo que ha hablado acerca de él"* (Génesis 18:19).

Dios destaca a Abraham no solo por su fe personal, sino por su compromiso con la transmisión del camino. Abraham entendió que no bastaba con dejar descendencia; era necesario formar herederos. Personas que no solo ocuparan un lugar, sino que guardaran el camino del Señor con la misma reverencia, justicia y fidelidad. Porque la verdadera multiplicación no ocurre solo en cantidad, sino en carácter y convicción.

Delegar para preservar esencia es reconocer que el crecimiento sin formación puede diluir la visión. Es entender que una obra puede expandirse, pero perder su alma si no se cuida lo que la sostiene. Cuando la esencia se preserva, cada generación puede avanzar sin desviarse.

Este tipo de delegación no busca resultados rápidos, busca permanencia. Y es esta delegación la que garantiza que lo que Dios comenzó no solo continúe, sino que trascienda con la misma esencia con la que fue concebido.

2. DELEGACIÓN PARA DAR CONTINUIDAD

Hay delegaciones que existen para extender y elevar una obra ya comenzada. No nacen para reemplazar lo anterior ni para competir con lo que otros edificaron, sino para honrarlo y llevarlo más lejos. Este tipo de delegación reconoce que el propósito de Dios no se agota en una sola persona ni se limita a una sola etapa; se despliega a través del tiempo mediante manos nuevas que continúan lo que otros iniciaron con fidelidad.

Delegar para dar continuidad requiere humildad de quien entrega y madurez de quien recibe. Humildad para aceptar que no todo será ejecutado por uno mismo, y madurez para comprender que recibir una asignación no es apropiarse de ella, sino responder con responsabilidad a lo que fue confiado. Aquí el enfoque no está en el protagonismo, sino en la permanencia de la visión.

David entendió este principio con claridad. Ya que aunque Dios no le permitió construir el templo, él no dejo que esa limitación detuviera el cumplimiento del propósito, sino que en lugar de frustrarse o retraerse, se dedicó a preparar todo lo necesario para que su hijo Salomón pudiera edificarlo. Y la Biblia registra su determinación cuando dice.

"He hecho grandes esfuerzos para preparar materiales para la construcción del templo de Dios: cien mil talentos de oro, un millón de talentos de plata... Tú tendrás abundancia de obreros, talladores y carpinteros, y toda clase de hombres expertos en toda obra" (1 Crónicas 22:14–16).

Delegar para dar continuidad es reconocer que el propósito es más grande que el ejecutor. Es aceptar que una visión verdaderamente divina no depende de una sola generación para cumplirse, sino que se sostiene cuando alguien tiene la madurez suficiente para preparar el camino a quienes vendrán después. Esa es la delegación que honra el pasado, fortalece el presente y asegura el futuro de la visión porque no busca aplausos inmediatos, busca un legado que se extienda de generación en generación.

3. LA DELEGACIÓN EN LO PEQUEÑO, QUE SOSTIENE LO GRANDE Y ACTIVA LO ETERNO

Lo que parece pequeño ante los hombres es, muchas veces, lo que sostiene lo grande ante Dios. No todas las delegaciones son visibles, pero muchas de ellas cargan el peso que mantiene la obra firme, ordenada y en movimiento. Porque en el Reino, lo eterno no siempre se activa desde lo que ocupa plataformas, sino desde la fidelidad con que se honra cada asignación.

Una estructura sólida no se levanta solo con una gran visión, sino con manos fieles que cuidan los detalles que otros pasan por alto. Porque la visión avanza no solo por la claridad del llamado, sino por la responsabilidad con la que ese llamado se sostiene en cada área.

Este principio quedó claramente establecido en los primeros días de la iglesia, cuando la obra comenzó a multiplicarse y surgió la necesidad urgente de atender a las viudas y administrar la distribución diaria de los alimentos. Los apóstoles comprendieron que, si dedicaban su tiempo a esa tarea, descuidarían lo esencial de su llamado: la oración y el ministerio de la Palabra. No minimizaron la necesidad, pero tampoco sacrificaron la prioridad espiritual.

Por eso, con sabiduría y bajo la guía del Espíritu Santo, establecieron un modelo de liderazgo fundamentado en la delegación correcta y en el orden divino, que la Escritura relata así: *"Al multiplicarse los creyentes, rápidamente comenzaron los problemas. Los que hablaban griego se quejaban de que sus viudas eran discriminadas en la distribución diaria de los alimentos. Entonces los doce convocaron a todos los creyentes a una reunión. Dijeron: Nosotros, los apóstoles, deberíamos ocupar nuestro tiempo en enseñar la palabra de Dios y no en dirigir la distribución de alimento. Por lo tanto, hermanos, escojan a siete hombres que sean muy respetados, llenos del Espíritu Santo y de sabiduría. A ellos les daremos esta responsabilidad. Entonces nosotros nos dedicaremos a la oración y a enseñar la palabra"* Hechos 6:1–4 (NTV).

El liderazgo apostólico entendía que lo sagrado no podía ponerse en manos vacías del Espíritu. Por eso, el requisito no fue técnico, sino espiritual. Se necesitaban hombres con buen testimonio, llenos del Espíritu Santo y de sabiduría; personas capaces de manejar lo natural sin corromper lo divino. Porque solo quien está lleno de Dios puede sostener lo que viene de Dios.

Cuando el servicio nace del Espíritu, lo natural se convierte en instrumento de lo eterno. Y eso fue exactamente lo que ocurrió en la iglesia primitiva: una necesidad práctica se transformó en una oportunidad para que el poder de Dios se multiplicara. Lo que parecía un asunto administrativo terminó abriendo la puerta a una expansión sobrenatural, tal como lo declara la Escritura:

"Así el mensaje de Dios siguió extendiéndose, el número de creyentes creció grandemente en Jerusalén, y muchos sacerdotes también obedecieron a la fe" Hechos 6:7 (NTV).

La iglesia creció porque hubo orden, y el orden abrió espacio para el respaldo sobrenatural de Dios. La expansión del evangelio no fue producto del esfuerzo humano, sino del diseño divino aplicado con obediencia. Los apóstoles cuidaron lo invisible —la oración y la Palabra— y confiaron lo visible a hombres llenos del Espíritu, entendiendo que ambas dimensiones eran necesarias y determinantes para el avance.

Nada de lo que se hace en obediencia es pequeño. Cada área organizada conforme al propósito de Dios se convierte en un canal por donde Su poder fluye. Por eso, una delegación práctica preserva una asignación espiritual. El Reino avanza no solo por la predicación, sino por el orden, la excelencia y la fidelidad con que se sostiene la obra en cada detalle.

LA COLECTIVIDAD SIEMPRE ES MÁS IMPORTANTE QUE LA INDIVIDUALIDAD

Para poder delegar con el espíritu correcto, no puede haber envidia, competencia ni miedo a ser reemplazado.

Porque quien entiende el propósito de las cosas no compite, coopera. Su motivación no es proteger una posición, sino, multiplicar el propósito de Dios en la vida de otros.

Sabe que todo lo que el Señor le confía no es para retenerlo, sino para formar, levantar y extender Su obra en la tierra, sabiendo que los dones solo cumplen su función cuando edifican a muchos, y no cuando engrandecen a uno.

Quien tiene el corazón correcto no teme que otros brillen, porque entiende que en el Reino, la luz de uno nunca apaga la de otro; al contrario, juntas alumbran más.

El líder maduro se alegra al ver crecer a los que formó, y se llena de gozo al ver que el fruto de su impartición se multiplica más allá de sus manos. Su mayor satisfacción no está en ser admirado, sino en ser útil para el avance del propósito de Dios.

Pablo lo expresa claramente al decir: *"Porque así como el cuerpo es uno, y tiene muchos miembros, pero todos los miembros del cuerpo, siendo muchos, son un solo cuerpo, así también Cristo"* (*1 Corintios 12:12*).

El propósito de la iglesia es superior al llamado particular de cualquiera de sus miembros, porque el llamado personal existe para fortalecer la misión colectiva.

El verdadero líder lo sabe y por eso no busca protagonismo, busca propósito. No quiere ser el centro, quiere que el propósito permanezca, aunque eso signifique quedar fuera del cuadro visible.

El valor del reinado de un rey se revela cuando cumple con la razón por la cual fue establecido para reinar.

Ester lo entendió en un momento decisivo de la historia. Cuando Mardoqueo la confrontó, recordándole que su posición en el palacio no era un privilegio, sino una plataforma provista por Dios para que cumpliera con su propósito.

"Mardoqueo envió esta respuesta a Ester: No pienses que porque estás en el palacio escaparás cuando todos los demás judíos sean asesinados. Si te quedas callada en un momento como este, el alivio y la liberación para los judíos surgirán de algún otro lugar, pero tú y tus parientes morirán. ¿Quién sabe si no llegaste a ser reina precisamente para un momento como este?" (Ester 4:13-14 NTV).

Ester comprendió que su reinado no era para su gloria personal, sino para la salvación de su pueblo; y que el trono no era una recompensa, era una responsabilidad divina.

De hecho, su verdadera grandeza se reveló cuando decidió usar su posición para servir a un propósito mayor que ella misma, aun a costa de su comodidad y de ser necesario, hasta de su propia vida.

"Ve y reúne a todos los judíos de Susa, y ayunen por mí. No coman ni beban durante tres días, ni de día ni de noche. Mis doncellas y yo haremos lo mismo. Y entonces, aunque es contra la ley, entraré a ver al rey; si tengo que morir, moriré" (Ester 4:16 NTV).

Con esas palabras, Ester dejó de ser una reina terrenal y se convirtió en un instrumento celestial. Entendió que su vida tenía valor solo si servía al propósito de Dios. Porque el trono no la definía, pero la obediencia sí. Fue así como su valentía selló la liberación de un pueblo y reveló que el liderazgo del Reino no se mide por el poder que ejerces, sino por el sacrificio que estás dispuesto a hacer por otros.

Del mismo modo, un empleado, por más valioso o talentoso que sea, no es más importante que toda la empresa, porque una empresa no se sostiene solo por las habilidades individuales de sus colaboradores, sino por la estructura, la misión y la visión que le dan dirección y sentido. Por lo que el valor de un empleado se engrandece cuando su esfuerzo se alinea con el propósito general y no cuando trabaja de manera aislada, ya que la fuerza de una organización no radica en la brillantez de uno, sino en la unidad de todos hacia una misma meta. Así como un cuerpo sin cabeza no avanza, del mismo modo una cabeza sin cuerpo tampoco produce movimiento. Ambos se necesitan, y su poder está en la coordinación del conjunto.

En una familia, cada miembro es valioso e irreemplazable, pero la familia, como institución divina, tiene un propósito mayor que cualquiera de sus partes, porque el bienestar común siempre será más importante que los intereses individuales. La familia es el primer sistema donde se aprende el valor del sacrificio, la unidad y la entrega mutua; y cuando uno decide actuar solo para sí, todo el cuerpo familiar se debilita, pero cuando cada miembro entiende su función y la ejerce con amor, la familia se convierte en una fortaleza indestructible.

> LA FUERZA DE UNA ORGANIZACIÓN NO RADICA EN LA BRILLANTEZ DE UNO, SINO EN LA UNIDAD DE TODOS HACIA UNA MISMA META.

Por eso, quien entiende el valor del propósito colectivo no vive para sí mismo, sino para que la causa de Dios permanezca, avance y se multiplique, enfocándose no en destacar, sino en sostener el propósito. Esta es también la razón por la que el que delega con entendimiento lo hace pensando en la causa, no en la comodidad; en el legado, no en el crédito, porque la delegación efectiva reconoce que el propósito debe prevalecer, multiplicarse y trascender generaciones. En consecuencia, quien delega con sabiduría no retiene, sino que transfiere; no teme perder control, porque entiende que lo que se comparte con esencia, se preserva con propósito. Así que no se reserva nada: entrega todo lo necesario al que viene después, consciente de que solo cuando se transfiere la esencia correcta, la visión, los valores y el espíritu de lo que Dios confió, se puede preservar, extender y proteger, asegurando así que el propósito del Señor, trascienda su propia generación.

Por esto Pablo, al final de su ministerio no habló de logros ni de fama, sino de una carrera bien corrida y una fe bien guardada. Su enfoque no fue lo que había obtenido, sino lo que había dejado en otros.

"He peleado la buena batalla, he acabado la carrera, he guardado la fe. Por lo demás, me está guardada la corona de justicia, la cual me dará el Señor, juez justo, en aquel día; y no solo a mí, sino también a todos los que aman su venida" (2 Timoteo 4:7-8).

Con estas palabras, Pablo deja claro que la victoria del Reino no se trata de terminar solo, sino de levantar a otros para que también terminen su carrera.

El propósito de un líder no concluye cuando su obra termina, sino cuando lo que Dios depositó en él continúa vivo en los que vienen detrás. Y ese es el espíritu de la delegación madura: entregar sin reservas, instruir con amor y dejar herencia espiritual que trascienda generaciones.

MODELOS BÍBLICOS QUE REVELAN EL PODER DE DELEGAR CON EL ESPÍRITU CORRECTO:

• MOISÉS Y JOSUÉ

La relación entre Moisés y Josué es uno de los ejemplos más extraordinarios de delegación espiritual y transferencia de propósito en toda la Escritura. Por lo que, aunque ya lo mencionamos, volveremos a considerarlo de forma más detallada. Moisés fue llamado a liberar, pero también a formar; y comprendió que su asignación no terminaba con sacar al pueblo de Egipto, sino con preparar a alguien que pudiera guiarlos hasta la tierra prometida.

Cuando Dios le dijo que no entraría en Canaán, Moisés no se amargó ni reclamó, sino que su corazón maduro eligió formar a su sucesor antes de partir. Su grandeza no solo se midió por lo que conquistó, sino por lo que dejó preparado.

Moisés sabía que el propósito de Dios no podía depender de una sola vida, sino de una generación entrenada para continuar el legado. Por eso, impartió su espíritu a Josué, **enseñándole no solo estrategias, sino dependencia de Dios. No solo a ser líder, sino** a conocer y confiar en el Señor de los líderes.

"Cuando Moisés terminó de dar estas instrucciones a todo el pueblo de Israel, dijo.

—Tengo ya ciento veinte años y no puedo seguir dirigiéndolos. El Señor me dijo: 'No cruzarás el río Jordán', pero el Señor tu Dios mismo cruzará delante de ustedes. Él destruirá a las naciones que ahora viven allí, y ustedes tomarán posesión de esas tierras. Josué los guiará para cruzar el río, tal como el Señor prometió. Luego Moisés llamó a Josué y, delante de todo Israel, le dijo: —¡Sé fuerte y valiente! Porque tú guiarás a este pueblo a la tierra que el Señor juró dar a sus antepasados. Tú eres quien la repartirá entre ellos como herencia. No tengas miedo ni sientas pánico frente a ellos, porque el Señor tu Dios

*mismo irá delante de ti. Él no te fallará ni te abandona-
rá"* (Deuteronomio 31:1–3, 7-8 NTV).

En esa impartición pública, Moisés aseguró la continuidad
del propósito divino. No transfirió solo autoridad, sino coraje,
visión y dirección espiritual.

Cuando un líder imparte lo que lleva, no deja sucesores
inseguros, sino herederos equipados para avanzar. **Moisés
no entró a la tierra prometida, pero** su obediencia hizo que
su espíritu sí entrara por medio de Josué.

• PABLO Y TIMOTEO

Pablo representa el modelo de un mentor que lidera desde
la paternidad espiritual.

No formó obreros por conveniencia, sino con propósito,
porque cuando un líder prepara a otros para ejercer el ministerio que Dios le confió, lo hace por obediencia al llamado y
no por interés personal.

Sin embargo, es importante recordar que Dios no solo
observa lo que hacemos, sino también con qué intención
lo hacemos y el hecho de formar obreros tiene valor eterno
cuando se hace para preservar el propósito divino, no para
perpetuar un nombre humano.

Hay quienes entrenan para mantener su imagen viva,
pero Pablo lo hizo para mantener viva la esencia del propósito que le había sido dado y que trascendía a su existencia.

Los líderes llamados por el cielo deben entender que su
tarea no es preservar su legado personal, sino impartir la
esencia de la revelación que Dios depositó en ellos, para que
los planes de Dios sigan avanzando mucho después de que
su tiempo en la tierra haya terminado. Porque al final, no se

trata de nuestro nombre, sino de Jesucristo, el único que tiene un nombre que es sobre todo nombre.

Por eso Pablo no solo enseñó doctrina, sino que invirtió su vida en formar carácter, fidelidad y discernimiento en su discípulo. Le habló con afecto paternal, pero también con autoridad espiritual; cada instrucción que impartía era una semilla cargada de visión y responsabilidad. Y cuando llegó al final de su ministerio, su gozo no fue haber viajado ni fundado iglesias, sino haber reproducido en Timoteo el ADN del Reino.

Su legado no fue un nombre reconocido, sino una generación preparada para continuar la obra con el mismo espíritu y la misma pasión con que él la impulsó.

"Lo que has oído de mí ante muchos testigos, esto encarga a hombres fieles que sean idóneos para enseñar también a otros" (2 Timoteo 2:2).

En esas palabras, Pablo revela la cadena eterna del discipulado. No basta con enseñar a uno; hay que formar a quienes formarán a otros. Cada palabra impartida a Timoteo fue una semilla destinada a germinar en generaciones de fieles servidores.

Así, el legado de Pablo no murió con él, sino que se multiplicó en los hijos espirituales que dejó preparados. **Ese es el corazón de la delegación espiritual,** impartir lo que Dios te dio hasta que lo que llevas deje de ser tuyo y se convierta en un movimiento que equipe e impulse a otros.

• *JESÚS Y SUS DISCÍPULOS*
Jesús modeló la delegación perfecta porque no vino a hacer

la obra solo, sino a entrenar a otros para continuarla. **Durante tres años,** formó, impartió, corrigió y equipó. Les enseñó a depender del Espíritu, a entender el Reino y a reflejar el corazón del Padre. Y cuando llegó el momento de irse, no dejó estructuras vacías ni multitudes confundidas, sino hombres y mujeres llenos de Su Espíritu y de Su propósito. A quienes dijo: *"Como el Padre me envió, así también yo os envío"* (Juan 20:21).

Sellando con esas palabras, la transferencia más poderosa de la historia: la misión del cielo confiada a manos humanas. Pero Él no solo los envió, sino que los autorizó; no solo los instruyó, sino que les impartió Su esencia, Su visión y Su autoridad, y cuando ascendió al cielo, dejó un legado vivo en la tierra que sigue avanzando con fuerza, poder y gloria hasta hoy.

Por eso, si lo que sabes solo se queda en ti, está limitado; pero si lo impartes a otros, cumple el propósito por el cual te fue entregado. **Delegar con el espíritu correcto es** reproducir lo que el cielo te confió, **para que el propósito no muera contigo, sino que** se multiplique a través de quienes formas.

EL IMPACTO DE LA MENTORÍA: FORMAR PARA PRESERVAR LA ESENCIA

En su esencia más pura, la mentoría es un proceso espiritual en el que Dios usa a una persona madura en la fe para formar, guiar y afirmar a otra en su propósito. El mentor no es dueño del discípulo, sino un canal del cielo para moldear el carácter, afinar la visión y despertar el potencial que Dios ya depositó en él.

Enseñar no es lo mismo que impartir. Enseñar transmite información, pero impartir transfiere esencia. Mientras el maestro comunica conocimiento, el mentor comunica vida. El maestro busca que el alumno *sepa*; el mentor procura que el discípulo *sea*. Porque la verdadera mentoría no se limita a palabras, sino que se demuestra con el ejemplo; no consiste en llenar mentes, sino en moldear corazones. Quien enseña puede influir por un momento, pero quien imparte deja una huella eterna. El mentor no busca producir copias de sí mismo, sino formar portadores del propósito divino, hombres y mujeres que reflejen el carácter de Cristo y que vivan desde la esencia del llamado que han recibido.

La palabra mentor proviene del nombre propio Mentor, personaje de la mitología griega mencionado por Homero en La Odisea. Mentor era el amigo y consejero de Ulises, encargado de guiar y cuidar a su hijo Telémaco durante su ausencia. Partiendo de esto, con el paso del tiempo, el término comenzó a usarse para describir a alguien que aconseja, guía y forma a otra persona en un proceso de crecimiento. Y aunque nuestras creencias y principios no coinciden con las raíces de ese contexto mitológico, entender el origen del término nos ayuda a comprender el valor de lo que verdaderamente representa la mentoría desde la perspectiva del Reino. Porque en el Reino de Dios, la mentoría no se basa en sabiduría humana ni en filosofía, sino en impartición espiritual y formación de carácter.

EL PODER DEL VÍNCULO ENTRE UN MENTOR SANO Y UN DISCÍPULO CORRECTO

Una de las cosas más importantes en toda relación entre el mentor y el pupilo es entender y honrar el rol de cada uno, cuando los roles se distorsionan, el flujo de impartición se contamina.

El mentor debe estar sano para poder darse; no puede impartir lo que no tiene, ni transferir lo que no vive; el pupilo debe estar sano para recibir, porque la impartición no se produce solo por hablar y escuchar, sino por conexión espiritual y disposición del corazón.

Un mentor herido forma desde la carencia; un pupilo herido recibe desde la distorsión. Por eso, ambos necesitan sanidad, humildad y discernimiento, para que la relación no solo funcione, sino produzca fruto eterno.

LA DIFERENCIA ENTRE UN PUPILO Y UN PARÁSITO

No todos los que se acercan a un mentor lo hacen con el mismo espíritu. Algunos buscan obtener lo que el mentor posee, mientras que, otros desean aprender lo que el mentor es.

Un parásito anhela lo que el mentor ha conseguido; un pupilo, anhela lo que el mentor ha aprendido. El primero busca su beneficio personal; el segundo, su formación espiritual. El parásito toma para enriquecerse; el pupilo recibe para reproducir. Por eso, quien desea ser formado debe acercarse con un corazón enseñable, sin intereses ocultos ni comparaciones. Porque lo que Dios deposita a través de un mentor no se recibe por contacto físico, sino por conexión espiritual. Y solo cuando hay humildad en el que imparte y honra en el que recibe, la mentoría se convierte en una línea directa de transferencia divina.

> NO TODOS LOS QUE SE ACERCAN A UN MENTOR LO HACEN CON EL MISMO ESPÍRITU. ALGUNOS BUSCAN OBTENER LO QUE EL MENTOR POSEE, MIENTRAS QUE, OTROS DESEAN APRENDER LO QUE EL MENTOR ES.

La mentoría no se trata de recibir información, sino de impartición; no de imitar a un hombre, sino de reflejar a Cristo a través del proceso de formación que ese hombre o mujer de Dios modela.

LA VERDADERA AUTORIDAD PROVIENEN DEL PODER LEGÍTIMO

El propósito de delegar y formar no es simplemente distribuir tareas ni transmitir conocimiento, es establecer estructuras espirituales, emocionales y organizativas capaces de sostener el propósito bajo el respaldo del cielo. La verdadera delegación no solo reparte responsabilidades, sino que reproduce principios, carácter y visión. Porque la delegación que Dios endosa no solo surge desde la necesidad, sino desde el orden. Todo lo que nace fuera del orden puede parecer colaboración, pero en realidad se convierte en confabulación.

La autoridad legítima no se impone, se construye. Nace del respeto, la coherencia y la integridad del liderazgo. No es fruto del título ni del rango, sino del peso moral y espiritual que se gana al servir con fidelidad. Por eso, un líder puede tener influencia, posición o carisma, pero sin autoridad espiritual y moral, su liderazgo carece de respaldo y sostenibilidad.

El poder legítimo no se ejerce para controlar, sino para guiar. No busca someter, sino levantar y desarrollar a otros. No destruye voluntades, sino que forma convicciones firmes. Es el tipo de poder que nace de un corazón gobernado por Dios y de un carácter forjado en principios sólidos.

En toda esfera, ya sea espiritual, familiar, empresarial o social, la legitimidad del poder determina la profundidad de la autoridad. Cuando un líder actúa alineado con valores correctos y bajo el orden divino, no solo produce resultados, sino que deja huellas que perduran. Porque el orden es y siempre será la base del respaldo, la evidencia de la madurez y el fundamento que sostiene toda influencia verdadera.

¿QUÉ ES EL PODER?

El poder es la capacidad de iniciar algo y sostenerlo hasta verlo realizado. Es la fuerza activa que convierte una orden en ejecución y una intención en hecho. Tener poder significa poseer los medios, recursos y habilidades para hacer que algo suceda o para transformar una posibilidad en realidad.

El poder no es solo fuerza bruta ni dominio visible; es la capacidad activa que mantiene el movimiento y sostiene lo que se ha iniciado hasta verlo cumplido. Puede manifestarse en una persona, una estructura o un sistema, pero su esencia es siempre la misma: hacer que las cosas sucedan.

El poder es, en esencia, la fuerza que sostiene el propósito y garantiza el cumplimiento del mandato. Sin poder, las palabras quedan en intención, las órdenes se disuelven y los planes se apagan antes de nacer. Por eso, todo propósito, por legítimo que sea, necesita poder para mantenerse en pie. El poder impulsa, sostiene y preserva el cumplimiento del orden establecido.

Por eso, el poder no se mide por el tamaño del recurso, sino por la capacidad de generar efecto. Un líder puede carecer de grandes medios, pero, si posee poder, sabrá activar lo que tiene, organizar lo que existe y provocar resultados visibles. En cambio, quien carece de poder, aunque tenga abundantes recursos, termina estancado.

¿QUÉ ES LA AUTORIDAD?

La autoridad es la legitimidad para usar el poder. Es el derecho de administrar esa capacidad de forma legal, justa y ordenada. En otras palabras, el poder concede la habilidad para ejecutar, pero, solo la autoridad otorga el derecho para hacerlo. Porque así como un título no garantiza sabiduría, el poder sin autoridad tampoco garantiza respaldo.

Tener autoridad implica estar acreditado, alineado y reconocido por una fuente superior que avala el ejercicio de ese poder. No se trata solo de ocupar una posición, sino de haber sido designado y aprobado por una instancia legítima. Esa aprobación es lo que convierte la acción en algo válido, confiable y sostenible.

Un ejemplo claro de esto se ve en la diferencia entre un ladrón armado y un militar. Ambos pueden tener la misma arma, y en ese sentido, ambos poseen poder: el instrumento capaz de imponer fuerza o causar daño. Sin embargo, solo el militar tiene autoridad legítima para usarla. La diferencia no está en el arma, sino en la autoridad que se tiene para usarla. El ladrón actúa por cuenta propia, sin cobertura ni legitimidad; el militar, en cambio, fue entrenado, acreditado y autorizado por una institución superior.

Este principio también aplica en todo ámbito donde Dios establece Su gobierno. El poder sin autoridad produce caos; la autoridad sin poder carece de eficacia. Por eso, Dios no entrega poder aislado, sino poder bajo cobertura, es decir, dentro del orden que Él mismo establece. Nadie recibe poder solo, porque todo poder que no está sometido a una autoridad legítima se vuelve peligroso, abusivo o destructivo.

La autoridad es lo que valida el uso del poder y asegura que opere dentro de los límites correctos. Donde hay autoridad, hay respaldo; donde hay respaldo, hay orden; y donde hay orden, hay fruto.

Por otro lado, al hablar de autoridad, surgen dos conceptos fundamentales que le sirven de base: jurisdicción y delegación. La jurisdicción determina el ámbito donde la autoridad es válida; mientras que la delegación explica cómo esa autoridad es conferida. Toda autoridad se ejerce dentro de una jurisdicción previamente definida. Nadie tiene autoridad en todo lugar. Así como ocurre con un pasaporte, que otorga derecho a circular dentro del territorio nacional o en los países donde esa nacionalidad tiene puertas abiertas, hay otros lugares donde será necesario obtener una autorización adicional, como una visa, para poder entrar. Esto ilustra que cada autoridad tiene límites legítimos; y actuar fuera de ellos, es entrar en terreno prohibido.

En el ámbito espiritual sucede lo mismo. La jurisdicción espiritual es la esfera dentro de la cual el uso del poder se vuelve legítimo, y fuera de la cual se convierte en ilegítimo y peligroso. Muchos creyentes desconocen este principio y, por falta de discernimiento, intentan ejercer poder fuera de los límites que Dios estableció. **La autoridad espiritual no se impone; se reconoce. No se conquista por fuerza; se recibe por relación, obediencia y sujeción.**

Jesús mismo estableció este principio de manera contundente cuando dijo: *"Toda autoridad en el cielo y en la tierra me ha sido dada"* (*Mateo 28:18*).

Declarando con estas palabras, no solo el alcance de Su autoridad, sino también la jurisdicción bajo la cual operaba: cielo y tierra. Sin embargo, esa autoridad no fue tomada, sino recibida por delegación. Porque Dios le dio toda autoridad como resultado de Su sumisión total al Padre (ver Filipenses 2:5-11). La autoridad siempre se recibe por delegación, y es conferida por una entidad superior.

Es por esto que Dios no opera bajo autoridad, sino que tiene poder absoluto, porque no existe nadie por encima de Él que pueda conferirle autoridad. Si Dios estuviera bajo autoridad, implicaría que hay un gobierno superior al Suyo, lo cual es absolutamente imposible. Él es la fuente, el origen y la medida de todo poder, dominio y autoridad.

Jesús, en cambio, habló de autoridad únicamente cuando se hizo hombre, porque en Su encarnación se sometió a la autoridad del Padre, y esa sumisión lo calificó para recibir y ejercer autoridad legítima. Es así como se establece el principio más alto del Reino: solo quien se somete a la autoridad puede ejercerla con legitimidad.

El verdadero líder no busca ejercer poder por posición, sino autoridad por relación. Porque en la esfera divina, la cobertura no se impone: se honra, se recibe y se confirma por el fruto. El poder te permite hacer, la autoridad te da derecho a hacerlo, pero solo la obediencia te garantiza el respaldo de Dios cuando lo haces.

> LA AUTORIDAD ES LO QUE VALIDA EL USO DEL PODER Y ASEGURA QUE OPERE DENTRO DE LOS LÍMITES CORRECTOS.

LA AUTORIDAD QUE NACE DE LA SUJECIÓN, MOSTRADA EN EL EJEMPLO DEL CENTURIÓN

Entre las escenas más reveladoras del Evangelio hay una que no surgió de un escriba, sacerdote, apóstol, profeta ni pastor sino de un soldado romano. Un hombre que, sin pertenecer al pueblo del pacto, captó un principio del Reino que muchos dentro de Israel no entendieron. Y este hombre fue el centurión, quien no solo pidió un milagro, sino que demostró tener un entendimiento claro y preciso del gobierno espiritual.

Ya que a diferencia de otros, procuro acercarse a Jesús, no desde la superioridad de su rango militar ni desde la influencia de su posición, sino desde una conciencia clara del orden divino.

"Señor, no soy digno de que entres bajo mi techo; solamente di la palabra, y mi criado sanará. Porque también yo soy hombre bajo autoridad, y tengo bajo mis órdenes soldados; y digo a éste: Ve, y va; y al otro: Ven, y viene; y a mi siervo: Haz esto, y lo hace." (Mateo 8:8-9).

Sus palabras no solo revelaron humildad, sino también su revelación profunda sobre el manejo de la autoridad. Porque entendió que el poder de Jesús no solo radicaba en Su presencia física, sino en Su posición espiritual. Reconoció que la autoridad del Maestro fluía del Padre, y que esa alineación le otorgaba dominio sobre toda distancia, circunstancia y enfermedad. En otras palabras, el centurión dijo: "No necesitas venir físicamente a mi casa; basta con que hables, porque tu autoridad se extiende hasta donde tu palabra llega."

A lo que Jesús, respondió con asombro diciendo: *"De cierto os digo, que ni aun en Israel he hallado tanta fe"* (Mateo 8:10).

La fe del centurión no solo le permitió creer en el poder de Cristo; le hizo comprender uno de los principios más contundentes del gobierno del cielo: solo quien vive bajo autoridad legítima puede ejercer autoridad legítima.

Por eso, aquel soldado no solo vio la sanidad de su siervo, sino que fue honrado por haber captado el diseño divino del gobierno espiritual. Demostrando que la sujeción no disminuye la autoridad, sino que la fortalece y la afirma. Porque en el orden de Dios, la obediencia es el cimiento del respaldo, y la verdadera grandeza se revela en quienes saben estar bajo cobertura.

Así como el centurión entendió que la autoridad espiritual opera dentro del principio de sujeción, también nosotros debemos comprender que no podemos resistir al enemigo si antes no estamos sometidos a Dios. Este es un orden divino que no se negocia ni se altera, y la Escritura lo declara con absoluta claridad, al decir: *"Sométanse a Dios. Resistan al diablo, y él huirá de ustedes"* (Santiago 4:7 RVC).

El poder para hacer retroceder las tinieblas no proviene de la abundancia de nuestras palabras, ni siquiera de la intensidad de nuestras oraciones, sino de la autoridad que fluye del respaldo del cielo sobre una vida que camina en obediencia. La obediencia es el fundamento del respaldo espiritual. Porque la verdadera fuerza espiritual no nace de la independencia, sino de la dependencia absoluta del cielo. **Solo quien vive bajo el gobierno de Dios, puede ejercer gobierno sobre las circunstancias.**

Todo opera bajo un orden espiritual perfectamente establecido en el Reino de Dios. El Padre ocupa el lugar supremo como fuente y origen de toda autoridad, pues en Él reside el gobierno eterno y absoluto. El Hijo, siendo uno con el Padre en esencia y naturaleza, se somete voluntariamente en su función redentora, no por inferioridad, sino por obediencia al propósito eterno.

En ese marco, Jesús ejerce autoridad en la tierra como el Enviado del Padre, cumpliendo el plan de redención desde una posición de perfecta comunión y obediencia. Su autoridad no proviene de una carencia, sino de su alineación total con la voluntad del Padre, como Él mismo declaró: *"Toda autoridad me ha sido dada en el cielo y en la tierra"* (Mateo 28:18).

La Iglesia, en cooperación con el Espíritu Santo, vive bajo el señorío de Cristo y ejerce autoridad en Su nombre, no de forma independiente, sino como extensión de Su gobierno. Este es el orden divino: una estructura espiritual donde la autoridad fluye a través de la obediencia, y el poder se manifiesta con respaldo.

Por eso, la creación no puede responder a quien pretende ejercer autoridad sin primero vivir bajo el señorío de Cristo. En el ámbito espiritual no existe autoridad auténtica fuera del orden establecido por Dios, ni poder verdadero sin cobertura divina.

Un claro ejemplo de esto, lo vemos en los hijos de Esceva, quienes intentaron usar el nombre de Jesús sin tener relación con Él.

"Algunos judíos que andaban expulsando demonios intentaron invocar el nombre del Señor Jesús sobre los que tenían espíritus malignos, diciendo: '¡Les ordenamos en el nombre de Jesús, a quien Pablo predica, que salgan!.

Había siete hijos de un tal Esceva, un jefe de los sacerdotes judíos, que hacían esto. Pero el espíritu malo les respondió: 'A Jesús conozco, y sé quién es Pablo; pero ustedes, ¿quiénes son?' Y el hombre en quien estaba el espíritu maligno se lanzó sobre ellos, los dominó a todos y los maltrató con tanta violencia que huyeron de aquella casa desnudos y heridos" (Hechos 19:13–16, RVC).

Estos hombres quisieron ejercer autoridad sin cobertura, usar un nombre que no los respaldaba y enfrentar un poder para el cual no estaban preparados. Hablaron con determinación, pero sin posición; pronunciaron el nombre correcto, pero con corazones desconectados; y el resultado fue devastador: fueron expuestos, vencidos y avergonzados. Porque el mundo espiritual no reconoce títulos, linajes ni apariencias; reconoce respaldo, conexión y obediencia. Los demonios conocían a Jesús, porque Él es la fuente de toda autoridad; y sabían quien era Pablo, porque vivía sujeto a

Jesús; pero a ellos no los conocían, porque imitaban el poder sin tener la cobertura.

Este episodio demuestra que el poder espiritual no se copia ni se proclama; se transmite a quienes están alineados con el orden del cielo. Porque la cobertura que no se honra, no respalda; y el nombre que no se obedece, no tiene poder en la boca de quien lo pronuncia.

> EL MUNDO ESPIRITUAL NO RECONOCE TÍTULOS, LINAJES NI APARIENCIAS; RECONOCE RESPALDO, CONEXIÓN Y OBEDIENCIA.

LAS CUATRO JURISDICCIONES DEL CREYENTE

Todo creyente que camina bajo el orden divino y la autoridad legítima no solo porta una palabra; porta una jurisdicción. Dios no delega autoridad al azar: la confía a quienes han aprendido a vivir sujetos a Su gobierno y alineados a Su voluntad. No se trata de títulos ni de reconocimiento humano, sino de una asignación espiritual que representa el gobierno de Cristo en la tierra.

Dios no nos llamó únicamente a recibir Su gracia, sino también a administrar Su poder dentro de los límites que Él mismo ha establecido. Ese poder no opera de manera desordenada ni independiente, sino dentro de jurisdicciones claramente definidas. En ellas, cada creyente actúa como embajador de lo eterno y ejecutor de la voluntad divina.

Estas jurisdicciones no son privilegios personales, sino territorios de responsabilidad. Son espacios confiados a quienes caminan en obediencia y permanecen bajo el señorío de Cristo. En cada jurisdicción se manifiesta una dimensión del poder delegado por Dios, y cuando el creyente comprende esto, deja de reaccionar ante las circunstancias y comienza a gobernar desde su posición espiritual, ejerciendo el dominio que le fue confiado por relación, respaldo y propósito.

1. LA JURISDICCIÓN PARA CREAR

Cada vez que un creyente cree y declara la Palabra de Dios bajo instrucción divina, su fe establece una conexión entre el cielo y la tierra. Entonces, lo que estaba determinado en el ámbito espiritual comienza a manifestarse en lo natural, y lo temporal se somete a lo eterno. Porque este poder no nace de la voluntad humana ni de la autosugestión espiritual, sino de una fe obediente a la voz de Dios. Cuando el creyente actúa bajo dirección divina, su palabra se convierte en un canal de manifestación, y aquello que parecía imposible comienza a tomar forma.

Esta jurisdicción no se activa por emoción, sino por instrucción; no responde al impulso humano, sino a la voz del Dios que envía. Porque donde Él te coloca, te da jurisdicción; donde te asigna, te respalda; y donde te envía, te autoriza para manifestar Su voluntad.

EJEMPLO BÍBLICO DE ESTA JURISDICCIÓN: ELÍAS ENVIADO A SAREPTA DE SIDÓN

En tiempo de gran sequía y hambre, Dios envió a Elías a la casa de una viuda en Sarepta de Sidón. No fue casualidad ni coincidencia. Fue una asignación específica. Dios lo había comisionado para ese territorio, y por eso Elías llegó con la autoridad y el respaldo necesarios para establecer en esa tierra lo que el cielo ya había determinado.

Aunque la mujer solo tenía un puñado de harina y un poco de aceite para preparar su última comida, Elías declaró con autoridad: *"La harina de la tinaja no escaseará, ni el aceite de la vasija disminuirá, hasta el día en que Jehová haga llover sobre la faz de la tierra"* (1 Reyes 17:14).

Más adelante, el mismo Jesús confirmó la jurisdicción asignada a Elías al decir: *"Muchas viudas había en Israel en los días de Elías... pero a ninguna fue enviado Elías, sino a una viuda en Sarepta de Sidón"* (Lucas 4:25–26).

Este detalle es clave: Elías no fue enviado a todas partes, sino a un lugar específico. Y fue precisamente en ese lugar donde el poder de Dios se manifestó. Porque cuando Dios envía, también respalda; y donde Él planta, otorga jurisdicción espiritual para que Su voluntad se cumpla.

Elías no actuó por impulso humano, sino desde una asignación clara. Activó el poder del cielo en el territorio donde había sido enviado. De la misma manera, cuando obedeces a Dios y llegas al lugar que Él te asigna, tu palabra, tu fe y tus acciones cargan autoridad para transformar el ambiente y revertir aquello que parecía perdido.

2. LA JURISDICCIÓN SOBRE LAS TINIEBLAS

La jurisdicción sobre las tinieblas consiste en ejercer, en el nombre de Jesús, el dominio que Su victoria obtuvo para la Iglesia: exponer lo oculto, revocar decretos ilegítimos, desalojar influencias malignas y recuperar territorio que ha sido usurpado. Esta autoridad no nace de la osadía humana ni de la experiencia personal, sino del respaldo legal que Cristo obtuvo mediante Su muerte y resurrección.

No se trata de misticismo ni de espectáculo espiritual, sino de acción espiritual respaldada por la obra consumada de Cristo. Es la aplicación consciente de una victoria ya ganada, que desarma potestades, rompe yugos y quebranta cadenas. Esta jurisdicción no busca impresionar ni exhibirse; busca liberar, restaurar y devolver el orden que el pecado y la oscuridad intentaron dañar.

Esta autoridad opera de manera concreta. Establece límites donde el enemigo ha querido avanzar, cierra brechas abiertas por la desobediencia, anuncia verdad que confronta el engaño, ordena lo que el caos intentó desfigurar y custodia puertas espirituales para que la oscuridad no vuelva a ocupar el lugar del que fue desalojada. Donde esta jurisdicción se ejerce correctamente, la mentira es desenmascarada, los decretos del enemigo quedan anulados y la atmósfera se alinea a la voluntad de Dios. Porque la luz no negocia con la oscuridad; la desplaza.

EJEMPLO BÍBLICO DE ESTA JURISDICCIÓN: JESÚS ENVIANDO A LOS DOCE CON AUTORIDAD DELEGADA PARA CONFRONTAR EL MAL

Cuando Jesús llamó a Sus doce discípulos, no solo los escogió para que lo acompañaran, sino para que lo representaran. No solo los instruyó, sino que también los autorizó. Les transfirió jurisdicción espiritual para confrontar el mal, restaurar lo que el pecado había deformado y reclamar lo que el enemigo había usurpado.

La autoridad que Jesús les otorgó no era simbólica ni figurativa; era autoridad delegada, respaldada por el cielo y confirmada en la tierra. Porque la autoridad espiritual no se improvisa ni se toma por iniciativa propia; se recibe dentro de un orden y se ejerce bajo una cobertura legítima. Por eso Jesús los formó antes de enviarlos, y cuando los envió, los respaldó públicamente con poder, señales y fruto visible.

Cada milagro, cada sanidad y cada liberación que realizaron fue evidencia clara de que su misión estaba conectada a Dios mismo, la Fuente de toda autoridad. No actuaban por cuenta propia, sino como representantes autorizados del Reino. Por eso, este principio no es opcional: determina si lo que hacemos tendrá respaldo del cielo o si será solo esfuerzo humano sin fruto eterno.

La Escritura lo declara con claridad: *"Les dio autoridad sobre los espíritus inmundos, para que los echasen fuera, y para sanar toda enfermedad y toda dolencia"* (Mateo 10:1).

Esta jurisdicción permanece vigente para la Iglesia cuando se ejerce bajo el señorío de Cristo, en obediencia, y dentro del orden establecido por Dios. Fuera de ese orden no hay respaldo; dentro de él, el poder del Reino se manifiesta con autoridad, verdad y libertad.

3. LA JURISDICCIÓN PARA TRANSFORMAR CIRCUNSTANCIAS

Dios no nos dio fe únicamente para resistir las tormentas, sino autoridad para hablarles y verlas calmarse. Sin embargo, esta jurisdicción no se activa desde la emoción ni desde el impulso del momento, sino desde la convicción profunda de quien sabe que el cielo respalda la voz de aquellos que caminan en obediencia absoluta a Dios. Es una autoridad que se manifiesta cuando el creyente deja de reaccionar ante los problemas y comienza a gobernar sobre ellos mediante la Palabra escrita, la dirección del Espíritu y la firmeza de una fe alineada con el cielo.

Los líderes espirituales no se limitan a describir lo que está mal ni a lamentar las circunstancias adversas. Se alinean con la mente de Dios para redefinir escenarios que otros ya dieron por perdidos. Por eso, donde hay un hombre o una mujer llenos del Espíritu Santo, la crisis deja de ser una amenaza y se convierte en un escenario donde la gloria de Dios se manifiesta con poder. El cielo no observa pasivamente lo que sucede en la tierra; interviene activamente a través de aquellos que creen, obedecen y se atreven a ejercer la autoridad que les fue delegada.

Esta jurisdicción transforma ambientes, altera atmósferas y produce cambios reales, no porque el creyente tenga control humano sobre las circunstancias, sino porque camina en alineación con el gobierno del Reino. Cuando la autoridad espiritual se ejerce correctamente, las circunstancias dejan de dictar el resultado y comienzan a someterse al propósito de Dios.

EJEMPLO BÍBLICO DE ESTA JURISDICCIÓN: EL RESULTADO DE PABLO Y SILAS ADORANDO EN LA PRISIÓN

A pesar de haber sido golpeados, encadenados y encerrados en una celda, Pablo **y** Silas no respondieron con queja ni con desesperación. Respondieron con adoración. La Escritura registra este hecho, diciendo: *"A medianoche, orando*

Pablo y Silas, cantaban himnos a Dios; y los presos los oían" (Hechos 16:25).

Y de manera repentina, sobrevino un gran terremoto; las puertas se abrieron y las cadenas de todos se soltaron. Su fe no solo los liberó a ellos, liberó el ambiente completo. Lo que parecía una prisión se transformó en un punto de intervención divina.

Este hecho demuestra que la autoridad espiritual no depende de las condiciones externas, sino de la conexión interna con Dios. Mientras otros se habrían enfocado únicamente en el dolor, la injusticia o los estragos del momento, ellos discernieron una plataforma de adoración en la que el Señor fue glorificado. Y el resultado cambió la atmósfera, rompió cadenas y terminó impactando incluso la vida de quienes los escuchaban.

Este episodio revela una verdad contundente: un hijo de Dios que entiende su jurisdicción no se rinde ante las limitaciones. Utiliza la oración, la adoración y la fe como herramientas de transformación. No niega la realidad, pero tampoco se somete a ella. La confronta desde la autoridad que le fue dada por el cielo.

4. LA JURISDICCIÓN PARA MINISTRAR VIDA

Esta jurisdicción representa la capacidad sobrenatural que el creyente recibe para transmitir la vida del Espíritu a todo lo que toca. Jesús declaró: *"De su interior correrán ríos de agua viva"* (Juan 7:38). Esos ríos no son metáforas poéticas; son corrientes reales de vida espiritual que fluyen desde quienes, por vivir una vida rendida y consagrada a Dios, han sido llenos del Espíritu Santo. No se originan en el talento humano ni en la fuerza emocional, sino en una comunión profunda y constante con Dios.

No se trata de elocuencia ni de conocimiento, sino de vida que se imparte por causa de la conexión con Dios. Una conexión que no se queda en lo privado, sino que se convierte en un canal de restauración para otros. Porque el liderazgo espiritual no consiste solo en exponer verdades, sino en impartir esencia divina.

Un creyente lleno de la presencia del Espíritu Santo se convierte en un punto de transferencia entre la respuesta del cielo y la necesidad de la tierra. Donde llega, lo estéril comienza a producir, lo que está enfermo se sana y lo que esta apagado vuelve a arder. Porque cuando la vida de Dios se imparte en un lugar, nada puede permanecer igual.

EJEMPLO BÍBLICO DE ESTA JURISDICCIÓN: ELISEO Y SU AUTORIDAD PARA RESTAURAR LO CONTAMINADO

Después de ser confirmado como sucesor de Elías, Eliseo llegó a la ciudad de Jericó, un lugar atractivo en apariencia, pero marcado por la esterilidad. Y al verlo, los hombres de la ciudad le dijeron: *"El lugar es bueno, como mi señor ve; pero las aguas son malas, y la tierra es estéril"* (2 Reyes 2:19).

Cuando Eliseo escuchó esto, no se limitó a reconocer el problema ni a lamentar la condición del lugar, sino que desde la autoridad que Dios le había concedido, impartió vida sobre lo que estaba dañado en ese lugar. Pidió una vasija nueva, puso sal en ella, fue a la fuente de las aguas y declaró: *"Así ha dicho Jehová: Yo sané estas aguas, y no habrá más en ellas muerte ni enfermedad"* (2 Reyes 2:21).

En ese instante, las aguas fueron sanadas y el territorio recobró fertilidad. Donde antes fluía contaminación, comenzó a fluir vida, abundancia y restauración. Y no solo una fuente fue transformada, sino toda una comunidad fue beneficiada. Este milagro no fue simplemente una purificación física; fue la manifestación de la jurisdicción para ministrar vida.

La contaminación de las aguas simboliza todo aquello que en la vida del creyente, o en el entorno donde se mueve, ha perdido pureza, fuerza o propósito. Y cuando un líder lleno del Espíritu entra en esos ambientes, no se contamina con ellos; los transforma. No por su propio poder, sino por la vida que fluye de la presencia de Dios en él.

Eliseo no llevó su capacidad humana a la situación; llevó la presencia de Dios, y eso marcó la diferencia. Dejando claro que todo líder que camina en esta jurisdicción está llamado a sanar lo que ha sido contaminado y a restaurar aquello que perdió vida, en el lugar que Dios le ha enviado. Porque la vida de Dios fluye a través de quienes no solo oran por cambio, sino que se convierten en instrumentos vivos de ese cambio.

ORACIÓN DE CIERRE

Padre celestial, gracias por confiar en mí el privilegio de representar Tu Reino en la tierra. Hoy reconozco que la autoridad que me has dado no proviene de mis méritos, sino de Tu gracia. Enséñame a ejercerla con humildad, sabiduría y obediencia. Líbrame de actuar fuera del orden divino, y mantén mi corazón siempre sometido a Ti.

Lléname de Tu Espíritu Santo para que Tu vida, Tu poder, Tu amor y Tu gloria, fluyan a través de mí y toquen a quienes me rodean. Que donde haya enfermedad, se manifieste sanidad; donde haya opresión, llegue la liberación y donde haya sequedad, broten ríos de vida. Declaro que soy un canal de Tu presencia, y que mientras permanezca unido a Ti, nada podrá detener el fluir de Tu poder en mi vida. En el nombre de Jesús. ¡Amén!

PALABRA DE COMPROMISO

Hoy me comprometo a caminar en la autoridad que el cielo me ha confiado y a permanecer bajo la autoridad de Aquel que me la delegó. Decido no vivir como un creyente pasivo, sino como un embajador del Reino, consciente de que fui llamado para ejercer poder con propósito. No usaré la autoridad para mi beneficio, sino para manifestar el Reino de Dios donde haya oscuridad, caos o enfermedad. Me comprometo a mantenerme lleno del Espíritu, alineado con Cristo y sometido al Padre, sabiendo que mientras permanezca en ese orden divino, nada podrá resistir la vida que fluye desde dentro de mí. Declaro que de mi interior correrán ríos de agua viva, y donde llegue la presencia de Dios por medio de mí, todo lo que estaba muerto volverá a vivir. Así lo establezco y con esto me comprometo.

PALABRAS FINALES

Este libro no llegó a tus manos por casualidad, sino como parte del plan de Dios para impulsar tu crecimiento. El Señor permitió que lo leyeras porque desea conducirte hacia una nueva etapa de orden, avance y propósito. Por eso nada de lo que has recibido aquí es coincidencia. Cada principio fue guiado por el Espíritu Santo con la intención de traer claridad, dirección y firmeza a tu caminar. Ahora la responsabilidad está en tus manos: convertir lo aprendido en dirección, lo entendido en acción y lo revelado en fruto. Porque Dios no solo quiere que recibas principios, sino que los manifiestes en tu forma de vivir. Que cada verdad se traduzca en decisiones, acciones y hábitos que reflejen la madurez que solo produce el Espíritu en alguien que toma en serio lo que ha recibido.

Este es el momento de asumir lo recibido con diligencia y compromiso, sabiendo que toda revelación conlleva una asignación: vivir conforme a ella. Porque la vida que posees no te pertenece; es un préstamo sagrado. El Señor te la confió para que la administres con sabiduría, propósito y obediencia. No somos dueños del aliento que poseemos, sino responsables de manifestar el propósito para el que fuimos creados.

Cada respiro es un recordatorio de que vivimos por encargo, no por accidente; y que mientras tengamos vida, tenemos una misión eterna que cumplir. Cada día que amanece es una nueva porción de gracia y una oportunidad para construir algo que tenga valor eterno.

Lo que haces con tu vida importa más de lo que imaginas porque llegará el día en que cada palabra, cada decisión y cada acción, serán presentadas ante el Dador de la vida, como testimonio de tu mayordomía.

En ese día se revelará cuánto valor diste a lo que Dios te confió y cuánta honra hubo en la forma en que administraste el regalo de existir que te concedió.

Por eso, vive con intención. Que cada decisión sea una expresión de gratitud, cada paso un reflejo de honra y cada acción lleve el sello de quien comprende que su tiempo tiene propósito. Vive consciente de que cada día es una oportunidad divina para dejar huellas que trascienden y permanecen más allá del tiempo.

He orado a Dios para que este libro no solo haya inspirado tu mente, sino impulsado tu espíritu. Para que tu fe se fortalezca, tu carácter madure y tu vida avance en el orden divino que el cielo trazó para ti. Porque una vida guiada por principios no se estanca, se perfecciona; no retrocede, avanza; y no se conforma, sigue creciendo hasta reflejar la plenitud del propósito para el cual fue creada por el Señor.

Finalmente, quiero hacer esta oración por ti:

Padre, gracias por cada vida que ha recorrido estas páginas. Gracias por haberles permitido recibir lo que quisiste que se plasmara aquí, con el propósito de que cada lector entienda que nos has llamado a vivir en orden, en avance continuo y en plenitud absoluta. Hoy te ruego que afirmes en ellos lo que has comenzado; que ninguna distracción, herida ni circunstancia apague el fuego que has encendido en su interior.

Fortalece su compromiso, renueva sus fuerzas y llévalos de gloria en gloria, hasta que cada área de sus vidas refleje Tu carácter, Tu poder y Tu gracia.

Te pido por favor, que lo que le has revelado se convierta en fruto, que caminen en madurez y que su crecimiento sea visible en todo lo que emprendan.

Guárdales en integridad, cúbreles con Tu presencia y condúcelos por sendas de sabiduría y propósito.

Que nada los aparte del diseño que Tú trazaste para ellos, y que cada día su caminar sea una ofrenda que te honre. Padre amado, los entrego a Ti, confiando en que la obra que Tú iniciaste en sus vidas seguirá creciendo hasta reflejar Tu propósito perfecto. En el nombre poderoso de Jesús. ¡Amén!

ACERCA DE LA AUTORA

Yesenia Then es la fundadora y Pastora principal del Ministerio Internacional Soplo de Vida, de la Escuela de Formación y Capacitación Ministerial Trasciende y del programa de instrucción especializado para nuevos creyentes en todo el mundo, Doctrina Global.

Ha sido llamada como instrumento del Señor para llevar salvación, restauración y vida de Dios a las naciones, a través de todos los medios posibles. Conduciendo a millones de personas a descubrir el propósito del Creador para sus vidas y a desarrollar todo su potencial en Él. Es la autora de los libros Te Desafío a Crecer, Mujer Reposiciónate, Reconstruye con los Pedazos, Lo que debes hacer cuando no sabes qué hacer, Cómo ser amigo del Espíritu Santo, entre otros.

PARA OTROS LIBROS
DE LA AUTORA:

WWW.YESENIATHENLIBROS.COM

CONOCE NUESTRA
ESCUELA DE FORMACIÓN
Y CAPACITACIÓN DE
LÍDERES Y MINISTROS.

TRASCIENDE-ESCUELA.COM

www.ingramcontent.com/pod-product-compliance
Lightning Source LLC
Chambersburg PA
CBHW051413090426
42737CB00014B/2639